계림구사(중·한 편)

계림구사(중·한 편)

초판 인쇄 | 2023년 12월 22일
초판 발행 | 2023년 12월 29일

저   자 저우후·양바오천
역   자 전금숙
발 행 인 한정희
발 행 처 경인문화사
편   집 이다빈 김지선 유지혜 한주연 김윤진
마 케 팅 전병관 하재일 유인순
출판번호 406-1973-000003호
주   소 파주시 회동길 445-1 경인빌딩 B동 4층
전   화 031-955-9300   팩 스 031-955-9310
홈페이지 www.kyunginp.co.kr
이 메 일 kyungin@kyunginp.co.kr

ISBN 978-89-499-6780-6   세트
ISBN 978-89-499-6781-3   94910
값 17,000원

중·한 편

계림구사

저우후·양바오천 저 전금숙 역

경인문화사

구이린은 유구한 역사와 문화를 가진 도시이다. 구이린에 위치한 보적암과 증피암에서 발굴된 유물을 고증한 데 따르면 지금부터 약 만 년 전부터 구이린에는 인류가 정착하기 시작했다고 한다. 하나라, 상나라, 주나라 때부터는 이 곳에서 '백월'인들이 정착하기 시작했고, 기원전 214년에 진시황이 운하인 영거(靈渠)를 개통하게 되면서 상수(湘水)와 리수(漓水)가 소통되었고, 그 뒤로 구이린은 "북쪽의 중원지역과 남쪽의 바다를 잇는"요충지 역할을 하게 되었다. 당나라 무덕(武德) 4년(621)에는 이정(李靖)이 지금의 구이린 시내 중심지인 독수봉(獨秀峰) 남쪽에 성을 축조하였다.

유구한 역사문화를 자랑하는 구이린에는 역사유적만 해도 552곳에 달한다. 이 유적들은 예로부터 지금에 이르기까지 구이린의 역사를 그대로 담고 있다. 이 중에는 증피암(甑皮巖)을 대표로 하는 선사(史前)문화를 비롯하여 당나라, 송나라, 명나라 등 각 조대의 옛 성곽을 중심으로 고대 도시공학, 영거(靈渠)와 상사체(相思棣)를 대표로 하는 고대 수리(水利)과학을 형성했고, 명산고적과 역대 마애(摩崖)석각을 대표로 하는 산수문화, 정강(靖江)왕부와 왕릉, 무덤군으로 대표되는 명나라 번왕(藩王)문화, 근, 현대 혁명유적지와 역사 기념물을 대표로 하는 근현대 문화는 계림의 역사와 문화의 정수(精髓)를 보여준다.

구이린의 석각은 대부분 암벽에 새긴 것들이다. 제명(題名), 제기(題記), 제시(題詩), 제방(題榜)의 형식으로 되어 있으며 그 내용이 아주 풍부하다. 때문에 높은 사료적 가치와 과학적 가치 그리고 예술적 가치를 가지고 있어 역사문화유산의 보물고라고 불린다. 청나라 때 금석학자이자 문헌학자였던 엽창치(葉昌熾)가 지은 중국의 첫 석각학 통론(通論)인 『어석(語石)』에는 "당나라와 송나라의 제명이 가장 많은 곳이 바로 계림(桂林)"라고 기록되었다. 청나라 때 광서 순무(巡撫)로 있었던 진원룡(陳元龍)은 『유계림제암동작(遊桂林諸巖洞作)』에서 "산을 보면 한 폭의 산수화같고, 그 속을 유람하노라면 구이린의 역사가 한 눈에 들어온다.”라고 적고 있다. 남송의 선비 진당(陳谠)은 계림의 석각을 『시경(詩經)』이나 『사기(史記)』와 같은 반열에 올려놓고 “주남태사서(周南太史書)”라 불렀다. 이로부터 알수 있는바 구이린의 석각은 역사적 깊이가 있을 뿐만 아니라 문화적으로 그 정보량도 아주 방대하다.

2021년 4월 중국공산당 총서기인 시진핑이 구이린을 시찰하면서 “구이린은 산수가 아름답기로 유명한 세계적인 관광도시이며, 대자연이 중화민족에게 안겨준 보물이라고 할 수 있으니 꼭 잘 보존해야 한다”고 지시했다. 현재, 구이린시 정부는 시진핑 총서기의 “이강을 보호하고 계림산수를 보호”하라는 주요한 지시에 따라 구이린을 “세계적 안목을 가지고 세계적 수준에 부합되는, 일성(一城), 일도(一都), 일지(一地), 일중심(一中心)의 산수가 아름다운 관광도시, 문화관광도시, 휴양과 레저의 명승지, 관광소비의 도시”로 건설하려는 슬로건을 내세우고 “문화를 통해 관광산업을 도모하고, 관광을 통해 문화산업을 발전시킴으로써, 문화적 요소가 관광산업에서 더 큰 능력을 발휘하고, 문화와 관광의 통합과 발전을 통해 세계적인 관광 도시를 건설하여, 시진핑 총서기가 구상한 구이린의 미래에 대한 웅대한 청사진을 실현하고자 한다.

지은이 주호(周琥)는 구이린의 역사문화에 대한 자신의 이해를 바탕으로 이 책을 편집하였다. 그는 구이린을 세계적인 관광도시로 건설하는 사업에 직접 참여하였는바, 구이린시 치싱구(七星區) 룽인로(龍隱路) “계림석각(桂林石刻)” 특색거리 조성사업과 핑러현(平樂縣) “일미터이강(一米漓江)”, “선진서구고국도성유적지(先秦西甌古國遺址)” 발굴과 관광지조성사업을 선두지휘함으로써, 시민과 관광객들이 구이린의 문화적 특징과 역사유적에 대해 보다 가까운 거리에서 이해할 수 있게 하였다.

나와 저자는 다년간 같은 직장에서 근무해왔다. 때문에 저자의 구이린의 역사와 문화에 대한 시종일관한 사랑에 대해 잘 알고 있다. 그는 이 책을 편집하기 위해 구이린의 방대한 석각들 중에서 가장 대표적이고 사람들의 흥취를 자아낼 수 있는 사료를 집중적으로 선별하고 고대 문헌자료에 근거하여 엄격한 고증을 거친 다음 이야기 형식으로 관련 내용을

책으로 담아냈으며, 광서사범대학교 외국어대학 박사, 교수들의 노력으로 영어, 일본어,

한국어로 번역함으로써 국내외 독자들이 구이린의 역사와 문화에 대해 보다 깊이 이해할

수 있게 하였다. 이는 구이린을 홍보하는 괄목할만한 성과라 할 수 있다.

장춘화(蔣春华)

2023년 3월 22일

구이린 이강변에서

🌥 서문 🌥

계림의 석각들에는 오랜 세월의 흔적이 고스란히 묻어있다. 또한 석각에 새겨진 비문에서 중화민족의 5천년 역사를 보여주는 문화와 시대적 표상이 빛을 발산하고 있다. 때문에 우리는 이러한 석각들을 우수한 중국 전통문화를 대표하는 상징이라고 부른다.

구이린은 산수가 수려하고 기묘할 뿐만 아니라 아릿따운 자태를 마음껏 뽐내는 절경을 가지고 있어, 국내 최초로 유구한 역사와 풍부한 문화적 자원을 소유한 역사와 문화의 도시로 선정되기도 했다. 마애석각을 대표로 하는 구이린의 '산수문화'는 천 년 넘게 지속되었다. 고증에 따르면 구이린의 석각은 동진(東晉)때에 시작되었으며, 당송(唐宋)때에 전성기를 이루었다고 한다. 또한 현재까지 중국 국내에서 송(宋)나라때 마애석각을 가장 많이 보존하고 있을 뿐만 아니라 가장 집중된 곳으로서 예로부터 "당송의 제명비(題名碑)가 많기로는 구이린이 으뜸이다."라는 설이 있을 정도다.

구이린은 넓고 방대한 역사와 문화를 자랑한다. 뿐만 아니라 산수 사이에 새겨진 방대한 양과 다양한 형식과 풍부한 내용을 갖춘 마애석각과 새겨진 시문들은 천하제일의 산수와 어울리면서 "천인합일"의 경관을 이루면서 조화롭고 심오한 아름다움을 뽐낸다. 만약 "푸름"이 구이린 산수의 기본 색채라고 한다면 마애석각을 대표로 하는 구이린의 역사와 문화는 이 "푸름"을 이루는 바탕색이라 할 수 있다.

1942년에 설립된 광서사범대학교 외국어대학은 오랜 역사와 깊은 문화 그리고 훌륭한 교육 전통을 갖춘 교육기관이며, 초창기에 설립된 영어학과는 광서지역에서 가장 일찍 설립된 영어학과이다.

지난 80년 동안 광서사범대학교 외국어대학은 국가와 광서지역 경제발전을 위해 크나큰 기여를 했으며, 아세안 지역 국가들과의 교류를 촉진하고 세계화를 위한 비전을 제시함에 있어 크게 공헌했고 이 과정에서 대학의 발전도 함께 이룩했다. 그동안 외국어대학은 교육수준을 부단히 향상하고, 교육시설을 개선해 왔으며 사회영향력을 확장하는 등 많은 성과를 이룩하였다. 그 외에도 세계화 추진 및 중화문명의 계승을 위해 중화학술번역팀을 구축했고, 중화문명과 학술사상을 해외에 소개하는 일에 매진했다. 따라서 "우리 문화를 외국에 알리고, 세계를 향해 우리 목소리를 내는" 사업에서 괄목할만한 성과를 이룩했다.

이 책은 석각에 담긴 일화를 통해 구이린의 역사와 문화적인 가치를 새롭게 발굴함으로써, 구이린의 역사와 문화에 대한 이해를 깊이하고 명맥을 잇는 역할을 담당하게 될 것이다. 이를 위해 우리 외국어대학 각 어종의 교수와 박사들은 영어, 일본어, 한국어로 구이린의 문화를 세상에 알리는 일에 최선을 다 함으로써 구이린의 아름다움과 중화문명의 아름다움을 세상에 새롭게 알릴 수 있게 되었다. 우수한 전통문화에 우리의 이야기를 담아 인류 문명의 교류를 위한 대화를 할 수 있는 것이 바로 중화문명에 내포된 전통문화를 계승하고 세상에 알리는 가장 빠른 지름길이 될 것이다.

우리는 구이린의 향토 학자들이 당지의 역사와 문화를 알리는 일에 앞장서서 관련 저서를 통해 구이린을 더 잘 홍보할 수 있기 바란다. 이를 위해 광서사범대학교 외국어대학은 모든 자원을 동원하여 협력을 추진함으로써 중화문명의 세계화를 위해, 세계가 중국을 더 잘 알아가게 하기 위해 더 큰 기여를 하게 될 것이다.

사세견

2023년 6월 23일

구이린에서

目录

목차

〈그림 1-1〉位于桂林虞山山壁上的唐代韩云卿撰《舜庙碑》(局部)
구이린 우산 산벽에 새겨진 당나라 한운경이 지은 『순묘비』(일부)

舜庙碑

舜庙碑并序

朝议郎守　尚书礼部郎中上柱国韩云卿撰
朝议郎守　梁州都督府长史武阳县开国男翰林　待诏韩秀实书
京兆尹人　李阳冰篆额

帝舜有虞氏姚姓讳重华帝颛口口口口口口瞽叟之子廿以孝闻卅尧口口口口口授尧之禅丁酉法

尧禅禹在位五十年南巡狩崩于苍梧之野口口一百一十有二算圣德垂口口口灵魄游乎无方南人

怀思立祠祷祭历夏殷周秦拒乎有国凡更十姓享奠不替大历十一年

皇族陇西县男兼御史中丞昌嵲领桂林象郡之地虞祇统命肃龚神寺以祠宇堕圯狭隘朽陋不足延

降圣灵迎致恭恪斋服祭器不口口口口口口口邀福慢礼有里巷蛮夷口口口遂谋于州佐县尹曰上有

阳崖阴窦下有廻潭伏溜风云口口口口口口口之伏处宜于仙驾荫庥口口口口口不口不遂神将退弃

因以俸钱增新缮故崇垣峻宇萧屏牖户有伦有度亚缋既成以时昭享瞻规门屏路履塔闳兢慎恂惧

肃然无不加敬牲牷既设巫祝斯烈斋庄吉蠲憲然如享其诚箫鼓既缺俎豆斯撤神和人悦僾然如受

其福是岁寇贼歼平年穀豐稔五岭之人阴受帝祉官属长老愿刊琢表识以彰懿烈其辞曰　皇家踵

惟虞唐夏生淳俭后嗣其同昌明大君口口口祐祔躬穆宗臣祇慎肃龚广厦增饰展礼竭忠人神

美虞唐蔿夏夏德斯沦更殷历周以及嬴秦帝号再尊帝道莫宣祀典空存祀礼礼无闻于戏

胥会风雨晦蒙三千年间礼市赘通西原寇平南亩有年祀事报功皇灵降臻仡仡武夫我战自克畟畟

农耜我勤乃获日用遐焉恶知帝功天人同休心存影会诚感昭通屑易窒碍　刊石播美垂亿千

载　大唐建中元年庚申改元三月景寅朔二日丁卯立

〈그림 1-2〉结合文献实地考察梳理《舜庙碑》文字，并以碑文原貌顺序记录(因石刻漫漶、已无法辩认的文字以"口"代替)
문헌자료와 현지답사를 통해 정리한『순묘비』문자 복원 (세월의 흔적으로 복원이 불가능한 문자는「口」로 표기하였음.)

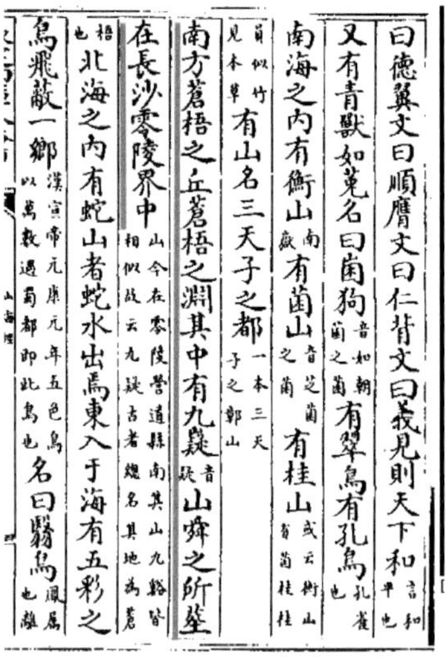

〈그림 1-3〉《山海经·海内经》记 "南方蒼梧之丘, 蒼梧之淵, 其中有九嶷山, 舜之所葬, 在长沙零陵界中"

『산해경·해내경』에 「남쪽 창우(蒼梧)의 산등성이나 깊은 골짜기를 걸친 구의산(九嶷山)에 순이 묻혔으며, 창사(長沙)의 영릉(零陵) 경내에 있다」라고 하는 기록이 있음.

〈그림 1-4〉《汉书·诸侯王表》"波汉之阳, 亘九嶷, 为长沙"

『한서·제후왕표』에 「한수의 북쪽과 구의산을 걸쳐 장사를 만들었다(波之陽, 亘九嶷, 爲長沙)」라고 하는 기록이 있음.

〈그림 1-5〉《山海经·海内东经》"湘水出舜葬东南陬, 西环之"

『산해경·해내동경』에 「상수는 순 무덤의 남동쪽 모퉁이에서 발원하여 서쪽으로 에돌아 흐른다(湘水出舜葬東南陬, 西環之)」라고 하는 기록이 있음.

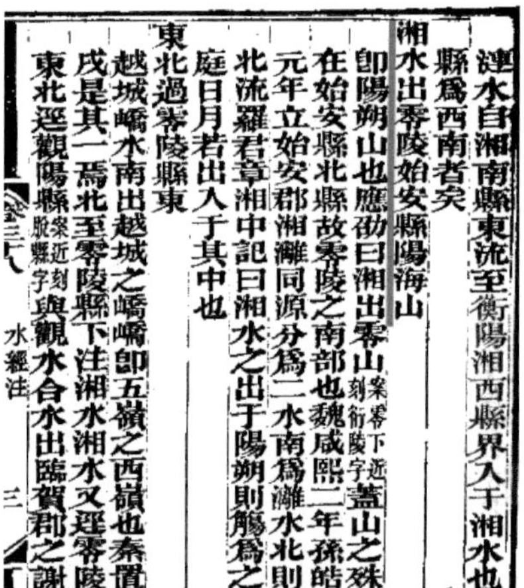

〈그림 1-6〉《水经注》"湘水出零陵始安县阳海山"

『수경주』에 「상수는 영릉이 있는 스안현 양하이산에서 바원했다(湘水出零陵始安縣陽海山)」라고 하는 기록이 있음.

古籍最早所指舜葬之地"零陵"在桂林

虞舜是上古五帝之一，被尊为中华道德文化的鼻祖(《史记·五帝本纪》称"天下明德皆自虞帝始")。在百岁高龄时，虞舜为了远征叛逃到西南地区的三苗部落，最终死在了南行巡狩途中(《淮南子·修务训》：舜"南征三苗，道死苍梧")。桂林的"虞山"和"舜庙"就是古人为了纪念虞舜南巡曾到过这里而命名和修建的。

汉代征和二年(公元前91年)成书的《史记·五帝本纪》记载虞舜"南巡狩，崩于苍梧之野，葬于江南九嶷，是为零陵"；约于秦初(公元前221年)至汉初成书的《山海经·海内经》记"南方苍梧之丘，苍梧之渊，其中有九嶷山，舜之所葬，在长沙零陵界中"。

《史记》与《山海经》中所述"长沙零陵"即秦始皇二十六年(公元前221年)实行郡县制时，所设置的长沙郡零陵县，治所位于今桂林全州县咸水乡，当时管辖范围仅为今桂林全州、兴安、灌阳一带。

各类古籍所述"九嶷山"，至少在汉五年(公元前202年)以前所指的是作为于汉代"长沙国"南部边境线的山脉。因为长沙国辖境是西汉承袭秦代长沙郡的辖境，位于汉水以南，其南部疆域为东起今湖南新田一带，西至今广西全州、灌阳一带，具体是以东、南、西面延绵不断的九嶷山为边界(《汉书·诸侯王表》载，"波汉之阳，亘九嶷，为长沙")。也就是说彼时所指九嶷山应当为围绕着今灌阳、全州县一线，并向东延绵至新田一带，延绵至少二、三百公里的山脉。

古籍所载"舜葬之地"为湘江源头海洋山(海洋山，位于今桂林北部，古称阳海山)的西北方向(《山海经·海内东经》记"湘水出舜葬东南陬，西环之")。《汉书·地理志》、《水经注》分别注明各自所指的湘江源头均为阳海山("零陵阳海山，湘水所出"、"湘水出零陵始安县阳海山")。

由于战国时代以前的葬俗主张是"不封不树"(即既没有封土堆，也不种植树木和树立碑刻为标志的葬俗基本原则), 没有任何的标志物体, 更不用说以实体建筑作为陵墓的实际所在地。因此, 具体的舜葬之地早已无法考证, 才在全国修建了多处"舜陵"以供人们凭悼拜谒。

🌥 【계림구사】링크 🌥
고서에 최초 기록된 순(舜)임금의 묘지 '영릉' 계림에 소재

우순(虞舜)은 상고 시대 오제 중의 한 사람으로 중화 도덕 문화의 시조로 존대받고 있다. (『사기』「오제본기」: "천하가 도덕과 의리를 명하는 것은 우제 때부터 시작되었다.") 우순이 백 세 때, 모반을 일으킨 서남 지역의 삼묘(三苗)부락을 진압하려고 원정을 떠났다가 도중에서 숨을 거두었다고 한다.(『회남자』「수무훈」: 순은 "남쪽 삼묘부락으로 원정을 가던 중 창오(蒼梧)에서 숨을 거두었다.") 계림에 소재한 '우산(虞山)'과 '순묘(舜廟)'는 옛사람들이 우순이 순행 중 이곳에 이른 것을 기리고자 세운 것이다.

한나라 정화 2년(기원전 91)에 지은 『사기』「오제본기」에 따르면, 우순은 "남행하여 수렵하던 중 창오의 들판에서 죽었으며, 그 시신은 강남의 구의(九嶷)산에 묻혔는데 그곳이 바로 영릉(零陵)이다"라고 한다. 진(秦)나라 초(기원전 221)에서 한나라 초기 사이에 지어진 『산해경』「해내경」에는 "남부 창오의 산등성이와 깊은 골짜기에는 구의산이라는 곳이 있는데 우순의 무덤이 바로 장사(長沙) 영릉계에 있다"라고 적혀 있다.

『사기』와 『산해경』에 기록된 '장사영릉'은 바로 진시황 26년(기원전 221)에 군현제를 실행할 때 설치한 장사군 영릉현으로, 오늘의 계림(桂林)시 전주(全州)현 함수(咸水)향에 있다. 당시 관할 범위는 오늘의 계림시의 전주현, 흥안현, 관양현 일대였다.

여러 고서에 기록된 구의산은 적어도 한나라 5년(기원전 202) 이전에는 한나라 '장사국(長沙國)' 남부 국경 일대의 산맥을 가리켰다. 이 시기 장사국의 관할 범위는 진나라 장사군의 관할 범위를 그대로 승계한 것으로서 한수(漢水) 남쪽에 있었다. 장사국의 남부 국경은 동쪽으로 오늘의 호남성 신전(新田) 지역에서 서쪽으로 광서장족자치구 전주현과 관양(灌陽) 일대에 걸쳐 있었다. 자세히 보자면 동쪽, 남쪽, 서쪽으로 길게 걸쳐진 구의산을 경계로 삼았던 것이다.(『한서』「제후왕표」에서는 파한지양은 구의산을 이은 것이며 장사라고 기록하고 있다.) 이 기록을 통해 알 수 있듯 당시 구의산은 오늘의 관양현과 전주현 일대를 포함하며, 동쪽으로는 호남성 신전 지역까지 걸쳐져서 그 규모가 200~300킬로미터에 달하는 산맥을 말한다.

고서에 기록되 '순이 묻힌 땅'이란 바로 상강(湘江)의 발원지인 해양산(海洋山, 오늘의 계림시 북부에 있으며, 옛 이름은 양해산이라고 불렀다)의 북서쪽에 위치해 있었다. (『산해경』「해내동경」에 따르면, "상수(湘水)는 순제 무덤의 남동쪽에서 발원하여 서쪽 지역을 감돌아 흐른다"). 『한서 지리지』, 『수경주』 등 고서에서는 저마다 상강의 발원지는 양해산이라고 기록하고 있다. ("영릉은 양해산의 상수 지역을 말한다(零陵陽海山, 湘水所出)")

전국시대 이전의 장례는 '불봉불수(不封不樹, 흙더미를 쌓아 봉분을 만들지 않고, 나무도 심거나 글자 또는 그림을 새긴 비석을 세워 표시하거나 하지 않는 장례풍속의 기본원칙)'였기에 그 어떤 '표기'도 하지 않았고, 실제 건물을 지어 능을 축조하는 일은 더욱 없었다. 우순이 묻힌 구체적인 위치 고증이 불가능하다 보니 국내 많은 지역에 소위 '순릉'이 축조되었고, 사람들은 그런 '순릉'을 앞다투어 참배하고 있다.

一. 唐代韩云卿撰舜庙碑

舜庙碑石刻高4.0米、宽2.0米。唐代建中元年(公元780年), 桂州刺史李昌巘在捐资修缮当时位于桂林城北漓江西岸、已经破败不堪的舜庙时, 将记述了重修过程的《舜庙碑》碑文镌刻于虞山的西南山壁上。碑文系由"以文辞独行于中朝"的韩云卿撰文、隶书名家韩择木之子韩秀实笔书、"秦汉后篆书第一手"李阳冰篆额, 因此又被称作"三绝碑". 清代学者钱大昕曾称赞"粤西石刻, 以此为最佳". 此碑为桂林现存最早的营缮纪事石刻, 碑面中段在明嘉靖四年被两广左布政使杨铨刻诗凿毁。

1. 당나라 한운경이 쓴 순묘비

원 석각은 높이가 4미터, 너비가 2미터이다. 당나라 건중 원년(780), 계주 자사 이창노는 무너진 순묘를 보수할 때, 그 과정을 기술한 「순묘비」를 우산 서남쪽 암벽에 새겨 놓았다. 비문의 내용은 '글재주가 뛰어난' 한운경이 쓰고, 예서 명가 한택목의 아들 한수실이 적었으며, '진한후 전서의 명가' 이양빙이 전각하였으므로 '삼절비'라고도 한다. 또한 청나라 학자 치앤다신은 '월(粤)의 서쪽에 있는 석각 중 제일'이라고 극찬했다. 이는 계림에서 최초로 영선 과정을 기록한 석각이다. 명나라 가경 4년에 양광 좌포정사 양전이 순묘비에 시를 새겨 넣는 바람에 중간 부분이 훼손되었다.

〈그림 2-1〉 唐代郑叔齐《独秀山新开石室记》
당나라 정수치이가 지은 『독수산신개석실기』

独秀山新开石室记
监察御史里行郑叔齐
城之西北维有山曰独秀者　宋颜延
之尝守兹郡赋诗云未若独秀者
裁我郭邑间嘉名之得盖肇于此
不籍不倚不崩不审百雄干时
立扶重霄而直上仙挹石髓结而
为青神鳌嵌窦呀而为室罨淬可
远幽偏自新胜岑寂人无知者
大历中御史中丞口口陇西公保
郭南服三年政成适考宣尼庙于
山下设东西庠以居胄子备俎豆
仪以亲释菜虽峻阯可寻而丛薄
未剪口口公乃目常从以上每指
荒榛而积事为力无几得兹穴焉
闲而外庶非于是申谋左右朋进
行则颙其腓可跳者布以增迳石之
可转者积而就阶景未移表则致
虚生白矣岂非天赋其质智得其详
用乎何暑往寒袭前人之略也譬
由士君子韬述独居龄文游艺不
遇知已发明则蓬蒿向晦毕命沦
悟盐车无所伸其骏和氏不得成
其宝矣篆刻非宠庶贻后贤建中
元年八月廿八日

〈그림 2-2〉 结合文献实地考察梳理《独秀山新开石室记》文字, 并以碑文原貌顺序记录(因石刻漫漶、已无法辩认的文字以"口"代替)
문헌자료와 현지답사를 통해 정리한 『독수산신개석실기』의 글귀. 비문의원모를 되살려 순서대로 기록. (세월의 흔적으로 복원이 불가능한 문자는 「口」로 표기하였음.)

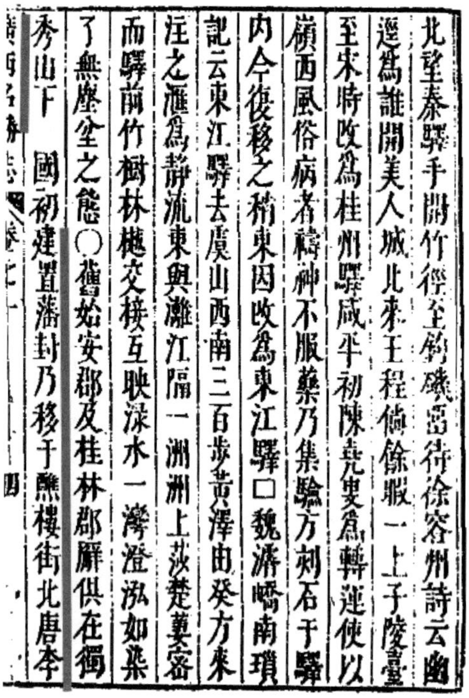
廣西名勝志　卷之一　四

北望秦驛手開竹徑至釣磯留待徐容州詩云幽
邃爲誰開美人城北來王程倚餘暇一上子陵臺
至宋時改爲桂州驛咸平初陳堯叟爲轉運使以
嶺西風俗病者禱神不服藥乃集驗方刻石于驛
內今復移之稍東因改爲東江驛口魏濟嶠南瑣
記云東江驛去虞山西南三百步黃澤由癸方來
注之滙爲靜流東與灕江隔一洲洲上苾楚蔓容
而驛前竹樹林樾交模互映淥水一灣澄泓如染
了無塵坌之態○舊始安郡及桂林郡廨俱在獨
秀山下　國初建置藩封乃移于熙樓街北唐李

〈그림 2-3〉《广西名胜志》卷之一载"旧始安郡及桂林郡廨，俱在独秀山下"

『광서명승지(廣西名勝志)』 제1권에 "옛 시안군과 계림군 곡창은 독수봉 산밑에 있었다"고 적혀 있다.

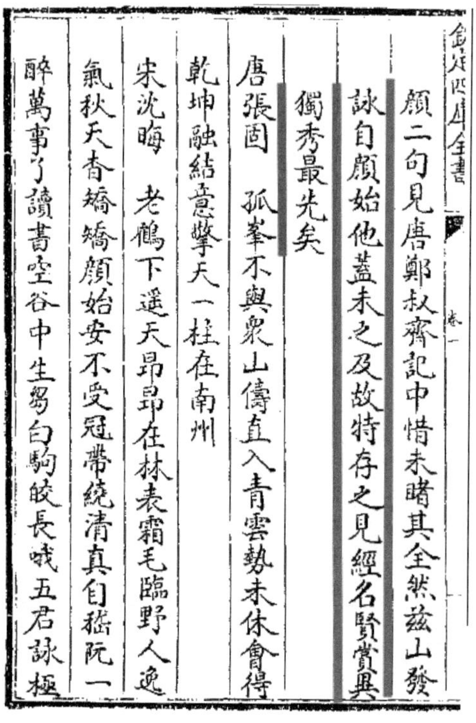
欽定四庫全書　卷一

顔二句見唐鄭叔齊記中惜未睹其全然茲山發
詠自顔始他蓋未之及故特存之見經名賢賞異
獨秀最先矣
唐張固　孤峯不與衆山儔直入青雲勢未休會得
乾坤融結意擎天一柱在南州
宋沈晦　老鶴下遥天昂昂在林表霜毛臨野人逸
氣秋天杳嬌嬌顔始安不受冠帶繞清真自嵇阮一
醉萬事了讀書空谷中生芻白駒皎長哦五君詠極

〈그림 2-4〉《桂胜》卷一称"颜二句见唐郑叔齐记中，惜未睹其全然。兹山发咏自颜始，他盖未之及，故特存之。见经名贤赏异，独秀最先矣"

『계승(桂勝)』 제1권에 "안연지의 이 두 구절은 당나라 정숙제에 의해 기록되었는데, 아쉽게도 그 전문은 전해지지 않는다. 안연지가 처음으로 독수봉을 노래하였고 다른 사람들은 언급하지 않았기 때문에 안연지의 시는 특별히 보존될 수 있었다. 성현들이 기이함을 노래한 것을 보면 독수봉이 처음이다."라고 기록되어 있다.

独秀峰山名最早见于颜延之诗句

独秀峰位于桂林市中心的靖江王城中, 孤峰突起, 陡峭高峻, 气势雄伟, 东面的崖壁上刻着清代广西布政使黄国材所题、高11.08米、宽3米的"南天一柱"巨幅榜书, 自此始有"南天一柱"之称。据古籍记载, 古时的始安郡和桂林郡郡治都曾设置在这里(《广西名胜志》卷之一载"旧始安郡及桂林郡廨, 俱在独秀山下")。郑叔齐称此山"不籍不倚, 不骞不崩, 临百雉而特立, 扶重霄而直上"; 胡适评论"凡听说桂林山水的, 无人不知道桂林的独秀峰。图画上的桂林山水, 也只有独秀峰最出名"; 第三任靖江王朱佐敬认为"盖八景之奇, 无出其最, 故名独秀"; 明代张鸣凤称"踞城稍东, 凝秀独出, 颇与众山远, 故曰独秀"。据相关文献及石刻提供的信息, 独秀峰的山名最早见于南朝刘宋时期始安郡太守颜延之(公元384年-456年)赞咏独秀峰的诗句"未若独秀者, 峨峨郭邑间", 这二句诗被《独秀山新开石室记》石刻记载, 并被人们认为独秀峰的山名即是从颜延之的诗中所得(唐代郑叔齐《独秀山新开石室记》"嘉名之得, 盖肇于此")。据明代历史地理著作《桂胜》, 该诗也是所知最早被"名贤"吟咏赞赏桂林山水的诗句(《桂胜》卷一称"颜二句见唐郑叔齐记中, 惜未睹其全然。兹山发咏自颜始, 他盖未之及, 故特存之。见经名贤赏异, 独秀最先矣")。

'독수봉(独秀峰)'이라는 이름은 안연지의 시에서 처음 따왔다

독수봉은 계림시 중심가에 있는 정강왕성에 있다. 우뚝 솟은 독수봉은 험준하고 기세가 웅장하다. 동쪽 암벽에는 청나라 때 광서 부정사로 부임했던 황국재(黃國材)가 친필로 쓴

'남천일주(南天一柱)'라는 글귀가 새겨져 있는데 그 높이는 11.08미터이고, 폭은 3미터에 달한다. 그때부터 사람들은 독수봉을 '남천일주'라 불렀다. 고서에 기록된 바에 따르면 고대에 시안군(始安郡)과 계림군(桂林郡)의 군부가 이곳에 세워져 있었다고 한다. (『광서명승지』 1권에는 "옛 시안군과 계림군 곡창(穀倉)은 독수봉 산 밑에 있었다"라고 적혀 있다.) 정숙제는 독수봉을 "어디에도 의지함이 없고, 무너질 염려가 전혀 없으며, 뭇 산들 사이에 우뚝 서서, 하늘 위로 치솟아 있네"라고 했으며, 호적은 "계림 산수에 관해 들어본 사람 중에 독수봉을 모르는 사람이 없었다. 그림 속 계림 산수 중 독수봉이 제일 유명하다"라고 하였다. 제3대 정강왕 주좌경은 "팔경이 기이함보다 더 뛰어났으니 그 이름 독수라 한다네"라고 하였으며, 명나라 장명봉은 "성 동쪽에 있는데 그 수려함을 따를 산이 없으며, 다른 산들과 떨어져 있어 예로부터 독수라 불렀다"라고 하였다. 관련 문헌 및 석각 기록에 따르면 독수봉의 이름은 남조 유송 시기 시안군 태수 안연지가 독수봉을 노래한 시구 "그 무엇과도 비길 수 없네, 성곽 중에 우뚝 선 봉우리여!"에서 최초로 나왔다. 이 두 시가 『독수봉 신개석실기』 석각에 적혀 있어 사람들은 독수봉의 이름도 안연지의 시에서 얻은 것이라 여겼다("아름다운 이름은 이로 인해 생긴 것이다"). 명나라의 역사 지리책 『계승』에 따르면, 이는 「명현」이라는 시에서 최초로 계림 산수를 노래했다고 한다(『계승』 제1권에 "안연지의 이 두 구절은 당나라 정숙제에 의해 기록되었는데, 아쉽게도 그 전문은 전해지지 않는다. 안연지가 처음으로 독수봉을 노래하였고 다른 사람들은 언급하지 않았기 때문에 안연지의 시는 특별히 보존될 수 있었다. 성현들이 기이함을 노래한 것을 보면 독수봉이 처음이다.")

二. 唐代郑叔齐《独秀山新开石室记》

唐代郑叔齐《独秀山新开石室记》石刻位于桂林靖江王城内独秀峰读书岩上方, 高0.48米、宽0.87米, 由唐代监察御史里行郑叔齐于建中元年(公元780年)撰文并刻石,碑文内容记载的是桂州刺史、桂管观察使李昌巘对南朝始安郡太守颜延之常常读书的岩洞进行整修并建宣尼庙和府学的事情经过。

2. 당나라 정숙제(鄭叔齐)가 지은 『독수봉 신개석실기』

당나라 정수치이가 지은 『독수봉 신개석실기』 석각은 계림시 정강왕부 내 독수봉 독서암에 있으며 높이는 0.48미터, 너비는 0.87미터이다. 당나라 감찰어사 정숙제가 건중 원년(780)에 새긴 것이다. 석각에는 계주 자사, 계관 관찰사를 역임했던 이창노(李昌巘)가 남조 시안군 태수 안연지(顔延之)가 독서하던 독수봉 동굴을 보수하고, 거기에 선니묘(宣尼廟)와 부학(府學)을 세운 경과가 기록되어 있다.

〈그림 3-1〉 五代时期开元寺螭龙碑冠无字碑

오대시기 개원사(開元寺) 이룡비관무자비(螭龍碑冠無字碑)

〈그림 3-2〉 无字碑的螭龙碑冠

무자비의 이룡비관(螭龍碑冠)

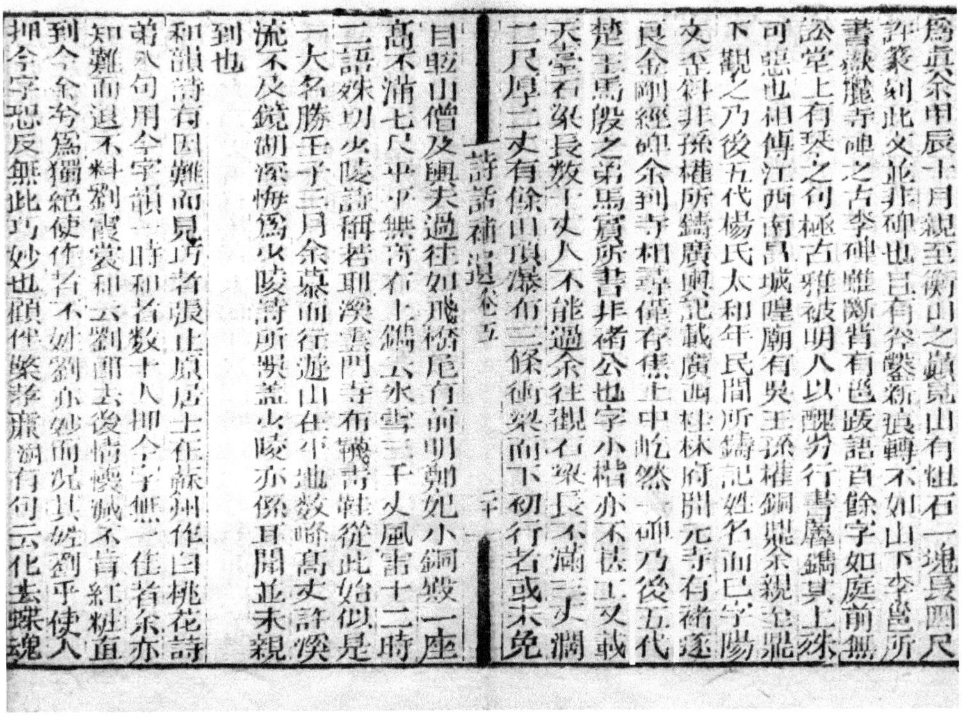

〈그림 3-3〉 袁枚所著《随园诗话补遗》卷五 "《广舆记》载, 广西桂林府开元寺, 有褚遂良《金刚经》碑。余到寺相寻, 仅存焦土, 中屹然一碑, 乃后五代楚王马殷之弟马賨所书, 非褚公也。字小楷, 亦不甚工"

원매(袁枚)가 지은 『수원시화보유』 제 5권에 따르면 "『광여기』에서는 광서계림부 개원사에 저수량의 『금강경』이 있다고 했는데 내가 절에 가 보았더니 비석만 남아 있었다. 비문은 저수량이 쓴 글이 아니라 오대시기 초나라왕 마은(馬殷)의 동생 마종(馬賨)이 해서체로 쓴 것으로서 그리 정교하지 않았다"라고 한다.

东渡弘法的鉴真和尚在桂林

鉴真(公元688年-763年6月25日),唐朝僧人,俗姓淳于,广陵江阳(今江苏扬州)人,南山律宗传人、日本佛教南山律宗的开山祖师,著名医学家。唐代天宝元年(公元742年),鉴真应日本留学僧请求,决定赴日弘布戒律。历经五次东渡,皆因飓风影响而未能成功。在唐代天宝九年(公元750年),鉴真和尚率众僧第五次东渡日本失败,眼睛也渐渐失明,后到达始安(桂林古称),挂锡开元寺。时任始安都督的冯古璞率领全城官员、僧侣、百姓热烈欢迎,率领驻桂的岭南七十四州官员和赴考的举子接受菩萨戒,盛况空前;鉴真和尚在开元寺住了一年的时间,当地百姓都纷纷向他学佛受戒;鉴真和尚在开元寺讲经弘法,开坛授戒,一时僧尼、善男信女云集,成为桂林佛教史上一大盛事;在桂林期间,鉴真总结出了《服钟乳随年齿方》。一年后,他返回扬州。在天宝十二年(公元753年),日本遣唐使藤原清河到扬州向鉴真致礼,并邀其"向日本传戒"。于是鉴真开始了第六次东渡,并于日本天平胜宝五年(公元754年)年底在日本萨摩国阿多郡秋妻屋浦(今日本鹿儿岛川边郡西南方村大字秋目浦)登岸,次年被迎入日本当时首都奈良的东大寺。鉴真历时十二年、最终到达日本弘传佛法,他为日本带去的不仅是佛经,更促进了中国文化向日本的流传。在佛教、医药、书法等方面,鉴真对于日本有极其深远的影响,也是我国第一位到日本开创佛教律宗的大师。当时的日本天皇、皇后、皇太子和其它高级官员都接受了鉴真的三师七证授戒法,皈依佛门。唐代乾元二年(公元759年、日本天平宝字三年),鉴真在日本奈良市西京五条创建招提寺,并著有《戒律三部经》刻印流传,是日本印板之开端;他还把我国中药鉴别、炮制、配方、收藏、应用等技术带到日本,并传授医学、热忱为患者治病。唐代至德元年(公元756年、日本天平胜宝八年),鉴真与弟子法荣治愈圣武天皇病症,由此又在日本医药界享有崇高的威望,人称为汉方医药始祖,日本之神农。后鉴真于唐代广德元年(公元763年、日本天平宝字七年)圓寂。葬在日本下野药师寺, 立塔正面题有"鉴真大和尚"五字。

〰️ 【계림구사】 링크 〰️

일본으로 건너가 불법을 전한 승려 감진의 계림 행적

감진(鑑真, 688~763)은 당나라 승려로, 성은 순우이며 광릉강양(지금의 강서 양주)에서 태어났다. 감진은 남산율종을 계승하였고, 일본 불교의 남산율종을 창시하였다. 유명한 의학자이다. 당나라 천보 원년(742), 그는 일본에서 유학 온 승려의 부탁을 받고 일본으로 건너가 불법을 전수하기로 결정하였다. 하지만 수차 일본행을 시도했으나 태풍의 영향으로 실패하였고, 천보 9년(750), 수많은 승려를 데리고 다섯 번째로 일본행을 시도했으나 역시 실패한 뒤로 시력을 잃기 시작했다. 후에 시안(계림의 옛 이름)으로 와서 개원사에 머물렀다. 당시 시안 도독 풍고박(馮古璞)은 성내의 모든 관리, 승려, 백성들과 함께 감진을 영접했으며 계림에 있는 영남 74주 관리들과 과거 시험을 준비하던 선비들을 거느리고 보살계를 받았는데 그 규모가 전례 없었다. 감진이 개원사에 머문 1년 동안, 백성들은 분분히 찾아와 불법을 배우고 계를 받았다. 감진은 개원사에서 경을 가르치고 홍법을 강의하였으며 수계를 받았는데 승려, 여승과 불교 신도들이 운집하여 계림불교 역사상 성대한 행사가 되었다. 감진은 계림에서 『나이에 따라 먹는 종유 밀방』을 정리해냈다. 1년 후, 그는 양주로 돌아갔으며, 천보 12년(753)에 일본의 견당사(遣唐使) 후지와라노 기요카와(藤原清河)가 찾아와서 "일본으로 가서 불법을 전해달라"라고 부탁하자 감진은 여섯 번째 일본행을 시작하게 되고, 덴표쇼호(天平勝宝) 5년(754) 말에 사쓰마국(薩摩国) 아타군(阿多郡)의 아키쓰마야우라(秋妻屋浦, 지금의 일본 가고시마현 미나미사쓰마시 남서쪽에 있는 아키메우라)에 도착하였고, 이듬해에 드디어 당시 일본의 수도 나라(奈良)에 있는 도다이지(東大寺)에 안내되었다. 그 뒤로 12년 동안의 노력을 거쳐 감진은 드디어 일본에 불법을 전파하였다. 그는 일본에 불경을 전해주었을 뿐만 아니라 중국 문화도 전파하였다. 감진은 불교, 의약, 서법 등 여러모로 일본에 큰 영향을 미쳤으며, 중국인으로서는 처음으로 일본에서 불교 율종을 창시한 대가이다. 당시의 일본 천황, 황후, 황태자와 고위 관료들이 감진의 3사7증 수계법을 받고 불교에 귀의했다. 당나라 건원 2년(759, 일본 덴표호지 3)에 감진은 일본 나라의 니시쿄고조(西京五条)에 도쇼다이지(招提寺)를 세우고, 「계율삼부경(戒律三部経)」지어서 대량으로 인쇄하여 일본 전역에 전파하였는데 이것이 바로 일본의 인각술의 시작이었다. 그뿐만 아니라 그는 중국의 약재 감별과 제조법 및 저장과 사용을 비롯한 의학을 전수하고 열심히 환자들의 병을 치료해주었다. 당나라 지덕 원년(756, 일본 덴표쇼호 8)에 감진은 제자 호에이(法榮)와 함께 쇼무천황(聖武天皇)의 병을 치료해줌으로써 일본 의학계에서 큰 명망을 얻었고, 중의학의 시조로 일본의 '신농씨'라고 불리게 되었다. 감진은 당나라 광덕 원년(763, 일본 덴표호지 7)에 원적한 뒤 시모노야쿠시지(下野薬師寺)에 묻혔으며, 그를 기념하여 축조된 탑의 정면에는 '감진대화상(鑑真大和尚)'이라는 글귀가 새겨졌다.

三. 五代时期开元寺螭龙碑冠无字碑

初建于隋代仁寿元年(601年)的开元寺遗址位于现桂林民主路万寿巷, 初建时称缘化寺, 一座五代时期的螭龙碑冠无字碑就置立在这里。这块无字碑高2.5米、宽1.3米, 碑上原先是有文字的, 刻的是五代楚国静江军节度观察使马賨笔书的《金刚经》(书写时间约为五代时期后唐天成二年即公元927年之后。此碑曾一度被误传为唐代书法家褚遂良笔书。据清代诗人、散文家袁枚所著《随园诗话补遗》卷五"《广舆记》载, 广西桂林府开元寺, 有褚遂良《金刚经》碑。余到寺相寻, 仅存焦土, 中屹然一碑, 乃后五代楚王马殷之弟马賨所书, 非褚公也。字小楷, 亦不甚工", 这说明当时还能看得到碑文)。由于风化等诸多原因, 如今碑文字迹已未能显现。无字碑的旁边还矗立着一座唐显庆二年(公元

657年)初建, 明洪武十八年(公元1385年)重建的舍利塔。

3. 오대(五代) 시기 개원사(開元寺) 이룡비관(螭龍碑冠)의 문자 없는 비석

　수(隋)나라 인수 원년(601)에 처음 세워진 개원사 유적지는 지금의 계림시 민주로 만수항에 위치해 있다. 처음 세워질 당시에는 연화사(緣化寺)라고 불렸다. 오대 시기 이룡비관의 문자 없는 비석이 바로 이곳에 세워져 있다. 비석은 높이 2.5미터, 폭이 1.3미터에 달하며, 원래는 오대 시기 초나라 정강군 절도사 마종이 쓴 『금강경』이 새겨져 있었다고 한다.(새긴 시기는 대략 오대의 천성 2년(927) 이후로 추정된다. 이 비석은 한동안 당나라 서예가 저수량(褚遂良)이 쓴 것으로 와전되기도 했다. 청나라 시인이며 산문가였던 원매(袁枚)는 『수원시화보유』 제5권에서 "『광여기』에서는 광서계림부 개원사에 저수량의 『금강경』이 있다고 했는데 내가 절에 가 보았더니 비석만 남아 있었다. 비문은 저수량이 쓴 글이 아니라 오대 시기 초나라 왕 마은(馬殷)의 동생 마종(馬賨)이 해서체로 쓴 것으로서 그리 정교하지 않았다"라고 적고 있는데 이는 그 당시에는 비문이 남아 있었음을 말해준다) 그 후 풍화 등 여러 가지 원인으로 지금은 비문을 전혀 알아볼 수 없게 되었다. '문자 없는 비석' 옆에는 당나라 현경 2년(657)에 처음 세워졌고, 후에 명나라 홍무 18년(기원 1385년)에 재건한 사리탑이 있다.

〈그림 4-1〉桂林城北铁封山西面半山腰、于公元1053年磨崖的《大宋平蛮碑》石刻, 受到近千年的风雨侵蚀, 碑文字迹已模糊了大部分

구이린시 북쪽에 위치한 철봉산 서쪽 석벽 중턱에 있다. 서기1053년에 새겨진 『대송남만평정비(大宋平蛮碑)』는 1053년에 새겨졌으며, 천년의 세월을 견디면서 비바람에 침식되다보니 비문의 내용이 대부분 희미해졌다.

〈그림 4-2〉 按照石刻原貌, 复制展示在桂林龙隐路上的《大宋平蛮碑》石刻

원래 모양을 그대로 복원한 것으로서 현재 구이린시 룽인로(龍隱路)에 전시된 『대송남만평정비(大宋平蛮碑)』석각.

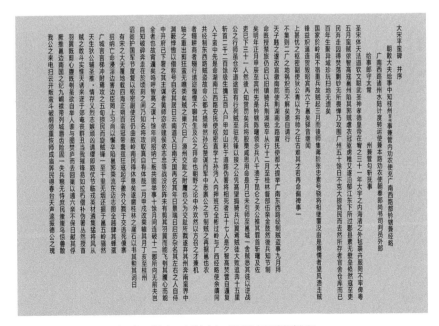

〈그림 4-3〉 结合文献实地考察梳理《大宋平蛮碑》文字, 并以碑文原貌顺序记录

문헌고찰과 현지답사를 결합하여 정리한 『대송남만평정비(大宋平蛮碑)』의 내용. 비문의 원래 순서대로 기록하였음.

〈그림 4-4〉明代冯梦龙著《智囊全集》术智部权奇卷十八记载"大兵始出桂林之南, 因祝曰：胜负无以为据。乃取百钱自持之, 与神约：果大捷, 投此钱尽钱面……已而挥手倏一掷, 百钱皆面, 于是举军欢呼, 声震林野……其后平邕州还师, 如言取钱。幕府士大夫共视, 乃两面钱也"

명나라 풍몽룡이 쓴 『지낭전집』 제 18권의 "술지부권기(术智部权奇)"의 기록에 따르면 "대군이 구이린 남쪽을 떠날 때 승패가 확실하지 않았다. 그리하여 동전 100매를 꺼내 신과 약속했는데, 만약 모두 같은 방향으로 던져진다면 이기게 된다는 뜻으로 알겠다 하였다…… 동전을 던졌더니 모두 위로 향했고 이에 병사들이 일제히 소리높이 환호하였는데 환호성이 숲과 들에 울러퍼졌다…… 웅주를 평정한 후, 대군이 구이린으로 돌아와 그 말대로 동전을 꺼내 보았더니 관아의 사대부들의 눈에 들어온 것은 양면이 똑같은 동전이었다."라고 적혀있다.

狄青南征，在桂林借神道以坚军志

宋代邕州下辖的羁縻广源州酋长侬智高在北宋皇佑四年(1052年)起兵反宋(广源州治所在今越南高平省广渊县，管辖范围东至今广西大新县东北、南至今越南谅山省七溪、西至今越南高平省下琅、北至今云南省广南与富宁等县，共约6万平方公里)，宋仁宗赵祯派遣宣徽南院使狄青等将领率兵前往镇压。当狄青率兵行军到桂林南面昭州(今桂林平乐县)的漓江末端处扎营安寨进行军队的修整时，恰逢连日大雨、瘴气严重，大量士兵身体不适，使得军心涣散、人心惶惶，加上受当时主和妥协派的影响，军队中已有相当部分士兵产生厌战和怯战情绪，甚至散播出不利士气的迷信谣言，认为这是神明在宣示此次出征将会惨败。于是，狄青从昭州出发前往邕州征战之前，当着众将士拿出百枚一面为字面、另一面为钱面的铜钱说："近日听到很多此次出征将会战败的传言。现在，我与神明约定，如果这百枚铜钱落地时字面朝上的为多，那么我们不再前进、立即调转方向返回出发的地方；如果落地时钱面朝上的多，就说明神明将保佑我们此次征战邕州侬智高必定能够取得胜利！"说完将铜钱全部抛落在地面后查看，这一百枚铜钱居然都是钱面朝上。这个结果使整个军队顿时士气提升、斗志昂扬。于是狄青命人用钉子将这些铜钱固定在原位，并以青纱封盖，以便出征获胜后回来谢神。军队在继续出征平定邕州反叛大获全胜后，回到昭州。狄青取出这百枚铜钱让大家传阅，大家才了解到，原来狄青为了振奋士气、破除谣言，专门制作了一百枚两面都是钱面的铜钱(明代冯梦龙著《智囊全集》卷十八术智部权奇记载"大兵始出桂林之南，因祝曰：胜负无以为据。乃取百钱自持之，与神约：果大捷，投此钱尽钱面……已而挥手倏一掷，百钱皆面，于是举军欢呼，声震林野……其后平邕州还师，如言取钱。幕府士大夫共视，乃两面钱也")。

可惜的是，宋代元丰二年(公元1079年)，宋神宗赵顼以"荒远"、"瘴疠"、"偏远难守"为由, 将本属宋代中国领土的邕州下辖羁縻广源州的部分土地赐予了交趾(今越南)。

〰️ 【계림구사】링크 〰️

적청의 남방 원정-계림에서 천도로 군심을 안정

송나라 웅주의 관할지 기미 광원주의 추장 농지고가 황우 4년(1052)에 반란을 일으켰다.(광원주는 지금의 베트남 고평성 광원현. 관할 면적은 총 6만 평방킬로미터로 동쪽은 광서 대신현 북동, 남쪽은 베트남 양산성 칠계, 서쪽은 베트남 고평성 하랑, 북쪽은 운남성 광남과 부녕 등에 이른다.) 송인종 조정이 적청, 손면, 여정 등을 파견하여 평정하였다. 선휘남원사 적청은 광남 군대를 거느리고 계림 남부의 조주(지금의 계림시 평악현)에 이르러 성남에 위치한 이강의 끝부분에 숙영지를 정하고 전력을 재정비하는 중 연일 내린 큰비로 장독(瘴毒)이 심해지면서 사병들은 불편을 겪게 되었다. 이로 인해 군심이 흩어지고 인심마저 흉흉해졌다. 게다가 화협과 타결을 주장하는 자들이 있어 군사 중 일부는 전쟁을 두려워하고 심지어 사기를 떨어뜨리는 소문을 퍼뜨렸는데, 이것은 신의 계시이니 이번 싸움은 필이 패할 것이라고 했다. 이에 적청은 조주에서 웅주로 출정할 무렵, 동전 100개를 병사들에게 꺼내 보이면서 "요즘 전쟁이 실패할 거라는 소문을 많이 들었다. 신과 약속하거늘, 내가 지금 던지는 동전이 모두 같은 방향을 향하면 이번 전쟁에서 승리를 거둘 수 있도록 신이 보우한다는 뜻으로 알겠다"라고 말하였다. 그리고 동전을 던졌더니 모두 한 방향으로 향했으며 이로써 군대의 사기가 매우 높아졌다. 적청은 바닥에 떨어진 동전들을 못으로 고정하고 청사로 덮어씌우라고 명하였다. 웅주 반란을 평정하고 나서 적청이 군사를 이끌고 조주에 돌아와 동전을 다시 보여주니 양면이 똑같았다. 이는 적청이 군사들의 사기를 북돋아주고 유언비어들을 없애려고 양면이 같은 동전 100개를 사전에 준비하였던 것이다.(명나라 풍몽룡이 쓴 『지낭전집』 제18권의 「술지부권기(术智部权奇)」의 기록에 따르면, "대군이 계림 남쪽을 떠날 때 승패가 확실하지 않았다. 그리하여 동전 100개를 꺼내 신과 약속했는데, 만약 모두 같은 방향으로 던져진다면 이기게 된다는 뜻으로 알겠다 하였다. …동전을 던졌더니 모두 위로 향했고, 이에 병사들이 일제히 소리 높여 환호하였는데 환호성이 숲과 들에 울려 퍼졌다. …웅주를 평정한 후 대군이 계림으로 돌아와 그 말대로 동전을 꺼내 보았더니 관아의 사대부들의 눈에 들어온 것은 양면이 똑같은 동전이었다"라고 적혀 있다.)

하지만 아쉽게도 송나라 원풍 2년(1079), 송신종 조욱은 웅주가 관할한 송나라 기미 광원주의 일부 땅이 "황량하고 외진 곳", "장려", "지켜내기 어려운 곳"이라는 이유로 교지(지금의 베트남)에 넘겨주었다고 한다.

四. 宋代余靖大宋平蛮碑

宋代余靖大宋平蛮碑石刻位于桂林城北铁封山西面半山腰的崖壁, 高2.5米、宽1.6米, 碑文由宋代权知桂州余靖于皇佑五年(公元1053年)所撰, 较为细致地记述了宋代邕州下辖羁縻广源州少数民族首领侬智高起兵反宋后被平定镇压的历史事件, 与桂林七星山龙隐洞口《平蛮三将题名》石刻内容所记录的为同一事件。

4. 송나라 여정의 『대송남만평정비(大宋平蛮碑)』

송나라 여정의 대송 남만평정비는 계림시 철봉산 서쪽 석벽에 있는데 높이는 2.5미터, 폭은 1.6미터에 달한다. 비문은 송나라 황우 5년(1053), 권지계주로 임명된 여정이 쓴 것으로, 송나라 웅주 관할지인 기미광원주의 소수민족 수령 농지고가 일으킨 반란을 평정한 역사사건이 상세하게 기록되어 있다. 이는 용인동굴 입구에 있는 「남만을 평정한 세 장군의 제명」 석각에 기록된 내용과 같은 사건이다.

〈그림 5-1〉 位于南溪山刘仙岩的宋代《养气汤方》石刻

남계산(南溪山) 유산암(劉仙巖)에 있는 송나라 『양기탕방(養氣湯方)』 석각

按广南摄生论载养气汤方
口口附子 圜实者去尽黑 甘草 炙秤 壹两
口口黄 汤洗浸壹宿用水淘去灰 以尽为度焙乾秤贰两
右三味同捣罗成细末每服
壹大钱入盐点空心服皇祐
至和间遇刘君锡以事窜岭南
至桂州遇刘仲远先生口授
此方仲远是时已百余岁君
锡服此汤间关岭表数年竟
免岚瘴之患后还襄阳寿至
九旬尝云闻之仲远曰凌晨
盥栉讫未得议饮食且先服
此汤可保一日无事旦旦如
此即终身无疾病矣宣和四
年上巳日朝请郎提举广南
西路常平等事晋江吕渭记

〈그림 5-2〉 结合文献实地考察梳理《养气汤方》文字, 并以碑文原貌顺序记录(因石刻破损、已无法辩认的文字以"口"代替)

문헌자료와 현지답사를 통해 정리한 『양기탕방(養氣湯方)』의 글귀. 비문의 원모를 되살려 순서대로 기록. (세월의 흔적으로 복원이 불가능한 문자는 「口」로 표기하였음.)

〈그림 5-3〉 位于桂林龙隐洞(桂海碑林博物馆内)的《龙图梅公瘴说》石刻

구이린시 용은동(龍隱洞)의 계해비림박물관(桂海碑林博物館)에 있는 『용도매공장설(龍圖梅公瘴說)』석각.

🌥 【桂林旧事】链接 🌥

昭州知府梅挚的反腐檄文《五瘴说》

岭南一带是宋代谪贬官员被流放的边远地区之一。而当时广西又被称之为"瘴疬之乡"，由于森林杂木密布，一年四季沉积的水汽久淤不散，形成湿热蒸郁的"瘴岚"之气，容易引发严重的疫病，因此也流传感染岭南瘴气者必死的说法。

宋代景佑元年(公元1034年)，以殿中丞身份来到昭州(今桂林平乐县)担任知府的龙图阁学士梅挚，写下了广为流传至今的反腐檄文《五瘴说》。他借自然"瘴疬"之喻，抨击官场存在的腐败现象，直斥针砭当时存在的"租赋之瘴、刑狱之瘴、饮食之瘴、货财之瘴和帷薄之瘴"，提出"自然界的瘴气也许能使人病亡，但官场上的腐败却比瘴气更为可怕"的论述观点。《五瘴说》面世一百五十多年后的宋代绍熙元年(公元1190年)，广南西路转运使朱晞颜认为梅挚这篇文章切中时弊，对官员非常有教育意义，于是撰写跋文，编辑成《龙图梅公瘴说》，请人刻在龙隐岩、龙隐洞之间的崖壁上。这里恰好是当地官员们出东城巡察，履行劝农公务的必经之地。这件反腐倡廉的石刻置于此地，几百年来，对来来往往、路经此地的官员起了很大的劝诫作用。1953年，作家、历史学家、考古学家郭沫若也来到这里，对着《龙图梅公瘴说》石刻沉思良久，后来在登上桂林城的古南门城楼时，留下了"榕树楼头四壁琛，梅公瘴说警人心"的著名诗句。

🌥 【계림구사】링크 🌥

소주지부 매지의 반부패 격문『오장설(五瘴設)』

영남 지역은 송나라 시기에 조정에서 강직된 관리를 유배 보내던 국경의 오지였다. 당시 영남 지역은 삼림이 우거지다보니 봄과 여름 내내 누적된 습기가 오랫동안 흩어지지 않았으므로 '장람(瘴嵐)'이라는 기가 형성되었다. '장람'은 쉽게 질환을 초래하는데 이 병에 걸리면 마땅한 치료법이 없어 사람이 많이 죽었다. 그리하여 영남 지역에서는 '장람'에 걸리면 무조건 죽는다는 말까지 생겨날 정도였다. 송나라 경우 원년(1034), 조주(지금의 계림시 평악현) 지부로 있던 용도각(龍圖閣) 학사 매지(梅摯)가 그 유명한 반부패 격문인 『오장설』을 지었다고 한다. 그는 관리 사회의 추악함을 자연계의 '장력(瘴癘)'에 비유하면서 당시 "각종 세금을 강제로 받아들이고 나쁜 짓을 일삼으며 떠벌여 먹고 마시면서 백성의 재물을 갈취하고 여색을 좋아하는" 탐관들을 질책하였다. 그리고 "자연계의 장기는 사람을 병에 걸려 죽게 하지만 관리 사회의 부패는 그런 장기보다 더 무섭다"라고 했다.『오장설』이 나오고 150여 년이 지난 후 송나라 소희 원년(1190), 광남서로(廣南西路) 전운사(轉運使) 주희안(朱晞顔)은 매지의 글이 그 시대의 폐단을 제대로 꼬집어 관리들에게 교육적 의의가 있다고 여겼다. 이에 발문을 쓰고「용도매공장설(龍圖梅公瘴說)」을 지어 용은암(龍隱巖)과 용은동(龍隱洞) 사이에 있는 암벽에 새기도록 하였다. 송나라 때, 이 지역 관리들이 성을 나가 공무를 집행하려면「용도매공장설」석각 옆을 꼭 지나다녀야 했으므로 부패를 반대하고 청렴을 제창한 이 석각은 수백 년간 이곳을 지나는 관리들을 깨우치는 역할을 충실히 수행했다. 1953년에 이곳을 찾은 중국의 저명한 사학자이며 고고학자이자 작가인 궈모뤄(郭沫若, 1892~1978)는 이곳을 지나다가 이 석각을 보고 깊은 생각에 잠겼다고 한다. 후에 그는 계림시 고남문(古南門) 성루에 오르면서 다음과 같은 시구를 남겼다. "아름드리 용나무 하늘 높이 자라고, 매공의 장설은 사람들을 일깨워주네."

五. 宋代呂渭《养气汤方》石刻

宋代《养气汤方》石刻位于南溪山刘仙岩, 高0.43米, 宽0.65米, 宋代宣和四年(公元1122年)三月初三日, 由当时掌管广西粮仓和农田水利方面的朝请郎提举广南西路提举常平等事吕渭根据《广南摄生论》所记载的内容所刻。《养气汤方》石刻向百姓推广避免感染"岚瘴"之类病症的药方，同时对药方的来源、成分、用量、制法和服用方法以及疗效等都做了详细说明，对于后世研究传统中医药学具有较高的文献价值，也是岭南地区唯一现存的宋代药方石刻。

石刻中还顺便介绍了一则饮用此养气汤方而得到长寿的事例。但《广南摄生论》经过900年的岁月变迁，早已失传，而此汤方中有一味药名因石刻遭破损，已无法得知原文所记录的准确内容。

5. 송나라 여위의 『양기탕방(養氣湯方)』 석각

원 석각은 남계산 유선암에 있는데 높이 0.43미터, 너비 0.65미터로, 송나라 선화 4년 (1122) 3월 3일, 광서의 곡창과 농경지 수리시설을 담당했던 광남서로(廣南西路) 제거상평(提擧常平) 여위(呂謂)가 『광남섭생론(廣南攝生論)』의 기록에 근거하여 조각한 것이다. 『양기탕방』 석각은 '람장(嵐瘴)'과 같은 질병의 감염을 피할 수 있는 처방으로 널리 알려졌으며 처방의 출처, 성분, 사용량, 제조와 복용 및 효능에 관해 자세히 설명하였다. 이는 전통 중의학 연구자들에게 중요한 문헌적 자료가 될 뿐만 아니라 영남(嶺南) 지역에서 유일한 송나라 때 중의약 처방을 새긴 석각이다.

이 외에도 석각에는 이 '양기탕방'을 복용하고 장수하였다는 사례가 소개되기도 했다. 『광남섭생론』은 900여 년이 흐르는 사이 이미 실전되었으며, 석각의 일부가 훼손되는 바람에 약재 한 종류의 이름은 확인할 수 없게 되었다.

〈그림 6-1〉桂林南溪山白龙洞内的唐代李渤《留别南溪》石刻

구이린 남계(南溪)산 백룡(白龍)동에 있는 석각. 당나라 때 이발(李渤)이지은 『남계를 떠나면서(留別南溪)』의 글귀.

留別南溪
桂州刺史兼御史
中丞成纪李渤
常叹春泉去不
回我今此去更
难来欲知别后
留情处手种岩
花次第开
太和二年十一
月十三日
大宋绍兴二十年季春张仲宇邓宏
重命工刊整住岩僧如汉

〈그림 6-2〉结合文献实地考察梳理《留别南溪》文字, 并以碑文原貌顺序记录(因石刻漫漶, 已无法辩认的文字以"口"代替)

문헌자료와 현지답사를 통해 정리한 『남계를 떠나면서(留別南溪)』의 글귀. 비문의 원모를 되살려 순서대로 기록. (세월의 흔적으로 복원이 불가능한 문자는 「口」로 표기하였음.)

43

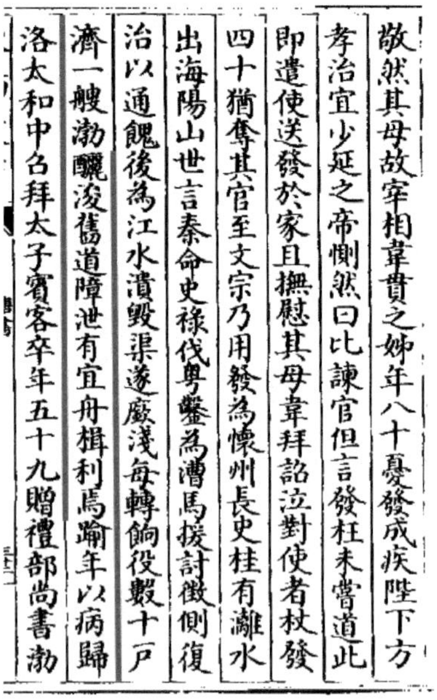
敬然其母故宰相韋貫之姊年八十憂發成疾陛下方
孝治宜少延之帝惻然曰比諫官但言發枉未嘗道此
即遣使送發於家且撫慰其母韋拜詔泣對使者杖發
四十猶奪其官至文宗乃用發為懷州長史桂有灕水
出海陽山世言秦命史祿伐粤鑿爲漕馬援討徵側復
治以通餽後爲江水潰毀渠遂廢淺每轉餉役數十戶
濟一艘渤釃浚舊道障泄有宜舟楫利焉踰年以病歸
洛太和中召拜太子賓客卒年五十九贈禮部尚書渤

〈그림 6-3〉《新唐书》卷一百十八李渤传"(灵渠)后为江水溃毁、渠遂废浅，每转饷，役数十户济一艘。渤釃浚旧道、鄣泄有宜、舟楫利焉"

『신당서』 118권의 이발전(李渤傳)에 따르면, "(영거는) 후에 강물의 침습을 받아 훼손되었고 수로는 얕아져 매번 배가 방향을 바꿀 때마다 수십명에 달하는 인부들이 함께 끌어야 했다. 이발은 옛 수로를 다시 소통함으로써 막힘이 없게 하였고 배가 쉽게 다닐 수 있게 하였다."라고 했다.

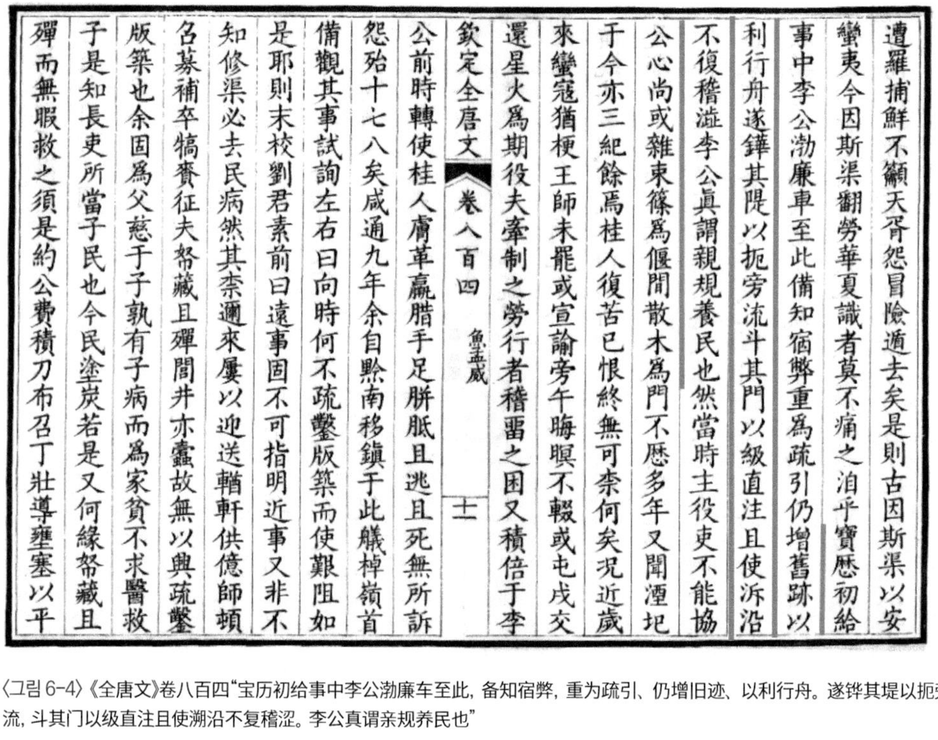
遣羅捕鮮不鬭夭胥怨冒險遁去矣是則古因斯渠以安
蠻夷今因斯渠翻勞華夏識者莫不痛之洎乎寶歷初給
事中李公渤廉車至此備知宿弊重爲疏引仍增舊跡以
利行舟遂鏵其隄以扼旁流斗其門以級直注且使泝沿
不復稽澁李公眞謂親規養民也然當時主役吏不能協
公心尚或雜束篠爲偃閒散木爲門不歷多年又聞湮圮
于今亦三紀餘爲桂人復苦已恨終無可柰何矣況近歲
來蠻寇猶梗王師未罷或宣諭旁午晦暝不輟或屯戍交
還星火爲期役夫牽制之勞行者稽留之困又積倍于李
欽定全唐文　卷八百四　魚孟威　十
公前時轉使桂人膚革羸腊手足胼胝且逃且死無所訴
怨殆十七八矣咸通九年余自黔南移鎭于此艤棹嶺首
備覩其事試詢左右曰向時何不疏鑿版築而使艱阻如
是耶則末校劉君素前曰遠事固不可指明近事又非不
知修渠必去民病然其柰邇來屢以迎送輶軒供億師頓
名募補卒犒賚征夫帑藏且殫閭井亦罄故無以興疏鑿
版築也余固爲父慈于子孰有子病而爲家貧不求醫救
子是知長吏所當子民也今民塗炭若是又何緣帑藏且
殫而無暇救之須是約公費積刀布召丁壯導壅塞以平

〈그림 6-4〉《全唐文》卷八百四"宝历初给事中李公渤廉车至此，备知宿弊，重为疏引、仍增旧迹、以利行舟。遂铧其堤以扼旁流，斗其门以级直注且使溯沿不复稽涩。李公真谓亲规养民也"

『전당문(全唐文)』 제804권에는 "당나라 보력원년(825)년 초에 급사중(給事中)인 이발이 이곳에 이르러 숙폐에 대비하여 물길을 다시 빼고 원래 것을 더 넓혀 배가 다니기 편하게 하였다. 제방을 잘 쌓아 물이 범람하지 않게 하였으며, 수문을 만들어 물을 저장할 수 있게 하여 역으로 물이 흐르는 일이 없게 하였으니 가히 진정으로 백성을 가까이 하고 아끼는 관리라고 할만했다."라고 기록되어 있다.

重修灵渠的"世界船闸之父"李渤

唐代中期，在庐山隐居多年、被称为"白鹿先生"的成纪(今甘肃省天水市秦安县)人李渤因博学多才，经当时杰出的文学家、思想家、哲学家韩愈劝说，被朝廷征召为官后，于宝历元年(公元825年)二月出任桂州刺史兼御史中丞。来到桂林后，李渤除了设立常平仓以稳定谷价、备荒赈恤，减轻百姓负担，还顺手开发了南溪山、隐山等直至如今的名胜景点。他对当时南溪山的旖旎景色赞叹道：清澈的漓江从象鼻山向右汇入阳江(今称桃花江)，再经过一里多的路程来到南溪口。由于是在桂林城的南边而取名为南溪，南溪的右岸是一排排的民墅，能依稀听得到鸡犬相鸣，远远望得见那些田园生活的美好，恍惚中竟能让人怀疑这样的境象并不似在人间一般；南溪左面像屏风那样排列着斗丽争高的峭壁山崖，山崖上树木的翠色隐藏在烟雨薄雾之中，呈现出了一幅映入整个眼帘的丹青水墨画(《南溪山诗并序》"桂水过漓江，右汇阳江，又里余，得南溪口。溪左屏列岸巘，斗丽争高，其孕翠曳烟，逦迤如画；右连幽墅，园田鸡犬，疑非人间……以溪在郡南，因目为南溪)。

在桂林任职期间，李渤更是积极组织百姓对因长期失修、大多功能已经被江水溃毁，几近崩废的秦代灵渠进行了大规模修建，同时还科学地增设和改进了铧嘴和陡门，创造性地运用铧嘴分水、陡门蓄水、渠道引水等技术，改变了原先渠水浅、水流量小、每通过一艘船都需要几十个人一起拉纤的情况，受到百姓的拥护爱戴(《新唐书》卷一百十八李渤传"(灵渠)后为江水溃毁、渠遂废浅，每转饷，役数十户济一艘。渤酾浚旧道，郭泄有宜、舟楫利焉"；《全唐文》卷八百四"宝历初给事中李公渤廉车至此，备知宿弊，重为疏引、仍增旧迹，以利行舟。遂铧其堤以扼旁流，斗其门以级直注且使溯沿不复稽涩。李公真谓亲规养民也")。

由于陡门的修建在世界水利史上堪称创举，南宋的静江知府兼广西经略安抚使范成大评价"治水巧妙, 无如灵渠者"；1996年11月, 来到灵渠实地考察的世界大坝委员会(WCD)60多位各国专家学者对此赞不绝口, 一致称李渤为"世界船闸之父"。

🌥️ 【계림구사】링크 🌥️

영거를 재건한 '세계 선박 수문의 아버지' 이발

당나라 중기에 노산(盧山)에서 수년간 은거생활을 하던 '백록선생(白鹿先生)' 이발(李渤)은 아주 박학다재하였다고 한다. 성기(成紀, 지금의 감숙성 천수시 진안현) 출신인 그는 당대 걸출한 문학가이며 사상가, 철학가였던 한유(韓愈)의 권유로 조정의 관리가 되었으며 당나라 보력 원년(825) 2월에 계주(桂州) 자사(刺史) 겸 어사(御史) 중승(中丞)을 맡게 되었다. 계주(계림)에 온 후, 이발은 상평창(常平倉)을 설치하여 곡물 가격을 안정시키고 흉년에 대비해 진휼(賑恤)하여 백성들의 부담을 덜어주었다. 그리고 남계산(南溪山), 은산(隱山) 등 지역을 관광지로 개발하여 오늘에 이르게 했다. 그는 남계산의 온화하고 아름다운[旖旎] 경관에 찬탄을 금치 못했다. 그는 "맑고 깨끗한 이강은 상비산(象鼻山) 오른쪽에서 양강(陽江, 지금의 도화강)과 합류한 뒤 남으로 흐른다. 1리 정도 남쪽으로 더 가면 남계(南溪)의 입구에 이른다. 이곳은 계림의 남쪽에 위치했다고 해서 붙여진 이름이다. 남계의 오른쪽 언덕에는 민가가 즐비한데, 개와 닭 울음소리가 어렴풋이 들려와 먼 곳에서도 아름다운 전원 풍경이 한눈에 보인다. 황홀경에 빠진 나머지 이곳이 인간이 사는 세상이 아닌 듯 느껴진다. 남계의 왼쪽은 병풍처럼 늘어선 깎아지른 듯한 절벽이 늘어섰는데, 바위틈에 자란 푸른 나무들이 안개 속에서 모습을 감춘다. 눈앞의 절경은 한 폭의 산수화를 방불케 한다"라고 극찬했다고 한다. (『남계산시병서(南溪山詩幷序)』, "桂水過漓江, 右滙陽江, 又里余, 得南溪口. 溪左屛列岸巘, 鬪麗爭高, 其孕翠曳煙, 邐迤如畵; 右連幽墅, 園田鷄犬, 疑非人間……以溪在郡南, 因目爲南溪")

재임 기간에 이발은 적극적으로 백성을 이끌고 오랫동안 수리하지 않아 제기능을 하지 못하는 진(秦)나라 영거(靈渠)를 대규모로 수건(修建)하고 화취(鏵嘴)와 두문(陡門)을 증설하였다. 화취는 물길을 나누는 기능을 했고, 두문은 물을 저장하였으며, 거도(渠道)는 물을 끌어들이면서 기존의 수로가 얕고 유량이 적어 배가 지날 때마다 몇 십 명의 인부가 배를 끌어야 하는 어려운 상황을 개변시켰다. 이로 인해 그는 백성들의 옹호와 추대를 받게 되었다.(『신당서(新唐書)』제118권의 「이발전(李渤傳)」에 따르면, "(영거는) 후에 강물의 침습을 받아 훼손되었고 수로는 얕아져 매번 배가 방향을 바꿀 때마다 수십 명에 달하는 인부가 함께 끌어야 했다. 이발은 옛 수로를 다시 소통함으로써 막힘이 없게 하였고 배가 쉽게 다닐 수 있게 하였다"라고 했으며, 『전당서(全唐書)』제804권에는 "당나라 보력 원년(825) 초에 급사중(給事中)인 이발이 이곳에 이르러 숙폐에 대비하여 물길을 다시 빼고 원래 것을 더 넓혀 배가 다니기 편하게 하였다. 제방을 잘 쌓아 물이 범람하지 않게 하였으며, 수문을 만들어 물을 저장할 수 있게 하여 역으로 물이 흐르는 일이 없게 하였으니 가히 진정으로 백성을 가까이 하고 아끼는 관리라고 할 만했다"라고 기록되어 있다.) 두문 재건은 세계 수리 역사상 최고의 성과라 할 수 있다. 이와 관련하여 남송 시기 정강지부(靜江知府) 겸 광서경략(廣西經略) 안무사(安撫使)였던 범성대(范成大)는 "치수(治水)의 교묘함은 영거(靈渠)를 따를 자가 없다"라고 극찬하기도 했다. 1996년11월, WCD(World Commission on Dams) 60여 명의 각국 전문가들은 영거를 고찰한 후, 이발이야말로 '세계 선박 수문의 아버지'라고 찬사를 아끼지 않았다.

六. 唐代李渤《留別南溪》

　　唐代太和二年(公元828年)十一月十三日, 时任桂州刺史兼御史中丞的李渤即将要卸任离开桂林, 他带着对桂林依依不舍的感情, 题写了二首流传后世的《留别南溪》诗文。留别诗中的一首, 由宋代桂林文人张仲宇、邓宏重于绍兴二十年(公元1150年)的夏季,命人以摩崖石刻的形式留在了桂林南溪山白龙洞内。此石刻高0.6米、宽1.0米。

6. 당나라 이발의 「남계(南溪)를 떠나며」

당나라 태화 2년(828) 11월 13일, 당시 계주(桂州) 자사(刺史) 겸 어사(御史) 중승(中丞) 벼슬에 있던 이발(李渤)이 퇴임을 앞두고 계림을 떠나면서 남긴 시문이 석각에 새겨져 있다. 그는 계림을 떠나기 아쉬운 마음을 담아 「남계를 떠나며」라는 제목의 시 2수를 지었다고 한다. 그중 1수는 송나라 때에 이르러 계림의 문인 장중우(張仲宇), 등굉중(鄧宏重)이 소흥 20년(1150) 여름에 사람을 시켜 마애석각(摩崖石刻)의 형식으로 계림시 남계산 백룡동(白龍洞)에 남겼는데, 그 높이는 0.6미터, 폭은 1.0미터에 달한다.

〈그림 7-1〉位于桂林南溪山刘仙岩中的宋代守器子刻寇准题书石刻, 落款为"寇忠愍公书 守器子上石"

구이린의 남계산(南溪山) 유선암(刘仙岩)에 있는 석각은 송나라 수기자가 새긴 구준의 글로서, 낙관을 "구충민공 수기자상석"이라고 하였다.

〈그림 7-2〉桂林南溪山"刘仙岩"石刻

구이린 남계산(南溪山) 유선암(劉仙巖)에 새겨진 석각

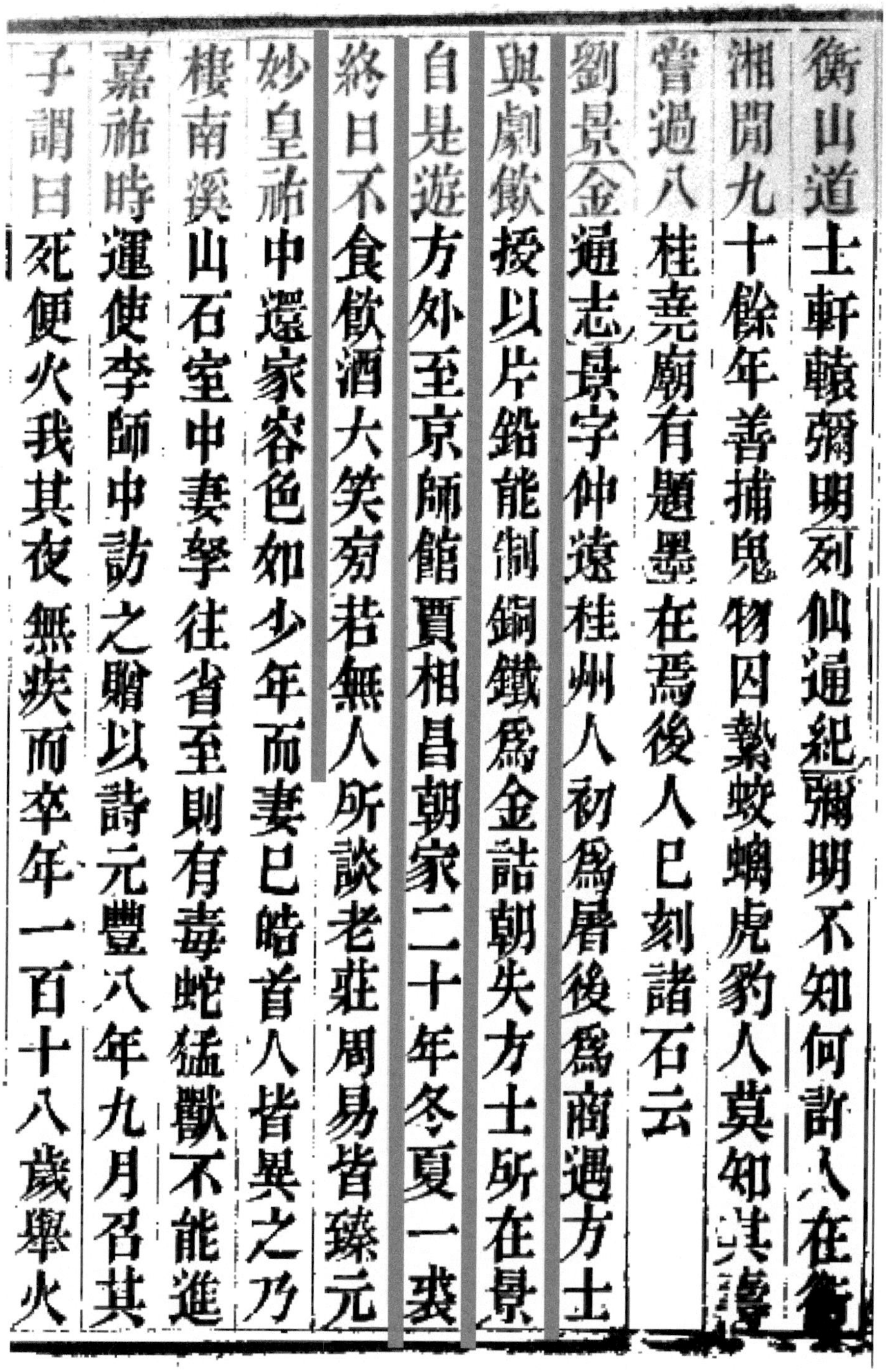

衡山道士軒轅彌列仙通紀彌明不知何許人在衡
湘閒九十餘年善捕鬼物囚繫蛟螭虎豹人莫知其
嘗過八桂堯廟有題墨在焉後人已刻諸石云
劉景〔金通志〕景字仲遠桂州人初爲屠後爲商遇方士
與劇歡授以片鉛能制銅鐵爲金詰朝失方士所在景
自是遊方外至京師館賈相昌朝家二十年冬夏一裘
終日不食歡酒大笑旁若無人所談老莊周易皆臻元
妙皇祐中還家容色如少年而妻已皓首人皆異之乃
樓南溪山石室中妻挈往省至則有毒蛇猛獸不能進
嘉祐時運使李師中訪之贈以詩元豐八年九月召其
子謂曰死便火我其夜無疾而卒年一百十八歲舉火

〈그림 7-3〉《临桂县志》卷三十一, "刘景。景字仲远, 桂州人。初为屠、后为商, 遇方士, 与剧饮, 授以片铅能制铜铁为金。诘朝失方士所在, 景自是游方外。至京师馆贾相昌朝家二十年, 冬夏一裘, 终日不食, 饮酒大笑、旁若无人。

但知行好事的"刘仙人"

据清代方志学家谢启昆《广西通志·胜迹》考，在整个宋代中国社会，道教氛围都十分浓厚，而道教自汉代就传入广西，宋代之前主要集中于包括今桂林等地的桂北地区。在桂林土生土长的"刘仙人"名景、字仲远、自号大空子，传说他生于宋代乾德五年，至元丰八年去世，活了118岁（公元967-1085年），是桂林有史记载的第一高寿者。宋代治平元年（公元1064年），"刘仙人"还在桂林与后来成为了道教南宗初祖紫阳真人的张伯端互为师友、交流道法。刘仲远原居南溪山下，曾以屠宰和经商为业，后得到方士启示，有所感悟，放下了屠刀，修道并兼习医术。在他遍游天下的四十年中，在河南开封、北宋仁宗庆历年间任丞相的贾昌朝家中客居了二十年。后又再回到桂林南溪山采药炼丹、治病救人，为百姓化解忧虞，受到人们的敬爱，后来还有人将两幅他的画像刻在了南溪山岩壁上。宋代嘉祐五年（公元1060年），时任广南西路提点刑狱公事的李师中闻名前往南溪山拜访了刘仲远，两人相谈甚欢，后来李师中还因此写下一首《留题大空子隐居》，磨崖于南溪山。由于当时的环境和条件限制，能够活到百岁以上的老人极少，吕愿忠、张孝祥、曹辅、梁子美等历任地方官员都纷纷刻石或留诗记述。南溪山因刘仲远而成为桂林的道教圣地，位于南溪山南麓半山的岩洞也被取名作"刘仙岩"，该岩的石壁上遍布了记述刘仲远各类事迹的石刻。这些石刻，成为了研究古代桂林道教的重要资料，填补了关于道教研究的有关空白。

좋은 일을 많이 했던 '유선인'

청나라 때 방지(方志)학자 사계곤(謝啓昆)의 『광서통지(廣西通志)』「승적고(勝迹考)」에 따르면, 송나라 시기에 이르러 중국 전역은 도교적 분위기가 아주 짙었다고 한다. 도교는 한(漢)나라 때부터 광서에 유입되었으며, 송나라 때에 이르러서는 지금의 계림 지역을 포함한 광서 북부에 집중되었다. 계림 토박이인 '유선인(劉仙人)'의 본명은 경(景)이고 자는 중원(仲遠)이며 자호(自號)는 대공자(大空子)이다. 송나라 건덕 5년에 태어나 원풍 8년에 타계했다고 전해진다. 118세(967~1085)까지 살았으며, 계림 역사상 가장 장수한 사람이다. 송나라 지평 원년(1064)에 '유선인'은 계림을 찾은 도교 남종(南宗)의 시조 자양진인(紫陽眞人) 장백단(張伯端)과 스승과 친구의 연(緣)을 맺고 도법(道法)에 대해 교류했다고 한다. 유선인은 남계산 기슭에서 지내며 백정 노릇이나 장사를 하면서 지내다가 후에 도사의 계시를 받고 짐승 잡던 칼을 내려 놓고 도를 닦았으며 의술을 익혔다. 유선인은 천하를 돌아다니던 40년 중의 절반인 20년을 하남성 개봉(開封)에서 북송의 인종(仁宗) 경력(慶歷) 연간에 승상(丞相)을 지냈던 가창조(賈昌朝)의 집에서 지냈다. 그 후에는 남계산으로 돌아와 약초를 채집하고 연단(練丹)에 심혈을 기울이면서 사람들의 병을 치료하면서 지냈다. 현지 백성들은 자신들의 목숨을 구해주고 걱정을 덜어준 유선인을 추종했으며, 그를 기리고자 남계산 암벽에 그의 초상화 두 폭을 새겨 놓았다. 송나라 가우 5년(1060), 유선인의 명성을 전해 들은 광남서로(廣南西路) 제점(提点) 겸 형옥공사(刑獄公事) 이사중(李師中)이 남계산을 찾았고 두 사람은 서로 즐거운 대화를 나누었다고 한다. 이사중은 「유제대공자은거(留題大空子隱居)」라는 시를 써서 이를 기렸으며, 이를 남계산 암벽에 새겼다고 한다. 그 당시 자연환경과 생활조건 하에서 백세를 넘기는 일은 극히 드물었다. 그 때문에 여원충(呂愿忠), 장효상(張孝祥), 조보(曹輔), 양자미(梁子美)과 같은 지방관리들도 육속 석각이나 시를 남겨 이 사실을 기록했다. 유선인 때문에 남계산은 계림의 도교 성지가 되었으며, 그가 머물던 산 남쪽 기슭의 동굴도 '유선암(劉仙巖)'이라고 불리게 되었다. 암벽에는 유선인과 관련된 사적(事迹)이 많이 남아 있는데, 이런 석각들은 고대 계림의 도교문화를 연구하는 데 중요한 자료이며, 관련 분야와 관련된 도교 연구의 공백을 메워 주었다.

七. 宋代守器子刻寇准题书石刻

宋代守器子刻寇准题书石刻高0.86米、宽0.52米, 位于桂林南溪山刘仙岩, 文字内容为曾任宋代宰相的寇忠愍公(寇准)所书"但知行好事, 不用问前程", 由南溪山穿云岩见素庵道人守器子(本名唐德正, 曾撰《修建穿云岩殿堂道路记》被录入《全宋文》中)于绍兴二十四年(公元1154年)至淳熙二年(公元1175年)之间所刻, 具体摹刻时间已无法认定。这句话被普遍认为是寇准遵循的养生之道, 它最早出自五代时期冯道的《天道》诗——"穷达皆由命, 何劳发叹声? 但知行好事, 莫要问前程。冬去冰须泮, 春来草自生。请君观此理, 天道甚分明"。

7. 송나라 수기자(守器子)가 새긴 구준(寇准)의 글 석각

송나라 때 사람 수기자자 구준의 글을 새긴 석각은 높이 0.86미터, 폭이 0.52미터에 달하며, 계림시 남계산 유선암(劉仙巖)에 위치해 있다. 석각에 새긴 내용은 송나라 재상이었던 충민공(忠愍公) 구준이 지은 글인 "다만 좋아하는 일을 행할 뿐이니 앞으로의 일은 굳이 묻지 말라"라고 하는 내용이 적혀 있다. 이 글은 남계산 천운암(穿雲巖)에 자리 잡은 견소암(見素庵)의 도인(道人) 수기자(본명은 唐德正이며, 그가 지은 「수건천운암전다도로기(修建穿雲巖殿堂道路記)」가 『전송문(全宋文)』에 수록되었다)가 소흥 24년(1154)에서 순희 2년(1175)사이에 새긴 것으로 구체적인 시기는 확인할 수 없다. 석각의 내용은 구준이 따랐던 양생지도(養生之道)라고 다들 인식하고 있으나 사실 그보다 앞선 오대십국 시기 풍도(馮道)가 지은 시 「천도(天道)」에서 찾아볼 수 있다. 그 내용은 다음과 같다. "궁색함과 통달함은 다 운명이니, 어찌 수고로이 한탄하겠는가. 다만 좋아하는 일을 행할 뿐이니, 앞으로의 일은 굳이 묻지를 말라. 겨울이 가면 얼음은 녹기 마련이고, 봄이 오면 풀은 스스로 자란다. 청컨대, 그대 이 도리를 살펴라. 천도는 항상 분명한 것이거늘."

〈그림 8-1〉南宋刘晞题"雉岩"石刻

남송(南宋) 유희(劉晞)의 "치암(雉巖)" 석각

劉晞粵西文載晞字升之家近辰山日樓止巖中有詩
名先是桂帥李愿忠賦秦城王氣詩欲以媚檜邀晞共
賦晞託疾不預後帥李大異聞而嘉之題所居巖曰蟄
龍
黃齊粵西文載齊字義鄉紹興二年舉進士調賀州富
川尉迎父表中就廩養值盜賊竊發齊懼遺親憂自
奮擒獲七十人磔之縣以安境第功改京秩會判柳州
再食知昌化軍賜對其言桂林潛藩多俊秀而賓興之
數狹地瘠民貧而折納之輸重詔增鄉貢三人減軍輸
布錢九百萬有奇鄉人利之紹興三年自肇慶來攝新
州踰年種竹園城一千二百餘丈胡侍郎銓爲記其

〈그림 8-2〉《临桂县志》卷二十八载"桂帅吕愿忠赋秦城王气诗欲以媚桧邀晞共赋, 晞托疾不预。后帅李大异闻而嘉之题所居岩曰蛰龙"

『임계현지(臨桂縣志)』제28권에 "계림 장군 여원충이 진성에 왕기가 있다는 시를 지어 진회한테 잘 보이려고 했으나 유희는 몸이 불편하다는 핑계로 이를 거절했다. 후에 계림 장군 이대이가 그 이야기를 듣고 유희가 살던 동굴을 '칩룡'이라고 불렀다."고 적혀 있다.

爾遂行廣西帥沈晦問登何以治縣登條十餘事告之
晦曰此古人之政今人詐疑不可行對曰忠信可行蠻
貊謂不能行誠不至爾豪民秦琥武斷鄉曲持吏短長
號秦大蟲邑大夫以下爲其所屈登至顛革而登喜其
遷善補處學職他日琥有謁登謝鄰之琥怒謀中以
危法會有懇琥侵貸學錢者登呼至面數琥聲氣俱厲
叱下白郡及諸司寘之法忿而死一郡快之帥胡舜陟
謂登曰古縣秦太師父舊治實生太師于此盍建祠祀
之登曰檜爲相亡狀祠不可立舜陟大怒擄秦琥事移
荔浦丞康寧以代登登以母病去舜陟遂創檜祠而自

〈그림 8-3〉《宋史》列传第一百五十八载"帅胡舜陟谓登曰:'古县, 秦太师父旧治, 实生太师于此, 盍建祠祀之?'登曰:'桧为相亡状, 祠不可立'。舜陟大怒, ……舜陟遂创桧祠而自为记, 且诬以专杀之罪, 诏送静江府狱。……而舜陟先以事下狱死矣, 事卒昭白"

『송사(宋史)』열전 제158권에 "장군 호순척이 고등에게 '고현은 옛날 진태사의 부친이 관리했던 곳이자 태어난 곳이니 여기에 태사를 위해 사당을 세우는 게 어떤가?'라고 제안을 하자 고등이 '진회가 재상답지 않으니 사당을 세울 수 없사옵니다.'라고 반대했다고 한다. 이제 호순척은 크게 화를 냈다고 한다. …… 호순척은 하는수 없이 스스로 진회를 위한 생사당을 세우고 그 기(記)를 직접 지었다. 그리고 고등에게 살인죄로 누명을 씌워 정강부 감옥에 보내려고 하였다. …… 하지만 순척이 오히려 먼저 모함을 당하고 감옥에서 죽게 되었고 고등은 풀려날 수 있게 되었다."고 적혀 있다.

古县(今桂林永福县)县令拒绝为秦桧立生祠

秦桧是南宋的一位宰相, 他出生于宋代元祐五年(1090年)腊月二十五日的静江府古县(今桂林永福县), 那时其父亲秦济(字敏学)才刚刚携家人到达静江府古县担任县令不久。后来秦桧在执掌南宋朝廷权柄期间, 很多官员对其阿谀奉承。南宋绍兴六年(公元1136年), 时任广西经略, 知静江府的胡舜陟对古县县令高登说:"古县是秦太师的父亲过去治理过的地方, 而且秦太师也是在这里出生的, 何不建立生祠来供祀太师呢?"高登说:"秦桧做宰相根本不像样子, 这祠不能立"。胡舜陟非常生气, 只好自己建起秦桧的生祠并亲自撰写了题记, 同时还编织罪名诬陷高登, 把高登送进了静江府监狱。不料在不久后, 胡舜陟由于上疏为岳飞辩诬, 并在抗金问题上极力主战、反对和议而先被主和派的宰相秦桧陷害死于狱中, 高登因此得以免于入狱(《宋史》列传第一百五十八载"帅胡舜陟谓登曰:'古县, 秦太师父旧治, 实生太师于此, 盍建祠祀之?'登曰:'桧为相亡状, 祠不可立'。舜陟大怒, ……舜陟遂创桧祠而自为记, 且诬以专杀之罪, 诏送静江府狱。……而舜陟先以事下狱死矣, 事卒昭白")。

고현(지금의 영복현) 현령 진회를 위한 사당 건조 거절

진회(秦檜)는 송나라 때 재상(宰相)이다. 송나라 원우 5년(1090) 12월 25일에 정강부(靜江府, 지금의 계림시 영복현)에서 태어났는데, 당시 정강부 고현(古縣) 현령에 부임된 그의 부친 진제(秦濟, 자는 敏學)가 가족을 이끌고 이곳에 도착한 지 얼마 되지 않아서였다. 후에 진회가 남송(南宋)의 조정을 휘어잡게 되자 많은 관리가 앞다투어 그에게 아부했다고 한다. 남송 소흥 6년(1136), 광서(廣西)의 경략(經略) 겸 정강부 군사장관이었던 호순척(胡舜陟)이 고현 현령이었던 고등(高登)에게 "고현은 진태사의 부친께서 옛날에 통치했던 곳인 데다가 진태사 본인도 이곳에서 태어났으니 태사를 위해 사당을 세우는 것이 어떤가"라고 건의하자 고등이 "진회가 재상도 제대로 못 하는데 어찌 그를 위해 사당을 지어줄 수 있단 말인가"라고 거절했다. 호순척은 그 말에 화가 치밀었으나 하는 수 없이 직접 진회를 위한 생사당(生祠堂)을 세우고 머리말도 손수 적었다. 그리고 고등한테 누명을 씌워 정강부 감옥에 갇히게 했다. 하지만 얼마 지나지 않아 호순척은 남송 명장 악비(岳飛)의 무고죄를 변호하는 상소를 올리고, 금나라에 대항하는 문제에 있어서 강경한 태도를 보이면서 진회의 화의(和議)론에 반대하였다는 이유로 진회로부터 모함을 받아 감옥에서 죽게 되었고, 고등은 겨우 옥살이를 면할 수 있었다.(『송사(宋史)』열전 제158권에 "장군 호순척이 고등에게 '고현은 옛날 진태사의 부친이 관리했던 곳이자 태어난 곳이니 여기에 태사를 위해 사당을 세우는 게 어떤가?'라고 제안을 하자 고등이 '진회가 재상답지 않으니 사당을 세울 수 없사옵니다'라고 반대했다고 한다. 이에 호순척은 크게 화를 냈다고 한다. …호순척은 하는 수 없이 스스로 진회를 위한 생사당을 세우고 그 기(記)를 직접 지었다. 그리고 고등에게 살인죄로 누명을 씌워 정강부 감옥에 보내려고 하였다. …하지만 순척이 오히려 먼저 모함을 당하고 감옥에서 죽게 되었고 고등은 풀려날 수 있게 되었다"라고 적혀 있다.)

八. 南宋刘晞题"雉岩"石刻

南宋桂林有名的高士刘晞(号升之)所题"雉岩"石刻在桂林城南雉山岩, 高0.70米、宽0.33米, 石刻落款为"刘晞 题"。刘晞, 字升之。宋代绍兴二十五年(公元1155年)二月, 刘晞刚刚通过考试录取而进入当时的官办学校成为诸生时, 恰逢桂林地方官知静江府吕愿忠设宴, 邀请了在桂林的各级官员及名士参加。由于当时的宰相秦桧就出生于桂林, 为讨好秦桧, 吕愿忠在席间称静江府的秦城(约距静江府一百二十里)有"王气", 要求以此为题每人各赋一首诗为宰相秦桧歌功颂德, 但与大家一同受邀到场的刘晞却坚决不愿参与, 称身体抱恙离席, 拒绝赋诗。后来驻桂的军帅李大异听说这件事后十分敬佩刘晞, 于是将刘晞在桂林城东居住过的辰山一座岩洞上题刻命名为蛰龙岩(《临桂县志》卷二十八载"桂帅吕愿忠赋秦城王气诗欲以媚桧邀晞共赋, 晞托疾不预。后帅李大异闻而嘉之题所居岩曰蛰龙";《桂胜·桂故》卷四载"甫刘升之为诸生日吕愿忠帅桂招见任寄居士人喻以秦城有王气俾各赋诗以谄老桧, 刘独不赋")。

8. 송나라 유희(劉晞)의 '치암(雉巖)' 석각

'치암(雉巖)' 석각은 남송 때 계림의 유명한 선비였던 유희(劉晞)가 지은 것으로, 계림시 남쪽 치산암(雉山巖)에 있다. 그 높이는 0.7미터이고, 폭은 0.33미터이며, 석각의 낙관(落款)에는 유희제(劉晞題)라고 적혀 있다. 유희의 자는 승지(升之)이다. 송나라 소흥 25년(1155) 2월, 시험을 통과하여 관청에서 운영하는 학교의 제생(諸生)이 된 유희는 당시 계림의 지방관이던 정강부 여원충(呂愿忠)의 초대를 받게 되었는데 함께 초대받은 사람들은 당시 계림의 관리와 유명한 선비들이었다. 연회 도중, 여원충은 당시 남송의 재상(宰相)인 진회(秦檜)에게 잘 보이려고 진회가 계림 출신이라면서 태어난 곳인 진성(秦城, 정강부에서 120리 떨어진 곳)에 '왕기(王氣)'가 있으니 이를 주제로 자리에 있는 모든 사람이 진회의 공덕을 노래하는 시 한 수씩 지을 것을 건의했다. 하지만 유희는 이를 거부하면서 건강상의 이유를 대고 시를 짓지 않은 채 자리를 떠났다고 한다. 후에 계림 장군 이대이(李大異)가 이 사실을 알고 유희를 존경하게 되었고, 유희가 머물렀던 진산(辰山)의 한 동굴 입구에 '칩용암(蟄龍巖)'이라는 글을 새겼다고 한다.(『임계현지(臨桂縣志)』제28권에 "계림 장군 여원충이 진성에 왕기가 있다는 시를 지어 진회한테 잘 보이려고 했지만 유희는 몸이 불편하다는 핑계로 이를 거절했다. 후에 계림 장군 이대이가 그 이야기를 듣고 유희가 살던 동굴을 '칩룡'이라고 불렀다"라고 적혀 있다. 『계승·계고(桂勝·桂故)』제4권에는 "유승지가 금방 제생이 되었을 무렵, 계림 장군 여원충이 계림 지역의 관리와 문인들을 연회에 초대하고 연석에서 진성에 왕기가 있다는 시를 지어 진회에게 잘 보이려고 했으나 오직 유희만이 이를 거절하였다"라고 적혀 있다.)

〈그림 9-1〉 在伏波山还珠洞顶部的宗道传题伏波岩诗石刻

복파암에 새겨긴 남송 때 종도전(宗道傳)의 시

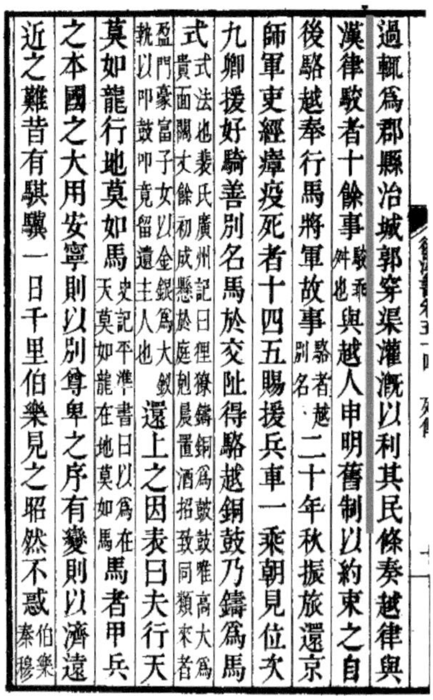

過輒爲郡縣治城郭穿渠灌溉以利其民條奏越律與漢律駮者十餘事(駮乖舛也)與越人申明舊制以約束之自後駱越奉行馬將軍故事(駱者越別名)二十年秋振旅還京師軍吏經瘴疫死者十四五賜援兵車一乘朝見位次九卿援好騎善別名馬於交阯得駱越銅鼓乃鑄爲馬式(式法也裴氏廣州記曰俚獠鑄銅爲鼓鼓唯高大爲貴面闊丈餘初成懸於庭剋晨置酒招致同類來者盈門豪富子女以金銀爲大釵執以叩鼓叩竟留遺主人也)還上之因表曰夫行天莫如龍行地莫如馬(史記平準書曰以爲在天莫如龍在地莫如馬)馬者甲兵之本國之大用安寧則以別尊卑之序有變則以濟遠近之難昔有騏驥一日千里伯樂見之昭然不惑(伯樂秦穆

〈그림 9-2〉《后汉书》卷五十四马援传载"过辄为郡县, 治城郭、穿渠灌溉, 以利其民"

『후한서(後漢書)』 제 54권에 있는 마원열전에는 "군현을 지날 때마다 성을 세우고 백성을 위해 관개 수로를 소통시켰다"라고 기록되어 있다.

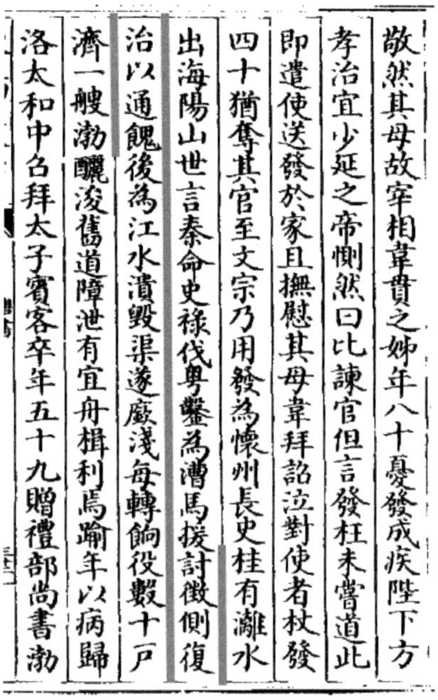

敬然其母故宰相韋貫之姊年八十憂發成疾陛下方孝治宜少延之帝惻然曰比諫官但言發枉未嘗道此即遣使送發於家且撫慰其母韋拜詔泣對使者杖發四十猶奪其官至文宗乃用發爲懷州長史桂有灕水出海陽山世言秦命史祿伐粵鑿爲漕馬援討徵側復治以通餽後爲江水潰毀渠遂廢淺每轉餉役數十戶濟一艘渤釃浚舊道障泄有宜舟楫利焉踰年以病歸洛太和中名拜太子賓客卒年五十九贈禮部尚書渤

〈그림 9-3〉《新唐书》卷一百十八载"桂有漓水出海阳山, 世言秦命史禄伐粤凿为漕, 马援讨徵侧复治以通馈"

『신당서(新唐書)』 제 118권에는 "계림에는 이강이 있는데 해양산에서 발원한다. 진시황은 광동을 공격하기 위해 사록(史祿)을 파견하며 이강에 수로를 파게 하였다. 마원은 징측(徵側)을 토벌하며 수로를 개통하였다"라고 기록되어 있다.

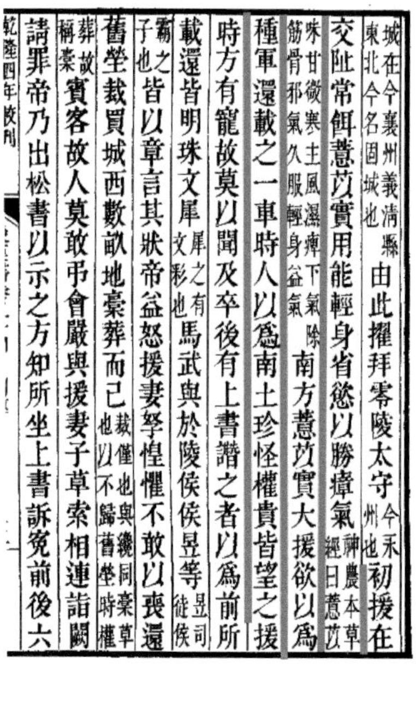

(城在今襄州義清縣東北今名固城也)由此擢拜零陵太守(今永州也)初援在交阯常餌薏苡實用能輕身省慾以勝瘴氣(神農本草經曰薏苡味甘微寒主風濕痺下氣除筋骨邪氣久服輕身益氣)南方薏苡實大援欲以爲種軍還載之一車時人以爲南土珍怪權貴皆望之援時方有寵故莫以聞及卒後有上書譖之者以爲前所載還皆明珠文犀(犀之有文彩也)馬武與於陵侯侯昱等(昱司徒侯霸之子也)皆以章言其狀帝益怒援妻孥惶懼不敢以喪還舊塋裁買城西數畝地槀葬而已(裁僅也槀與藁同草葬也以不歸舊塋時權稱槀故)賓客故人莫敢弔會嚴與援妻子草索相連詣闕請罪帝乃出松書以示之方知所坐上書訴冤前後六

乾隆四年校刊

〈그림 9-4〉《后汉书》卷五十四马援列传"初, 援在交阯, 常饵薏苡实, 用能轻身省欲, 以胜瘴气。南方薏苡实大, 援欲以为种, 军还, 载之一车。时入以为南土珍怪, 权贵皆望之"

『후한서(後漢書)』 제 54권에 있는 마원열전에는 "처음에 마원은 교지에 머물면서 '이의'를 자주 복용하면서 몸을 가볍게 하고 욕망을 다스림으로서 이를 통해 '장기'를 예방했다. 남방의 '이의'는 그 열매가 크고 튼실했다. 마원은 그 종자를 가지고 돌아와 보급하기 위해 수레에 가득 싣고 군영으로 돌아왔는데 권세가들은 이를 진주로 오해하고 눈독을 들였다"고 적혀있다.

伏波将军马援

伏波将军马援(公元前14年-公元49年), 字文渊, 扶风茂陵(今陕西兴平)人, 是东汉的开国功臣。由于马援南征交趾(又作交阯, 今越南)时, 在经过的地方都带领军队进行修城、凿渠灌溉, 帮助老百姓做了许多好事。到了桂林, 马援还组织重新修建和疏通了残损的灵渠, 为了纪念他, 桂林的很多地方都有着关于他的大量传说。桂林灵渠边上、供奉修渠有功人员的四贤祠中, 马援就位列其中。由于他有效的民族政策和出色政绩, 各地的百姓甚至把他奉为神灵(《后汉书》卷五十四马援传载"过辄为郡县, 治城郭、穿渠灌溉, 以利其民";《新唐书》卷一百十八载"桂有漓水出海阳山, 世言秦命史禄伐粤凿为漕, 马援讨徵侧复治以通馈")。

马援在南征交趾时, 常常食用薏苡, 有着"轻身省欲"、防治瘴疫的功效。当地的薏苡果实很饱满, 于是马援为了帮助有瘴疠之地的百姓预防医治瘴疫, 在带领大军返回桂林的驻地时, 顺道满载了一车想要推广种植的薏苡种子。当时的权贵们都认为这是从南方带回来的珍珠, 纷纷觊觎(《后汉书》卷五十四马援列传"初, 援在交阯, 常饵薏苡实, 用能轻身省欲, 以胜瘴气。南方薏苡实大, 援欲以为种, 军还, 载之一车。时人以为南土珍怪, 权贵皆望之")。于是就产生了谣言, 被人诬陷是搜刮而来的珍珠(薏苡色白而圆、状似珍珠)。为表清白, 马援只好在驻地当众将所有薏苡全部倒入了漓江, 所以后人就将此地的山称作"伏波"、洞就称作"还珠"。

注：薏苡属植物、为禾本科, 果实与珍珠外形相似。现代临床医学已经证明, 薏苡仁有抑菌、解毒等功效, 在古代确实可以有效防止南方瘴气、暑热造成的疫病。

복파(伏波)장군 마원(馬援)

복파(伏波)장군 마원(馬援, 기원전 14~기원후 49)의 자는 문연(文淵)이며, 부풍(扶風)의 무릉(茂陵, 지금의 산시성 흥평) 사람이다. 그는 동한(東漢)의 개국 공신으로서, 교지(交趾 또는 交阯이며, 지금의 베트남 지역)를 정복할 당시, 지나는 곳마다 성을 보수하고 수로를 소통하는 등 백성들을 위해 좋은 일을 많이 했다. 계림을 지날 때, 마원은 영거(靈渠)를 다시 축조하고 수로를 소통했는데, 사람들은 그를 기리려고 계림 곳곳에 그와 관련된 전설을 기록해 놓았다. 수리 건설에 큰 공헌을 한 사람들을 모신 영거 주변의 '사현사(四賢祠)'에도 마원의 상(像)이 모셔져 있다. 민족정책을 실시함에 있어 뛰어난 공적을 쌓은 마원을 지역주민들은 신으로 모셨다. (『후한서(後漢書)』제54권의 「마원열전」에는 "군현을 지날 때마다 성을 세우고 백성을 위해 관개 수로를 소통시켰다"라고 기록되어 있으며, 『신당서(新唐書)』제118권에는 "계림에는 이강이 있는데 해양산에서 발원한다. 진시황은 광동을 공격하려고 사록(史祿)을 파견하며 이강에 수로를 파게 하였다. 마원은 징측(徵側)을 토벌하며 수로를 개통하였다"라고 기록되어 있다.) 마원은 교지를 정벌할 때 의이(薏苡, 율무)를 자주 먹었는데, 율무는 '몸을 가볍게 하고 욕망을 다스리는 효능'이 있었으며, 장기 독을 치료하는 효능이 있었다. 마원은 장기 독을 앓는 백성들을 치료해주려고 군사를 이끌고 계림의 병영으로 돌아오는 길에 백성들에게 보급할 율무 종자를 수레에 가득 싣고 왔다. 당지 관원들과 지주들은 이를 마원이 남쪽 지방을 정벌하고 얻은 진주라 여기면서 저마다 눈독을 들였다고 한다.(『후한서(後漢書)』제54권에 있는 「마원열전」에는 "처음에 마원은 교지에 머물면서 '의이'를 자주 복용하면서 몸을 가볍게 하고 욕망을 다스림으로써 '장기'를 예방했다. 남방의 '의이'는 그 열매가 크고 튼실했다. 마원은 그 종자를 가지고 돌아와 보급하려고 수레에 가득 싣고 군영으로 돌아왔는데 권세가들은 이를 진주로 오해하고 눈독을 들였다"라고 적혀 있다.) 이 일로 인해 사람들은 요언을 퍼뜨렸는데,

마원이 진주를 많이 가져왔다고 모함한 것이다('의이'는 희고 둥글며 모양이 진주와 흡사하다). 그는 자신의 결백을 증명하고자 많은 사람이 보는 앞에서 율무 종자를 모두 이강에 쏟아 버렸다. 이로 인해 후세 사람들은 산의 이름은 '복파산', 동굴의 이름은 '환주동'이라 불렀다고 한다.

주: '의이'는 화(禾)본과 식물에 속하며 그 열매는 진주와 비슷하다. 현대의학에 따르면 '의이'의 열매는 세균을 억제하고, 해독하는 효능이 있다고 한다. 그 때문에 당시 남방 지역의 장기를 예방하고 더위로 인한 역병을 예방하는 효능이 있었음을 확인할 수 있다.

九. 南宋宗道传题伏波岩诗石刻

南宋宗道传题伏波岩诗石刻在伏波山还珠洞顶部, 高1米、宽1.33米, 内容为一首叙述汉代伏波将军马援故典的诗作, 由蜀人(今四川省人)宗道传于南宋乾道五年(1169年)五月以隶书刻石。

石刻文字如下：《题伏波岩》铜柱威声凛百蛮, 肯贪稇载涴溪山。无人为起文渊问, 端的珠还薏苡还。——蜀宗道传 已丑夏中

全诗大意为：马援在出征交趾(今越南)时为标志南疆边境而立下的铜柱, 威慑着想要入侵中原的野蛮异族, 他是这样的英雄, 又岂肯私自贪运财物来玷污自己用生命守护的山河呢? 现在已经没有人能当面向文渊(马援字)询问, 运回来的到底是贵重的宝珠还是为了帮助瘴疠之地百姓防治瘴疫而带回来推广种植的薏苡种子呢?

9. 복파암에 새긴 남송 때 종도전(宗道傳)의 시

남송 사람 종도전의 시는 복파산 환주동 입구 윗부분에 새겨져 있는데 높이는 1미터이고 폭은 1.33미터에 달한다. 석각에는 한나라 때의 복파장군 마원의 전과를 설명한 시가 새겨져 있다. 이 시는 송나라 건도 5년(1169) 5월에 촉(지금의 사천성)나라 사람 종도전이 이곳에 예서체로 새겨 놓은 것이다.

석각에는 『제복파암(題伏波巖)』 아래에 "구리 기둥의 위엄으로 남쪽의 오랑캐들을 정벌했으니 어찌 재물을 탐내 자신의 한 몸 더럽힌단 말인가? 지금은 아무도 마원에게 따져 묻지 않나니, 그가 가져온 것이 진주인가, 율무인가?"라는 내용의 시구와 "촉나라 종도전, 일축년 여름"이라는 낙관이 새겨져 있다.

시의 대략적인 의미는 다음과 같다. "마원이 교지(지금의 베트남)를 정벌하고 그 표지로서 남쪽 변경에 구리 기둥을 세워 중원을 범하고자 하는 남쪽 오랑캐들에게 그 위엄을 떨쳤다. 이런 영웅이 어찌 재물을 탐내어 자신이 목숨 바쳐 이루어낸 강산을 더럽힐 수 있겠는가? 지금은 누구도 마원에게 직접 물어볼 수는 없게 되었지만 마원이 남쪽에서 가지고 온 것이 귀중한 보물이었는지 아니면 이 지역 백성들을 장기로부터 구하려고 가지고 온 율무 씨앗이었는지 그 누가 알 수 있단 말인가?"

〈그림 10-1〉位于桂林象鼻山水月洞的南宋范成大《复水月洞铭并序》石刻

남송 때 범성대(范成大)의『복수월동명병서(复水月洞銘并序)』석각

〈그림 10-2〉位于桂林象鼻山水月洞的南宋张孝祥《朝阳亭记》石刻

계림 상비산 수월동에 있는 남송시기 장효상(張孝祥)의『조양정기(朝陽亭記)』석각

复水月洞铭 并序
水月洞剡漓山之麓梁空踞江
春水时至湍流贯之石门正圆
如满月涌光景穿暎望之皎然
名宾其实旧矣近岁或以一时
燕私更其号朝阳邦人弗从且
隐山东洞既曰朝阳矣不应相
重乾道九年秋九月初吉吴人
范成大莆田人林光朝考古揆
宜俾复其旧成大又为之铭
世之后尚无改也铭曰百
有嵌屛颜中淙涨湍水清寒
圆魄在上终古弗爽如月斯望
漓山之英漓江之灵嬿其嘉名
范子作颂勒于龙嵷水月之洞

〈그림 10-3〉结合文献实地考察梳理《复水月洞铭并序》文字, 并以碑文原貌顺序记录

문헌자료와 현지답사를 통해 정리한 『복수월동명병서(复水月洞銘并序)』의 글귀. 비문의 원모를 되살려 순서대로 기록.

丙戌上巳余与张仲钦朱元顺来游水月洞仲钦酷
爱山水之胜至晚不能去僧了元识公意即其上为
亭面山俯江据登揽之会五月晦余复偕两贤与郭
道深来水潦方张朝日在牖下凌倒景凉风四集仲
钦欣然举酒嘱余曰兹亭由我而发盍以名之余与
仲钦顷同官建康盖尝名其亭曰朝阳而为之诗非
独以承晨曦之光惟仲钦之学业足以凤鸣于
天朝也今亭适东向敢献亭之名亦以朝阳而岩
日朝阳之岩洞曰朝阳之洞元顺道深合辞称善即
书岩石记其所以张孝祥记

〈그림 10-4〉结合文献实地考察梳理《朝阳亭记》文字, 并以碑文原貌顺序记录

문헌자료와 현지답사를 통해 정리한 『조양정기(朝陽亭記)』의 글귀. 비문의 원모를 되살려 순서대로 기록.

南宋书法四大家中的范成大与张孝祥

　　水月洞位于漓江西岸的象鼻山东端, 此洞"凌驾"于漓江之上, 好似一轮明月浮在江面, 所以此洞自古就有"水月"之名。在南宋时期, 张孝祥与范成大两人为了命名此洞, 分别将自己认为适合的洞名铭刻于洞壁之上。需要说明的是, 这两人不仅同为南宋绍兴二十四年(公元1154年)的考生(当时张孝祥中了状元, 范成大中了进士), 还被后人将他们与朱熹、陆游并列为南宋的"书法四大家", 而且还先后于南宋乾道元年至乾道二年(公元1165-1166年)、宋代乾道九年至淳熙元年(公元1173-1174年)在桂林的同一官职上工作--知静江府兼广南西路经略安抚使。

　　乾道二年(公元1166年), 卸任后即将离桂的张孝祥受继任的好友张维邀请为水月洞前新建的一座亭子命名。而张孝祥此前与张维在建康(今南京)共事时曾共同建过一座"朝阳亭", 为纪念旧事, 二人便决定将这座新亭子与水月洞也一并取名为"朝阳", 并作《朝阳亭记》摩崖于洞壁。而七年之后的乾道九年(公元1173年), 范成大任知静江府兼广南西路经略安抚使时, 认为象鼻山水月洞之名自古流传, 且距此不远的隐山已有朝阳洞, 因此主张恢复"水月"的洞名, 也特地作《复水月洞铭并序》诗, 以相差无几的尺寸摩崖于《朝阳亭记》对面的洞壁, 同时在序言中希望"百世之后尚无改也"。

남송의 4대 서예가로 불렸던 범성대(范成大)와 장효상(張孝祥)

　　수월동은 이강 서안 상비산 동쪽에 있는데, 이강 위에 군림하고 서 있는 모습이 마치 달이 수면 위에 떠 있는 듯하여 '수월'이라는 이름을 가지게 되었다. 남송 시기에 장효상과 범성대는 각자가 생각해 낸 동굴 이름을 암벽에 새겼다. 두 사람은 송나라 소흥 24년(1154)에 동시에 과거시험을 보았을 뿐만 아니라(당시 장효상은 장원에 급제하였고 범성대는 진사가 되었다) 주희, 육유와 더불어 남송 시기 '4대 서예가'로 불렸다. 또한 송나라 건도 원년부터 건도 2년(1165~1166), 건도 9년부터 순희 원년(1173~1174)까지 두 사람은 선후하여 계림에서 정강부 지부(知府) 겸 광남서로경략 안부사라는 동일한 직책을 맡았었다.

건도 2년(1166), 임기를 마치고 계림을 떠나려던 장효상은 후임이었던 친구 장유(張維)의 요청으로 수월동 앞에 새로 세워진 정자의 이름을 짓게 되었다. 장효삼은 그 옛날 건강(建康, 지금의 남경시)에서 장유와 함께 세웠던 '조양정(朝陽亭)'을 기념하려고 새로 지은 정자와 수월동을 합쳐 '조양'이라 짓고 『조양정기(朝陽亭記)』를 암벽에 새겼다. 건도 9년(1173), 정강부 지부 겸 광남서로경략 안부사로 부임된 범성대는 상비산 수월동이라는 이름은 예로부터 전해진 것이고, 멀지 않은 곳에 위치한 은산(隱山)에 이미 '조양동'이라는 동굴이 있으므로 '수월(水月)'이라는 옛 이름을 복원해야 한다면서 『복수월동명병서(复水月洞銘幷序)』를 따로 지어서 비슷한 크기로 『조양정기』 맞은편 동굴 입구에 새겨 놓았다. 또한 서문에는 "백세(百世)토록 변함없기 바란다"라고 적어 놓았다.

十. 南宋范成大《复水月洞铭并序》石刻

南宋范成大《复水月洞铭并序》石刻位于桂林象鼻山水月洞, 高1.49米、长2.15米, 石刻文字内容是以集英殿修撰出知静江府(今桂林)、兼任广南西路经略安抚使的范成大于南宋乾道九年(公元1173年)撰写并作序的《复水月洞铭并序》。

10. 남송 때 범성대(范成大)의 『복수월동명병서(复水月洞銘幷序)』

남송 때 범성대의 『복수월동명병서』 석각은 상비산(象鼻山) 수월동(水月洞)에 있으며 높이는 1.49미터, 폭은 2.15미터에 달한다. 석각에는 정강부(靜江府, 지금의 계림시) 집영전(集英殿) 수찬(修撰) 겸 광남서로경략(廣南西路經略) 안부사(安撫使)로 있던 범성대가 남송 건도 9년(1173)에 직접 쓰고 서문을 단 『복수월동명병서』가 새겨져 있다.

〈그림 11-1〉位于桂林普陀山七星岩洞口的《碧虚铭》石刻

구이린시 보타산(普陀山) 칠성암(七星巖) 입구의 『벽허명(碧虛銘)』 석각

碧　虚　铭

唐郑冠卿遇日华月华君于栖霞之
洞与之笛不能成声倾壶酒饮之仅
得滴沥独记其赠诗二篇出门见二
樵者问曰洞中乐乎跬步亦失所在
吴人范成大小筑其处以识幽讨按
诗卒章云不缘过去行方便那得今
朝会碧虚即以扁榜且铭之岩壁
空洞维石中函碧虚谁欤知津有翘
负刍我来扣门两翁在否虽不能笛
能醉君酒为君作亭表岩之扃名翁
所命而我铭之
有宋淳熙改元嘉平日刻

〈그림 11-2〉结合文献实地考察梳理《碧虚铭》文字, 并以碑文原貌顺序记录

문헌자료와 현지답사를 통해 정리한 『벽허명(碧虚銘)』 글귀. 비문의 원모를 되살려 순서대로 기록.

之玉笛之手因舉杯道士對飲顧執樂者聲樂久而方畢道
士相顧曰得不謂之聾俗冠卿曰樂知遇神仙自目注酒壺
不移道士謂曰爾思飲乎遂倒壺傾之之不出因滴瀝杯中冠
卿飲之二道士因覷殘毫在旁乃賜冠卿詩一首候忽而來
甍少留凡聞風月已三秋趨名競利何時了害物傷人早晚
休禍極累成為世謗貴榮過御與身艱君看虎戰龍爭者幾
樹白楊矓頭名利教疏便可疏俗情時態莫躊躇人寰律
歷三回換仙洞光陰數息餘應信令威曾化鶴亦知莊叟美
游魚不緣過去行方便那得今來會碧虛既各贈詩冠卿拜
而受之特辭道士因問子在官時行何好事冠卿答曰自度
無能常行憫惻每見貧民有租稅不遜者嘗出正俸錢代而

適園叢書

〈그림 11-3〉五代时期书籍《灯下闲谈》卷下《代民纳税》中记录的两名道士赠予郑冠卿的诗句

오대시대 책『등하한담(燈下閑談)』권하『대민납세(代民納稅)』에 기록된 두 도사가 정관경에게 증정하였다 시구.

唐代郑冠卿在栖霞洞遇仙的神话传说

南宋谏议大夫尹穑摘录五代时期书籍《灯下闲谈》卷下《代民纳税》一节，删减修改后形成了一篇《仙迹记》，后由绍兴五年(公元1135年)任知静江府兼广南西路经略安抚使的李弥大请石匠龙跃、唐全镌刻在七星岩内岩壁之上。

《仙迹记》讲述的是一个神话传说：唐代乾宁年间，长安(陕西西安)人郑冠卿被任命为临贺(今广西贺州市)县令。他在任期届满后，从临贺县返回长安途中因故受阻而滞留在桂林。时值夏日，在偶游栖霞洞(今七星岩)纳凉时遇见两个道士在岩洞中的磐石上摆列棋局正在对弈，还有两名青衣童子执笛立于一旁。随后郑冠卿被道士们邀请一起奏乐饮酒对谈。由于郑冠卿为官时，能体恤百姓贫苦，曾为缴不起税的贫民代缴租税，路上遇到有死去的百姓无钱下葬，总是脱下自己所穿衣裳为其殓葬，两名道士在临别时各赠诗一首，劝勉他要不争不斗，不可趋名逐利，在为官期间要尽行好事。

郑冠卿走出岩洞后又遇见两个樵夫，在询问过才知道，原来洞中的道士是赴南溟之宴、途中在此作短暂休憩的日华和月华两位神仙。在返回后，郑冠卿才发现自己进入栖霞洞内虽不久时间，人间却已经过了三年。从此他弃官隐居、淡泊名利，最后活到一百零四岁，无疾而终。

《全唐诗》中记录留存了据传为道士当时赠予郑冠卿的两句诗"不缘过去行方便，那得今来会碧虚"。

古人称"桂林多洞府，疑是馆群仙"。其实，七星岩只是一处形成于100万年前的一段古老地下河道，由于地壳运动而上升成为的溶洞。但由于岩洞内有着幽深难测的空间和姿态各异的钟乳石，桂林山水又在古人心目中有幻似仙境的美好意象，很容易使人产生洞内住着神仙的幻想。《仙迹记》则以神话传说的形式对这种幻想作了较为形象的描写，并在当时广为传说。

당나라 정관경이 서하동에서 신선을 만났다는 전설

남송 시기 간의대부(諫議大夫) 윤색(尹穡)은 오대(五代) 시기의 책 『등하한담(燈下閑談)』의 하권에 있는 『대민납세(代民納稅)』의 내용을 일부 삭제하고 수정한 다음 새롭게 『선적기(仙迹記)』를 지었고, 소흥 5년(1135)에 정강부(靜江府) 지사(知事) 겸 광남서로(廣南西路) 경략안무사(經略安撫使)로 부임된 이미대(李彌大)가 석공인 용약(龍躍)과 당전(唐全)을 시켜 칠성암에 있는 안벽 위에 새기게 했다.

『선적기』에는 다음과 같은 글이 적혀 있다. 당나라 건녕 연간에 장안(長安, 섬서성 서안시) 사람인 정관경이 임하현(臨賀, 광서장족자치구성 하주시) 현령으로 있었는데, 임기가 만료되어 장안으로 돌아가는 길에 계림을 지나게 되었다고 한다. 서하동(栖霞洞, 지금의 칠성암)을 유람하던 그는 반석 위에서 바둑을 두는 두 도사를 만났고, 그들의 초대를 받아 함께 악기를 다루며 술을 마시게 되었다. 정관경은 관리로 있으면서 백성들의 빈곤을 잘 헤아려주고 대신 세금을 납부해주었으며 길가에 혹 백성들의 시체가 있으면 자신의 옷을 벗어 납관하고 장례까지 치러주었다. 그 공로를 높이 산 두 도사는 각각 그에게 시 한 수씩 지어주면서 벼슬자리에 있는 동안 명리를 탐하지 않고 덕을 많이 쌓은 그를 칭찬했다고 한다.

동굴을 나온 후에 길 가던 나무꾼을 만나게 되었는데 그와 한담하고 나서야 두 도사가 남명(南溟)의 연회에 초대를 받고 가던 중 동굴에서 잠시 휴식을 취하던 일화(日華)와 월화(月華) 두 신선임을 알게 되었다. 돌아와서 보니 동굴에서 신선들과 잠깐 만나는 동안 인간 세상에서는 이미 3년이란 세월이 흐른 뒤였다. 그 뒤로 정관경은 관직을 버리고 은거하였으며, 명예를 버리고 백성들을 도우면서 104세까지 살았다고 한다. 『전당시(全唐詩)』에는 당시 도사들이 정관경에게 지어준 시 중에 "과거에 백성을 위해 덕을 쌓지 않았던들 어찌 오늘의 복이 있을 수 있겠는가"라는 두 구절이 기록되어있다. 옛 사람들은 "계

림에 동굴이 많은 걸 보니 많은 신선이 살고 있을 것"이라고 여겼다고 한다. 사실 칠성암
은 100만 년 전 지하수가 흐르면서 형성된 동굴인데, 지각운동으로 인해 상승하면서 지금
의 종유석 동굴이 되었다. 동굴은 깊고 넓은 데다가 다양한 자태의 종유석이 가득하고, 계
림 산수 또한 선경처럼 아름다웠으므로 옛날 사람들은 동굴에서 신선이 살았을 것이라고
상상하게 되었던 것이다. 『선적기』는 신화 전설의 형식으로 계림에 대한 사람들의 환상을
비교적 생동하게 묘사하였고, 그와 관련된 전설은 당시에 널리 알려졌다고 한다.

十一. 南宋范成大《碧虚铭》石刻

范成大在南宋乾道九年(公元1173年)任知静江府兼广南西路经略安抚使时将自己所
撰的《碧虚铭》镌刻在位于桂林普陀山七星岩的洞口, 高2.70米、宽1.60米。《碧虚铭》是
根据南宋谏议大夫尹穑《仙迹记》中讲述的唐代郑冠卿在栖霞洞(今七星岩)遇到日华和
月华两位神仙的传说故事, 有感而发, 摘取故事中神仙所赠诗句"碧虚"二字作为标题,
形成的文字。

南宋淳熙元年(公元1174年)十二月, 范成大在七星岩洞口修建了一座"碧虚亭", 并将
撰写的《碧虚铭》镌刻在了这座亭子后面的岩壁上。

11. 남송 시기 범성대의 『벽허명』석각

범성대는 남송 건도 9년(1173)에 정강부(靜江府) 지부(知府) 겸 광남서로(廣南西路)
경략안무사(經略安撫使)로 부임하면서 자신이 지은 『벽허명(碧虛銘)』을 계림시 보타산
(普陀山) 칠성암(七星巖) 동굴 입구에 새겨 놓았다. 석각의 높이는 2.7미터, 폭은 1.6미터
에 달한다. 『벽허명』은 남송 시기의 간의대부(諫議大夫) 윤색(尹穡)의 『선적기(仙迹記)』
에 기록된 당나라 정관경(鄭冠卿)이 서하동(栖霞洞, 지금의 칠성암)에서 일화(日華)와 월

화(月華)라고 하는 신선 두 명을 만났다는 전설에서 따온 것으로서, 신선으로부터 받은 시구에 있는 '벽허(碧虛)'를 제목으로 지은 글이다. 순희 원년(1174) 12월에 범성대는 칠성암 입구에 '벽허정(碧虛亭)'을 지은 다음 『벽허명』을 정자 뒤에 있는 암벽에 새겨 놓았다.

〈그림 12-1〉位于桂林市独秀峰读书岩洞口右上方的《鹿鸣宴劝驾诗》石刻

계림 독수봉 독서암 동굴 입구 오른쪽에 있는『녹명연권가시』석각

经略府
权府

提刑
大中

丞公
宴贺

之
诗

嘉泰改元桂林大比与计偕者十有一人九月
十六日用故事行宴享之礼提点刑狱权府事
四明王正功作是诗劝为之驾

百嶂千峰古桂州向来人物固难俦峨冠共应贤能
诏策足谁非道艺流经济才猷期远器纵横礼乐对
前旒三君八俊俱乡秀稳步天津最上头
桂林山水甲天下玉碧罗青意可参士气未饶军气
振文场端似战场酣九关虎豹看勃敌万里鹍鹏仁
剧谈老眼摩挲顿增爽诸君端是斗之南

门生乡贡进士张 次良 上石

〈그림 12-2〉结合文献实地考察梳理《鹿鸣宴劝驾诗》文字，并以碑文原貌顺序记录

문헌자료와 현지답사를 통해 정리한『녹명연권가시』의 글귀. 비문의 원모를 되살려 순서대로 기록함.

最早吟咏出"桂林山水甲天下"的《鹿鸣宴劝驾诗》

南宋嘉泰元年(公元1201年)，十一名在桂林乡试大比中获得优胜的学子即将赴当时的都城临安(今浙江杭州)参加次年春季礼部的考试。69岁的四明(今浙江宁波)人、广南西路提点刑狱权知府事王正功，以地方官的名义依照惯例为这十一名优秀的年轻人举行"鹿鸣宴"送行。席间，为勉励他们，王正功作了二首"劝驾诗"(《鹿鸣宴劝驾诗》之序曰"嘉泰改元，桂林大比，与计偕者十有一人，九月十六日，用故事行宴享之礼。提点刑狱权府事四明王正功作是诗，劝为之驾")。所谓"劝驾"，是预先祝贺即将入京参加礼部考试的祝辞。该"劝驾诗"的第一首内容主要是赞誉优胜学子们的才华，并希望他们在次年春季的礼部考试中能够取得好成绩；第二首内容则是鼓励从桂林这样地灵人杰之处走出去的学子，在考场上也要像在战场上一样士气昂扬，最终获得远大前程，像南斗六星一样高悬天空，闪闪发光。其中第二首诗一开头就提到的"桂林山水甲天下"，成为目前发现最早提出这一流传至今、广为传诵名句的文字载体。

'계림산수갑천하(桂林山水甲天下)'를 처음 기록한
『녹명연권가시(鹿鳴宴勸駕詩)』

남송 가태 원년(1201), 계림 향시에서 우승한 11명의 젊은 선비가 당시 수도였던 임안(臨安, 지금의 절강성 항주시)에서 이듬해 봄에 열리는 예부(禮部)의 시험에 참석하게 되었다. 이들을 배웅하기 위해 사명(四明, 지금의 절강성 영파시) 출신인 왕정공(王正功)이 광남서로(廣南西路) 제점형옥(提点刑狱) 권지부사(權知府事)의 명의로 '녹명연(鹿鳴宴)'

을 베풀었다. 연석에서 그는 권가시(勸駕詩, 「녹명연권가시」의 서문은 다음과 같다. "가태 원년으로 연호가 바뀐 뒤 계림에서 경합을 통해 11명의 우수한 젊은이를 뽑게 되었다. 옛 법도에 따라 9월 16일에 이들을 환송하는 연회를 베풀었다. 제점형옥 권지부사인 사명 사람 왕정공이 이들을 격려하는 권가시를 지었다") 2수를 지어 이들을 격려했다고 한다. '권가(勸駕)'는 예부 시험에 참여할 젊은이들에게 미리 써 주는 축사이다. 이 '권가시' 제1수의 내용은 우승한 학생들의 재능을 칭찬하고, 그들이 이듬해 봄에 치를 예부 시험에서 좋은 성적을 거둘 수 있기를 바라는 염원이 담겨 있으며, 제2수의 내용은 계림과 같이 자연경관이 빼어난 곳에서 훌륭한 학생들이 나오듯이 시험장에서도 전장처럼 그 기세가 높아야 하며 관직에 오른 후에도 남두육성(南斗六星, 천부성·천양성·천기성·천동성·천상성·칠살성 등 6개 별을 말하며, 주로 천자의 수명이나 재상들의 작록을 결정한다고 함)처럼 빛나기 바란다는 것이다. 이 중 제2수의 첫 머리에 나오는 내용이 바로 오랜 세월이 흐르는 동안 세상에 널리 알려진 "계림산수갑천하(桂林山水甲天下)"이다.

十二. 南宋王正功《鹿鸣宴劝驾诗》

南宋王正功《鹿鸣宴劝驾诗》石刻位于独秀峰读书岩洞口右上方, 高1.15米、宽0.64米。经过八百多年的岁月沧桑, 因山体长期渗水而形成了一层固化的碳酸氢钙, 覆盖在该石刻的表面。1983年, 由桂林考古工作者在清理独秀峰崖壁的其他石刻时发现,《鹿鸣宴劝驾诗》石刻才得以重现天日。这块石刻的题额为"权府经略提刑大中丞公宴贺之诗", 内容是在桂林任广南西路提点刑狱权知府事的王正功于南宋嘉泰元年(公元1201年)所作的诗句并序。

12. 송나라 왕정공의 『녹명연권가시(鹿鳴宴勸駕詩)』

남송 시기 왕정공의 『녹명연권가시』 석각은 독수봉(獨秀峰) 독서암(讀書巖) 동굴 입구 오른쪽에 새겨져 있으며, 그 높이는 1.15미터이고, 폭은 0.64미터에 달한다. 800여 년의 세월이 흐르는 동안 독수봉 바위틈으로 장기간 수분이 스며들면서 석각의 표면에 탄산수소칼륨이 뒤덮여 있었는데, 1983년에 계림시 고고학자들이 독수봉 바위에 새겨진 석각들을 정리하다가 발견하였다. 이로서 『녹명연권가시』 석각은 드디어 세상에 모습을 다시 드러낼 수 있게 되었다. 석각의 편액에는 "권부경략(權府經略) 제형(提刑) 대중승공(大中丞公) 연하지시(宴賀之詩)"라는 글귀가 적혀 있는데 그 내용은 당시 계림에서 광남서로(廣南西路) 제점형옥(提点刑獄) 권지부사(權知府事)로 있던 왕정공(王正功)이 남송 가태 원년(1201)에 지은 시의 서문과 동일하다.

〈그림 13-1〉位于七星岩的南宋方信孺題名石刻

칠성암에 새겨진 남송 방신유(方信孺)의 제명(題名) 석각

〈그림 13-2〉位于龙隐岩与龙隐洞之间的《世节堂》石刻

용은암과 용은동 사이에 새겨진 『세절당』 석각

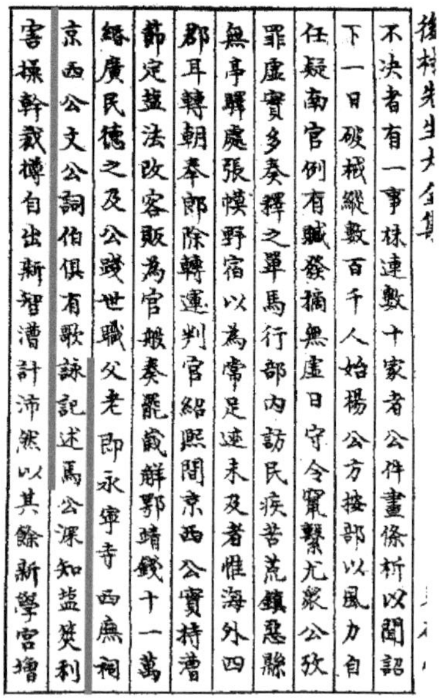

後村先生大全集

不決者有一事株連數十家者公併畫條析以聞詔下一日破械縱數百千人始揚公方按部以風力自任疑南官例有贓發摘無虛日守令罷繫尤衆公欣罪虛實多奏釋之單馬行部內訪民疾苦荒鎮惡縣無亭驛處張幙野宿以為常足迹未及者惟海外四郡耳轉朝奉郎除轉運判官紹熙間京西公實持漕節定鹽法改客販為官般奏罷歲鮮鄂贍錢十一萬緡廣民德之及公踐世職父老即永寧寺西廡祠京西公文公祠伯俱有歌詠記述焉公深知鹽奬利害操幹裁撙自出新智漕計沛然以其餘新學宮增

〈그림 13-3〉《后村先生大全集·卷之一百六十六(宝谟寺丞诗境方公)》称, "父老即永宁寺西庑祠京西公, 文公词伯, 俱有歌咏记述焉"

『후촌선생대전집·제166권(보모사승시경방공)』에 기록된 "어르신은 영녕사 서무사당 경서공이고, 문장의 대가로, 문공이라 불렸는데 모든 것을 노래로 기술하였다"라는 내용.

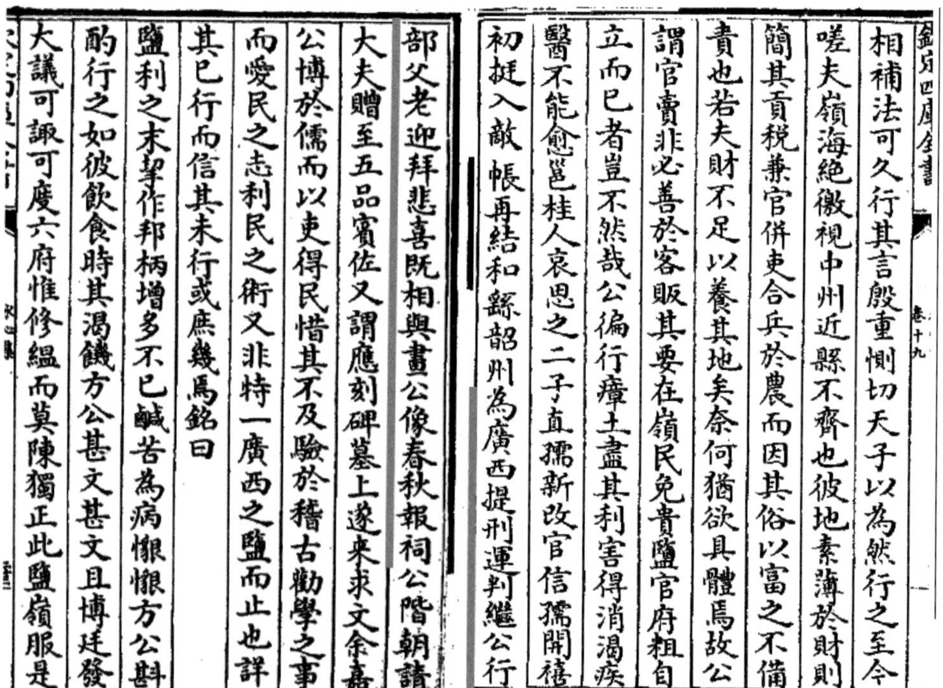

欽定四庫全書 卷十九

相補法可久行其言殷重惻切天子以為然行之至今嗟夫嶺海絶徼視中州近縣不齊也彼地素薄於財則簡其貢稅兼官併吏合兵於農而因其俗以富之不備責也若夫財不足以養其地矣奈何猶欲具體焉故公謂官賣非必善於客販其要在嶺民免貴鹽官府粗自立而已者豈不然哉公徧行瘴土盡其利害得消渴疾醫不能愈邕桂人哀思之二子直孺新改官信孺開禧初挺入敵帳再結和繇韶州為廣西提刑運判繼公行部父老迎拜悲喜既相與畫公像春秋報祠公階朝請大夫贈至五品實佐又謂應刻碑墓上遂來求文余嘉公博於儒而以吏得民惜其不及驗於稽古勸學之事而愛民之志利民之術又非特一廣西之鹽而止也詳其已行而信其未行或庶幾焉銘曰

鹽利之末犖作邦柄增多不已鹹苦為病慨懨方公斟酌行之如彼飲食時其渴饑方公甚文甚文且博廷發大議可諏可度六府惟修緼而莫陳獨正此鹽嶺服是

〈그림 13-4〉南宋叶适《水心集·京西运判方公神道碑》称, "为广西提刑、运判, 继公行部。父老迎拜, 悲喜既, 相与画公像, 春秋报祠"

남송의 엽적이 지은 『수심집·경서운판방공신도비엽적』에 "광서성의 제형, 운판관으로 있다가 후에 아버지 뒤를 이어 행부가 되었다. 백성들이 예배를 드리며 희비가 엇갈렸고 봄과 가을이 되면 방송경의 초상화를 들고 사당으로 찾아간다"라고 했다.

方信孺建世节堂以示世代保持清正廉洁的节操

　　方信孺(公元1177-1222年)，字孚若，今福建省莆田市华亭镇霞皋村人。南宋嘉定七年(公元1214年)，方信孺在桂林由广南西路提点刑狱改任广南西路转运判官。凑巧的是，其父方崧卿在此二十年前于桂林担任过同样的职务(方崧卿于南宋绍熙二年(公元1191年)任广南东路提点刑狱，绍熙三年(公元1192年)转任广南西路转运判官)。崧卿与信孺在任期间都清正廉洁，积极访贫问苦、关注百姓民生，受到百姓的欢迎和爱戴。方信孺在桂林期间，为纪念、褒扬先父在桂功绩，将此前桂林老百姓为感恩方崧卿而在城南永宁寺慈氏阁(今桂林文昌桥万寿巷舍利塔一带)所立的祠堂进行扩建修缮，并请来福建莆田的诗人柯梦得编撰《方公祠堂迎送神曲》。每当春秋两季祭祀，桂林当地百姓都自发将方崧卿的画像贴出来奉祀(《后村先生大全集·卷之一百六十六(宝谟寺丞诗境方公)》称，"父老即永宁寺西虎祠京西公，文公词伯，俱有歌咏记述焉"；宋代叶适《水心集·京西运判方公神道碑》称，"为广西提刑、运判，继公行部。父老迎拜，悲喜既，相与画公像，春秋报祠")。后来方信孺还将其父亲曾经办公的地方重新修缮，定名为"世节堂"，并请湖南长沙的学者易祓书写"世节堂"三个大字为匾额，落款为"嘉定八年二月吉、莆田方信孺新桂林西漕台、厅事为世节堂、长沙易祓书扁、磨崖于龙隐岩"等字，刻于龙隐岩与龙隐洞之间的崖壁上。以此来追念父亲方崧卿在桂林的德政，警醒和勉励自己忠于职守、廉洁奉公，同时借"世节堂"表达自己将会继承父亲廉政为官的决心。

청렴함을 지켜온 이를 기리기 위해 방신유가 세절당을 세우다

방신유(方信孺, 1177~1222)의 자는 부약(孚若)이며 지금의 복건성 보전(莆田)시 화정(華亭)진 하고(霞皋)촌에서 태어났다. 남송 가정 7년(1214)에 광남서로(廣南西路) 제점형옥(提点刑獄)으로 있던 방신유는 다시 광남서로 전운판관(轉運判官)으로 자리를 옮기게 되었다. 공교롭게도 그의 부친 방송경(方崧卿)도 20년 전에 계림에서 같은 직책을 맡은 적이 있었다.(방송경은 남송 소희 2년(1191)에 광남동로 제점형옥에 임명되었다가 소희 3년(1192)에 다시 광남서로 전운판관에 임명되었다.) 방송경과 방신유는 재임하는 동안 청렴결백하였으며 백성의 어려움을 잘 살피고 민생에 심혈을 기울임으로써 백성들로부터 환영과 추앙을 받았다. 방신유는 재임 동안 선친 방송경의 공적과 은혜를 기리고자 당지 백성들이 성남(城南)의 영녕사(永寧寺) 자씨각(慈氏閣, 현재 계림시 문창교 만수항 사리탑 일대)에 세운 사당(祠堂)을 보수한 다음 복건성 보전 출신인 시인 가몽득(柯夢得)을 모셔 와서 『방공사당영송신곡(方公祠堂迎送神曲)』을 편찬(編撰)하였다. 그 뒤로 해마다 봄과 가을이 되면 당지 사람들은 자발적으로 방송경의 초상화를 붙이고 제사를 지냈다.(『후촌선생대전집』 제166권 「보모사승시경방공」에는 "어르신은 영녕사 서무사당 경서공이고, 문장의 대가로 문공이라 불렸는데 모두 노래로 기술하고 있다"라고 하였다. 송나라 엽적의 『수심집』 「경서운판방공신도비엽적」에는 "광서성의 제형, 운판관으로 있다가 후에 아버지 뒤를 이어 행부가 되었다. 백성들은 예배를 드리면서 희비가 엇갈렸고 봄과 가을이 되면 방송경의 초상화를 들고 사당으로 찾아간다"라고 하였다.)

방신유는 후에 부친이 근무하던 곳을 다시 보수하고 '세절당(世節堂)'이라 불렀으며, 호남성 장사 출신인 학자 역불(易袚)을 모셔와 '세절당'이라고 하는 편액을 쓴 다음 "가정 8년 2월, 보전 방신유가 계림 서조대(西漕臺)에서 사무를 보았으므로 세절당이라고 불렀으며, 장사의 역불이 이 사실을 용은암(龍隱巖) 절벽에 새겼다"라고 하는 낙관을 남겼는데 이 글은 용은암과 용은동 사이에 위치한 바위에 새겨져 있다. 이를 통해, 방신유는 부친 방송경이 계림에서 남긴 덕치를 추념하고 스스로 직책을 충실하게 수행할 수 있도록 격려하고자 했으며 동시에, '세절당'을 통해 부친의 청렴결백한 성품을 계승하려는 본인의 강한 의지를 밝혔다.

十三. 南宋方信孺七星岩題名石刻

南宋方信孺七星岩題名石刻高1.67米、宽1.67米, 位于七星岩(曾称栖霞洞)洞口, 镌刻于南宋嘉定七年(公元1214年)五月, 石刻文字内容为"方信孺游。嘉定甲戌伍月既望, 刻于静江府栖霞洞"。方信孺在桂林留下了大量的石刻, 仅在桂林市区范围内留存的石刻就有二十多件, 为一段时期内桂林历史文化和石刻文化的传承发展做出了重要贡献, 因此也被后人称为"桂林石刻第一人"。

13. 남송 시기 방신유(方信孺)의 칠성암(七星巖) 제명(題名) 석각

남송 시기 방신유의 칠성암 제명 석각은 높이가 1.67미터, 폭은 1.67미터에 달하며 칠성암(옛 명칭은 서하동) 동구 입구에 있다. 남송 가정 7년(1214) 5월에 새겨진 것으로서, 석각의 글귀는 "방신유가 가정 갑무 5월 16일에 정강부 서하동에 새겼다"라고 되어 있다. 방신유는 계림에 많은 석각을 남겼다. 그중 계림 시내에 남아 있는 석각만 해도 20개가 넘는다. 이 석각들은 계림의 역사 문화와 석각 문화의 전승 및 발전에 중요한 공헌을 하였으므로 후세 사람들은 그를 "계림 석각의 1인자"라고 높여 부른다.

〈그림 14-1〉南宋米芾自画像石刻(左側为米芾游还珠洞题名石刻)

남송시기 미불의 자화상 석각(왼쪽에는 미불이 환주동에서 노닐며 지은 서문이 새겨져 있다)

襄阳米芾
六朝瀚墨
骨与气劲
风姿奕然

得名能书
渔猎无余
妙逐神俱
纵览起予

（三）

先南宫戏自作此小像真迹今归于御府

宝晋米公画像记

宝晋米公世居太原后徙襄阳自公始居润洲以
宣仁后恩补秘书省校书郎洛光尉□入淮南幕改宣德郎知雍丘县
监中狱庙授涟水军发运司无为军复召为当公事□年□月葬丹徒长山下信孤项遇洽
不赴管勾洞霄宫知无为军复召为当公事□年□月葬丹徒长山下信孤项遇洽
军瘴生於首谢事不许卒于官□石刻□泊来桂林复得僧绍言诗
光访洽波岩与潘景纯同游石刻□公尝尉临桂秩满寓居西山资庆寺
序及伏波岩题名之左且□始尉官桂林而是时文章翰墨已
颇与绍言游故有此作画史□至于序中云书于桂林堂今
亦失所在岂旧尉治耶公作墓书略及之耶公临桂岂所谓名□者临桂
足高跨千古然蔡天启志公墓书略及之耶公之孙□公遗文如北山养
中耶抑先临桂后洛光天启□次偶未见此□耶公□碑皆书熙
疾篇绍言诗序等作皆岂公时□□□□□□□先□
宁七年今去此且一百二十余载□声名与天壤相终始於□刻之伏
游桂林者或未必知其详信孤将漕于□秀实为静江府
支使藏公自作小像有小米题字盖其游山时衣冠□此□
波岩公题名之左且□公之曾孙□公曰游使来者
高宗御制碑本像赞冠焉併□公平□□于下方□□公旧游使来者
尚可以想像其凌云御风之高致嘉定八年八月旦朝奉郎广南西路转
运判官莆田方信孺记。

〈그림 14-2〉结合文献实地考察梳理《米芾自画像》石刻上的赞语、跋及《宝晋米公画像记》文字，并以碑文原貌顺序记录

문헌자료와 현지답사를 통해 정리한 『미불 자화상』석각에 새겨진 발문 및 『보진미공화상기』의 문구. 비문의 원모를 되살려 순서대로 기록.

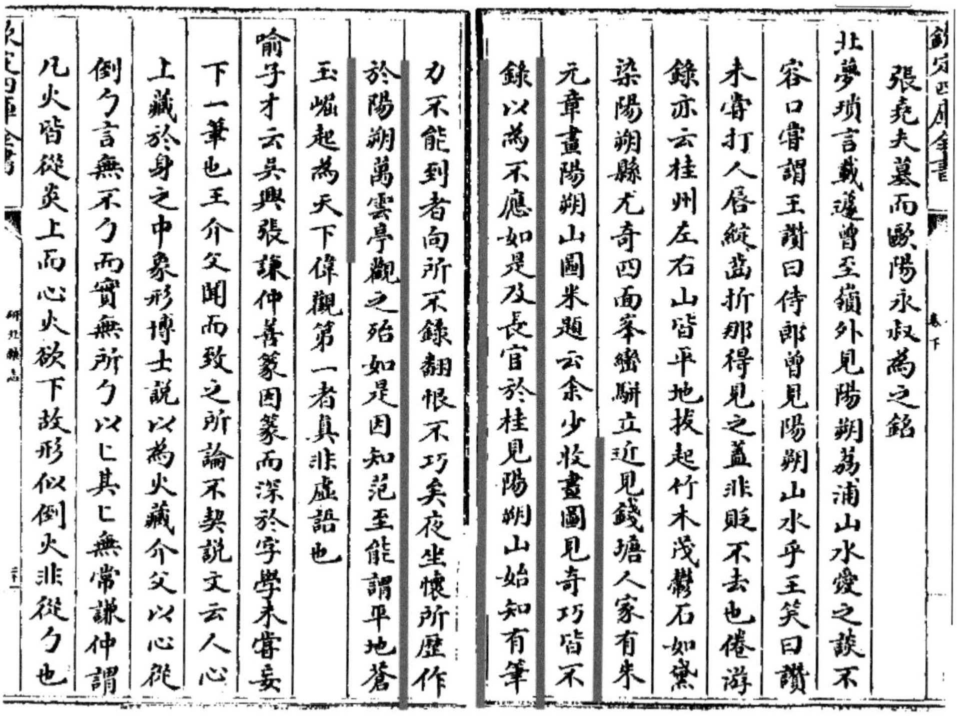
欽定四庫全書 卷下

張堯夫墓而歐陽永叔爲之銘
北夢瑣言載進曾至嶺外見陽朔荔浦山水愛之誚不
容口嘗謂王贊曰侍郎曾見陽朔山水乎王笑曰贊
未嘗打人唇綻齒折那得見之蓋非貶不去也倦遊
錄亦云桂州左右山皆平地拔起竹木茂鬱石如黛
染陽朔縣尤奇四面峯巒駢立近見錢塘人家有米
元章畫陽朔山圖米題云余少收畫圖見奇巧皆不
錄以爲不應如是及長官於桂見陽朔山始知有筆

欽定四庫全書 研北雜志

力不能到者向所不錄翻恨不巧矣夜坐懷所歷作
於陽朔萬雲亭觀之殆如是因知范至能謂平地蒼
玉崛起爲天下偉觀第一者眞非虛語也
喻子才云吳興張謙仲善篆因篆而深於字學未嘗妄
下一筆也王介父聞而致之所論不契說文云人心
上藏於身之中象形博士說以爲火藏介父以心從
倒勹言無不勹而實無所勹以匕其匕無常謙仲謂
凡火皆從炎上而心火欲下故形似倒火非從勹也

〈그림 14-3〉元代陆友《研北杂志》卷下"近见钱塘人家有米元章画《阳朔山图》，米题云：余少收画图，见奇巧皆不录，以为不应如是。及长，官于桂，见阳朔山，始知有笔力不能到者。向所不录，翻恨不巧矣。夜坐怀所历，作于阳朔万云亭(万云亭在阳朔城东漓江边)"

원나라 육우(陸友)의 『연북잡지(研北雜志)』하권에 다음과 같이 적혀 있다. "최근에 전당사람 미원장의 그림 「양삭산도」를 보았다. 미불의 서문에는 '나는 어렸을 때 그림을 받아보면서 기이하고 교묘함이 부족한 그림은 산수가 그만큼 빼어나지 않기 때문이라 생각했다. 하지만 나이가 들어 계림에 와보니 양삭의 산수는 차마 그려내지 못하는 자신을 원망하면서 밤중에 만운정(萬雲亭, 양삭 동쪽 이강변에 있음.)에 앉아 지나간 장면을 회상하면서 그림을 그리노라."

临桂县尉米芾

米芾(公元1051年-1107年), 初名黻、后改为芾, 字元章。他是与黄庭坚、苏轼、蔡襄齐名的宋代四大书法家之一。宋代熙宁七年(1074年), 二十四岁的米芾担任临桂县尉(临桂即今桂林)。任期满后, 他仍流连忘返于桂林山水、不愿回乡, 并在桂林西山资庆寺寓居了一段时间。在桂林期间, 米芾创作了后世闻名的《阳朔山图》, 为有记载的米芾最早画作, 画上还有米芾的题记, 此画曾被浙江杭州一户人家收藏, 今已失传于世(元代陆友《研北杂志》卷下"近见钱塘人家有米元章画《阳朔山图》, 米题云：余少收画图, 见奇巧皆不录, 以为不应如是。及长, 官于桂, 见阳朔山, 始知有笔力不能到者。向所不录, 翻恨不巧矣。夜坐怀所历, 作于阳朔万云亭(万云亭在阳朔城东漓江边)")。南宋嘉定年间, 广南西路转运判官方信孺对米芾的事迹十分感兴趣, 曾专门到他同样担任过县尉的洺光县(今广东英德县)寻访其遗迹, 并通过米芾在桂林留下的摩崖石刻, 及其从桂林好友绍言和尚当时所在资庆寺得到的《僧绍言诗序》, 了解米芾在桂林期间的各类事迹, 并完成了刻在伏波山还珠洞的米芾自画像石刻。

임계(臨桂) 현위(縣尉) 미불(米芾)

미불(米芾, 1051~1107)의 원명은 불(黻)이고, 후에 불(芾)로 개명하였으며, 자(字)는 원장(元章)이다. 황정견(黃庭堅), 소식(蘇軾), 채양(蔡襄)과 더불어 송나라 4대 서예가로 불렸다. 송나라 희녕 7년(1074), 스물네 살이 된 미불은 임계(지금의 계림)현 현위로 부임하였으며, 계림 산수를 좋아해서 임기를 마친 뒤에도 고향으로 돌아가지 않고 계림 서산

(西山)의 자경사(資慶寺)에서 한동안 머물렀다. 계림에 머물면서 미불은 유명한 「양삭산도(陽朔山圖)」를 그렸는데, 지금까지 전해진 작품 중 가장 일찍 창작한 작품으로 인정받고 있다. 그림에는 미불이 직접 지은 서문이 적혀 있는데, 원본은 절강성 항주 사람이 소장하고 있다는 설이 있으나 지금은 전해지지 않는다.(원나라 육우(陸友)의 『연북잡지(硏北雜志)』 하권에 다음과 같이 적혀 있다. "최근에 전당 사람 미원장의 그림 「양삭산도」를 보았다. 미불의 서문에는 '나는 어렸을 때 그림을 받아보면서 기이하고 교묘함이 부족한 그림은 산수가 그만큼 빼어나지 않기 때문이라 생각했다. 하지만 나이가 들어 계림에 와 보니 양삭의 산수는 차마 그려내지 못하는 자신을 원망하면서 밤중에 만운정(萬雲亭, 양삭 동쪽 이강변에 있음)에 앉아 지나간 장면을 회상하면서 그림을 그리노라.") 남송 시기 가정 연간에 광남서로(廣南西路) 전운판관(轉雲判官) 방신유(方信孺)는 미불의 사적(事迹)에 큰 관심을 두었고 그가 현위를 맡았던 함광현(洸光縣, 지금의 광동성 영덕시)을 탐방하였다. 그는 미불이 계림에 남긴 마애석각과 절친 소언(紹言) 승려가 있었던 자경사(資慶寺)에서 얻은 『승소언시서(僧紹言詩序)』를 통해, 미불의 계림에서의 행적을 알게 된 뒤, 미불의 자화상을 복파산(伏波山) 환주동(還珠洞)에 모각해 놓았다.

十四. 南宋米芾自画像

南宋米芾自画像石刻位于桂林伏波山还珠洞试剑石旁, 它的左边是早于米芾自画像石刻一百四十一年前的熙宁七年(公元1074年)五月最后一天, 临桂县尉米黻与临桂县令潘景纯一同到还珠洞游玩时书写的一件题名石刻, 内容为"潘景纯、米黻, 熙宁七年五月晦日同游"。南宋米芾自画像石刻是广南西路转运判官方信孺于南宋嘉定八年(公元1215年), 向恰好此时在桂林担任静江府支使的米芾曾孙米秀实借来米芾自画像真迹所摹刻的。这件画像石刻的上方为宋高宗赵构的赞语、右侧为米芾长子米友仁所作的跋、下方为方信孺为记录刻石经过所撰的《宝晋米公画像记》。米芾曾为自己画了几幅不同形态和服饰的自画像, 这幅为《海岳遗事》所载"曾入绍兴内府"的"服古衣冠"版本。石刻全高1.20米、宽0.47米。

14. 남송 시기 미불(米芾)의 자화상

남송 시기 미불(米芾)의 자화상을 새긴 석각은 계림시 복파산(伏波山) 환주동(還珠洞) 시검석(試劍石) 옆에 있다. 그 왼쪽에는 이보다 141년 앞선 희녕 7년(1074) 5월 마지막 날 임계(臨桂) 현위(縣尉)인 미불과 임계 현령(縣令)인 반경순(潘景純)이 함께 환주동을 구경하면서 지은 '제명(題名)'이 새겨져 있다. 석각에는 "반경순과 미불(米黻)이 희녕 7년 5월의 마지막 날에 함께 노닐었다"라고 하는 글귀가 새겨져 있었다. 남송 시기 미불의 자화상 석각은 광남서로(廣南西路) 전운판관(轉運判官) 방신유(方信孺)가 남송 가정 8년 (1215)에 마침 계림에서 정강부(靜江府) 지사(支使)로 근무하던 미불의 증손 미수실(米秀實)에게서 자화상 진본을 빌려서 그대로 새겨 놓은 것이다. 이 자화상 석각의 위쪽에는 송 고종 조구(趙構)가 쓴 찬사가 있고, 오른쪽에는 미불의 장남 미우인(米友仁)이 쓴 발문이 있으며, 아래쪽에는 방신유가 자화상을 새기던 과정을 기록한 『보진미공화상기(寶晉米公 畫像記)』가 새겨져 있다. 미불은 자신을 위해 형태와 의상이 다른 몇 폭의 자화상을 그렸 는데, 그중 이 자화상은 『해악유사(海岳遺事)』에 기록된 "증입소흥내부(曾入紹興內府)" 의 '복고의관(服古衣冠)' 판본이다. 석각의 높이는 1.2미터, 폭은 0.47미터에 달한다.

〈그림 15-1〉南宋理宗皇帝敕朱广用奖谕敕书石刻

남송 리종황제가 주광용을 표창한 장유칙서(奬諭敕書) 석각

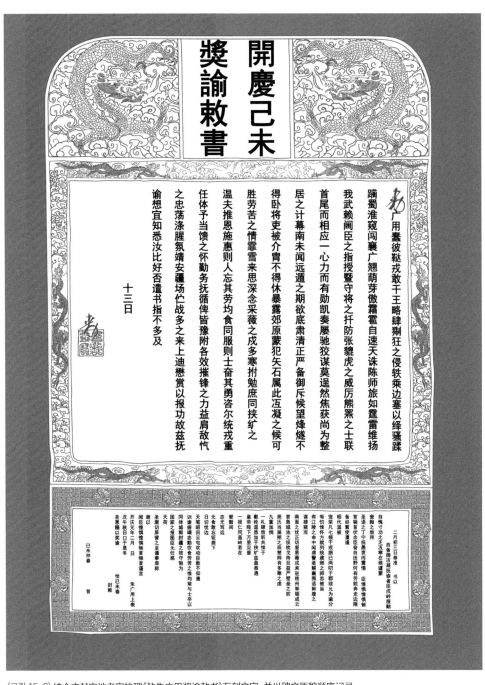

〈그림 15-2〉结合文献实地考察梳理《敕朱广用奖谕敕书》石刻文字, 并以碑文原貌顺序记录

문헌자료와 현지답사를 통해 정리한 『칙주광용장유칙서(勅朱光用奬諭敕書)』의 글귀. 비문의 원모를 되살려 순서대로 기록.

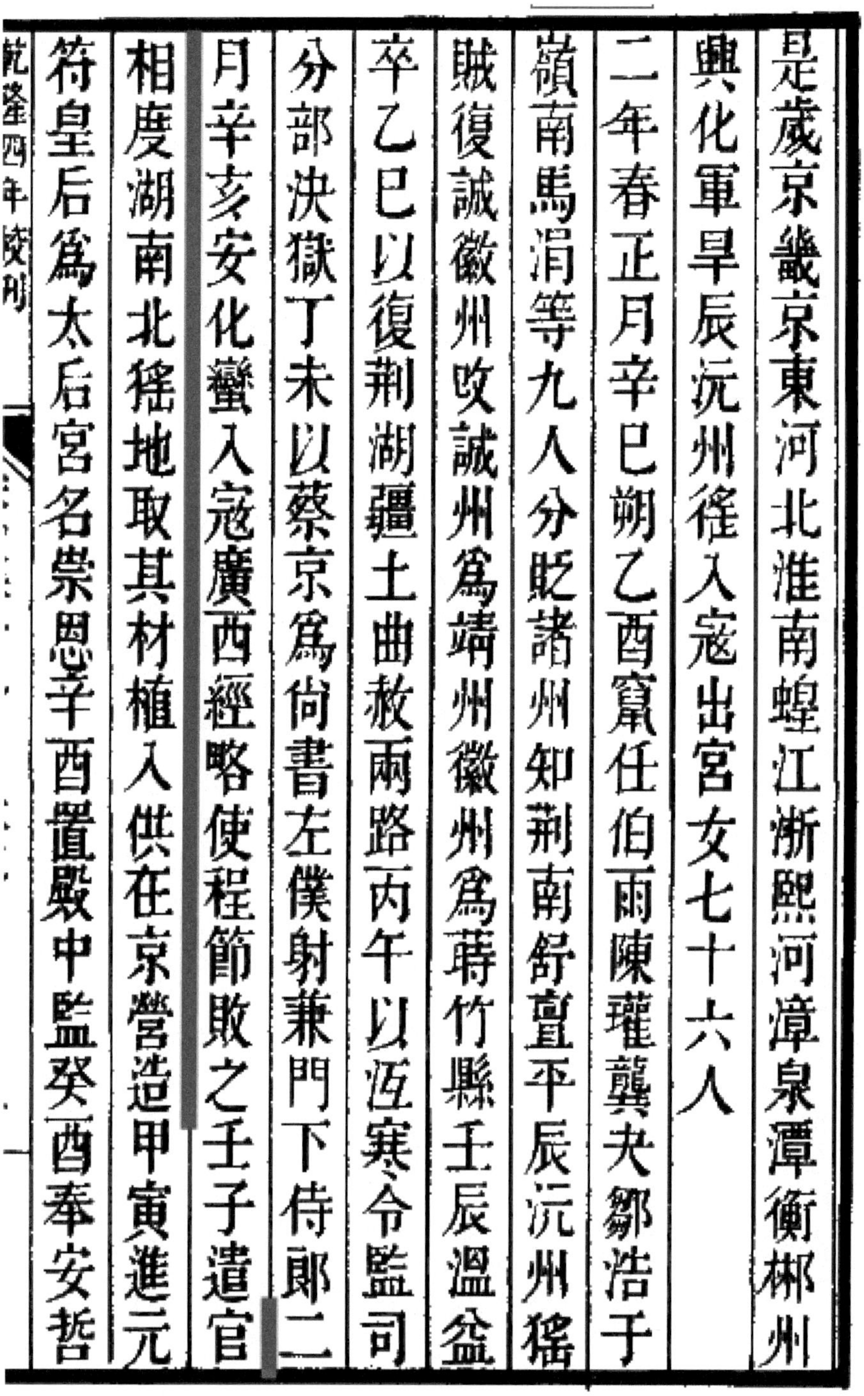

是歲京畿京東河北淮南蝗江浙熙河漳泉潭衡郴州

興化軍旱辰沅州徭入寇出宮女七十六人

二年春正月辛巳朔乙酉竄任伯雨陳瓘龔夬鄒浩于

嶺南馬涓等九人分貶諸州知荊南舒亶平辰沅州猺

賊復誠徽州攺誠州為靖州徽州為蔣竹縣壬辰溫益

辛巳以復荊湖疆土曲赦兩路丙午以迓寒令監司

分部決獄丁未以蔡京為尚書左僕射兼門下侍郎二

月辛亥安化蠻入寇廣西經略使程節敗之壬子遣官

相度湖南北猺地取其材植入供在京營造甲寅進元

符皇后為太后宮名崇恩辛酉置殿中監癸酉奉安哲

〈그림 15-3〉《宋史》卷十九載"二月辛亥, 安化蛮入寇, 广西经略使程节败之"

『송사』 19권, 제495장에 따르면, "신해년 2월, 안화 야만족들이 침입하자 광서 경략안무사 정절이 나서서 평정하였다"라고 한다.

宋代桂林的两张奖谕敕书石刻

奖谕敕书,特指古代皇帝为表彰人员而颁发的诏书。史载有两张奖谕敕书被磨崖在山壁之上成为桂林石刻:

一是宋代崇宁元年(公元1102年),羁縻安化州(今广西环江县)少数民族酋首蒙光有对当地官员所事苛政不服,聚集八千余人入寇宜州,广西经略安抚使程节调遣黄忱等将领率兵二千九百余人平蛮,后得胜而归(《宋史》卷十九、四百九十五载"二月辛亥,安化蛮入寇,广西经略使程节败之"、"崇宁二年,其酋蒙光有者复啸聚为寇,经略司遣将官黄忱等击却之"),宋徽宗赵佶于崇宁二年(公元1103年)为表彰程节平叛有功,颁发了一张奖谕敕书。后由龙隐岩释迦禅寺住持磨崖于龙隐岩。

二是南宋宝祐六年(公元1258年),朝廷为抵御兀良合台带领蒙古军队从云南出兵广西的进攻,将朱广用从建康都统制的职务调至桂林驻守,并被委任统一调度周边各地的驻守军队。朱广用一到桂林就立即组织修浚加固城池、加强防务,并根据驻军将士家乡的信仰在宝积山上兴建多座佛寺、神祠以借助将士们对神、佛的信仰来提升士气、鼓励将士抵御外患。由于城池坚固、将士英勇抗击,蒙古军队侵犯至邕州后就无法再深入并撤围北去,宋军趁机尾随追击,获得了大小十余次胜利(南宋李曾伯《抗元记事碑》载"相与修浚城池为保固计,是秋鞑犯邕境赖我师遏之不致深入"、"我师昼夜攻劫,大小十余捷,贼气顿沮");当时还由于蒙古蒙哥汗死于战争,蒙军主帅忽必烈为争夺汗位,命令放弃攻宋、主动迅速北撤,宋军获得了暂时的胜利。宋理宗赵昀于开庆元年(公元1259年)为表彰朱广用抗击入侵蒙古军队取得胜利颁发了一张奖谕敕书。后来朱广用将宋理宗的《奖谕敕书》与自己回复皇帝的谢表一起刻在了宝积山华景洞旁飞云台上(《桂胜·桂故》卷五"朱广用,以建康都统制调戍桂。刻其所得奖敕于华景之壁")。

송나라 시기 계림의 장유칙서(獎諭敕書) 두 장

장유칙서는 고대에 표창 받는 사람에게 수여하는 황제의 조서를 가리킨다. 기록에 따르면, 두 장의 장유칙서가 계림에 석각으로 남아 있다고 한다.

그중 하나는 송나라 숭녕 원년(1102), 현지 관원들의 가혹한 정치에 불만을 품은 기미 안화주(羈縻安化州, 지금의 광서장족자치구 환강(環江)현의 소수민족 추장(酋長) 몽광유(蒙光有)가 8,000여 명을 끌어모아 의주(宜州)로 쳐들어갔을 때, 광서(廣西) 경략안무사(經略安撫使) 정절(程節)이 황침(黃忱) 등 장군과 병사 2,900여 명을 거느리고 몽광유를 평정하고 받은 것이다.(『송사』 19권, 495장에 따르면, "신해년 2월, 안화의 야만족들이 침입하자 광서 경약사 정절이 이들을 평정하였다." "숭녕 2년, 추장 몽광유가 사람들을 집결하자 경약사는 장군 황첨 등을 파견해 몽광유를 공격하였다"라고 기록되어 있다.) 송휘종(宋徽宗) 조길(趙佶)은 숭녕 2년(1103) 정절이 반란을 평정한 것을 표창하고자 칙서를 수여했으며, 후에 용은암(龍隱巖) 석가선사(釋迦禪寺)의 주지스님이 용은암에 새겨 놓았다.

다른 하나는 남송 보우 6년(1258)에 받은 것이다. 올량합대(兀良合臺)가 몽골군을 거느리고 운남에서 광서를 공격할 때, 송나라는 건강도통제(建康都統制) 직책을 맡고 있던 주광용을 계림에 파견해 성을 지키게 했으며, 주변 각지의 군대들도 관리하게 하였다. 주광용은 계림에 도착하자마자 성과 국방 사무를 강화했으며, 주군 군사들의 고향 풍습에 따라 보적산 위에 많은 사원과 신사를 지어 신과 부처님의 힘을 빌어 사기를 높이게 했고, 병사들을 격려하여 외환에 저항하게 하였다. 성지가 견고하고 장병들이 용감하게 싸운 덕에 옹주까지 쳐들어간 몽골 군대는 북쪽으로 철수할 수밖에 없었다. 송나라 군대는 기회를 놓칠세라 뒤를 추격하여 10여 차례 승리를 거두었다. (남송의 이증백(李曾伯)이 지은 「항원기사비(抗元記事碑)」에 따르면, "성지를 만들어 적들이 옹주까지 침입하지 못하게 하였다. 아군이 용맹하게 저항하는 바람에 옹주까지 쳐들어온 몽골 군대는 더 들어올 수 없었다. 우리는 밤낮으로 공격하여 10여 차의 승리를 거두었고 적군은 기세가 죽었다"라고 기록되어 있다.) 전쟁에서 몽골의 칸(황제)이 전사하자 총사령관이던 쿠빌라이가 황제의 자리를 쟁탈한 뒤, 송나라에 대한 공격을 멈추고 북쪽으로 철수하라고 명령을 내렸다. 그리하여 송나라 군대는 잠시나마 승리를 거둘 수 있었다. 개경 원년(1259), 송리종(宋理宗) 조윤(趙昀)은 주광용이 몽고군과 싸워 승리한 것을 표창하려고 칙서를 수여하였다. 후에 주광용은 송리종의 「장유칙서」와 자신이 황제에게 보낸 감사의 글을 보적산(寶積山) 화경동(華景洞) 비운대(飛雲臺)에 새겨 놓았다.(『계승』「계고」 5권에 따르면, "주광용은 건강도통제 직책을 맡아서 계림을 지켰으며 상으로 받은 칙서를 화경 벽에 새겨 놓았다"라고 한다.)

十五. 南宋理宗皇帝敕朱广用奖谕敕书石刻

　　敕朱广用奖谕敕书石刻勒石于南宋开庆元年(公元1259年), 高2.30米、宽1.70米, 位于桂林城北宝积山北面华景洞飞云台(注 : 由于此台早已被毁, 各类相关专业书籍均记述称该《奖谕敕书》石刻也已毁. 实则不然, 此石刻尚存且相对完整). 石刻内容为宋理宗皇帝表彰在广西抗击抵御蒙古军队官员朱广用的《奖谕敕书》以及朱广用回复皇帝的谢表.

15. 남송 이종(理宗) 황제가 주광용을 표창한 장유칙서(奬諭敕書)

　　주광용을 표창한 칙서 석각은 남송의 개경 원년(1259)에 만들어졌는데 높이는 2.30미터, 폭은 1.70미터에 달하며 계림시 보적산(寶積山) 북쪽 화경동(華景洞) 비운대(飛雲臺)에 있다.(비운대는 이미 훼손되었고, 많은 연구서와 문헌에도 「장유칙서(奬諭敕書)」 석각은 훼손되었다고 기록되어 있으나 사실 석각은 그대로 남아 있고 보존 상태도 양호한 편이다.) 석각에는 광서에서 몽고군과 싸워 이긴 주광용을 표창한 송이종 황제의 「장유칙서」와 주광용이 황제에게 올린 감사의 글이 새겨져 있다.

〈그림 16-1〉南宋静江府城池图石刻

남송시기 정강부 성지도 석각

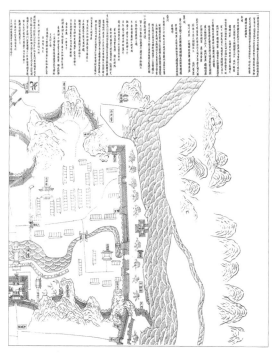

〈그림 16-2〉南宋静江府城池图复原图(局部)

송나라 정강부 성지도 복원도 (국부)

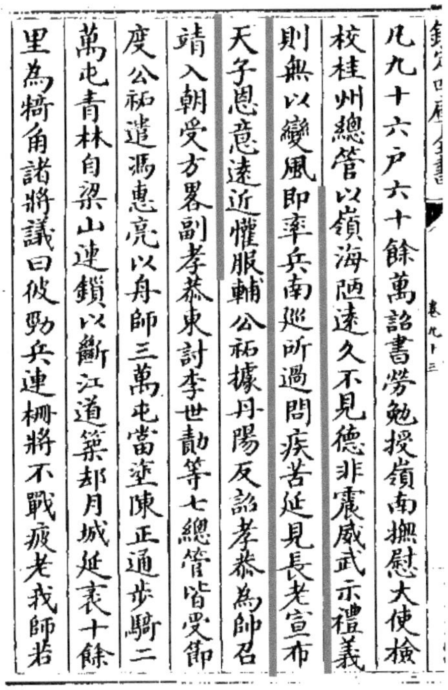

凡九十六戶六十餘萬詔書勞勉授嶺南撫慰大使檢
校桂州總管以嶺海陋遠久不見德非震威武示禮義
則無以變風即率兵南巡所過問疾苦延見長老宣布
天子恩意遠近懽服輔公祏據丹陽反詔孝恭為帥召
靖公祏遣方畧副孝恭束師三萬屯當塗月城延袤十餘
度公祏遣馮惠亮以舟師三萬屯青林自梁山連鎖以斷江道築郤月城
里為犄角諸將議曰彼勁兵連栅將不戰疲老我師若

〈그림 16-3〉《新唐书》列传第十八载, "以岭海陋远, 久不见德, 非震威武, 示礼义, 则无以变风。即率兵南巡, 所过问疾苦, 延见长老, 宣布天子恩意, 远近欢服"

『신당서』열전 제18권에 "영해는 멀리 떨어져 있어 오랫동안 황제의 혜택을 받지 못했다. 위풍과 예의를 보여주지 않으면 민풍을 바꾸기 어렵다. 군사를 거느리고 남하하여 백성들의 질고를 헤아리고 어르신들을 만나 천자의 뜻을 밝히니 모두가 즐거워하였다."라고 적혀 있다.

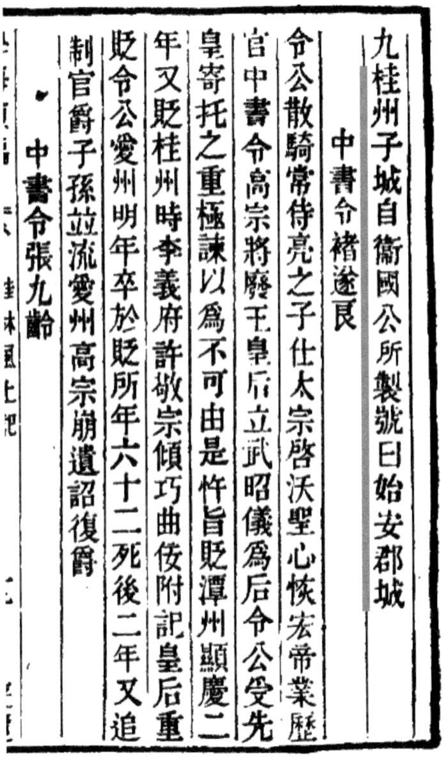

九桂州子城自衛國公所製號曰始安郡城
中書令褚遂良
令公散騎常侍亮之子仕太宗啓沃聖心恢宏帝業歷
官中書令高宗將廢王皇后立武昭儀為后令公受先
皇寄托之重極諫以為不可由是忤旨貶潭州顯慶二
年又貶桂州時李義府許敬宗傾巧曲佞附記皇后重
貶令公愛州明年卒於貶所年六十二死後二年又追
制官爵子孫並流愛州高宗崩遺詔復爵
• 中書令張九齡

〈그림 16-4〉《桂林风土记》载, "桂州子城, 自卫国公所制, 号曰始安郡城", "在漓江西浒, 周三里十八步, 高一丈二尺, 开腾仙、东江、静江、顺庆四门。修建庆林寺、榕树门, 开桂林城池建筑之先河"

『계림풍토기』의 기록에 따르면, "계주자성은 위국공때에 짓기 시작했으며, 시안군성이라고 불렀고", "이강의 서호는 둘레가 삼리 십팔보에 달하고, 높이가 일장 이자에 달하며, 등선, 동강, 정강, 순경 등 4대문을 축조하고, 경림사와 용수문을 지었는데 이것이 계림성을 건축하게 된 시작이라고 할 수 있다."

桂林城池始建于"托塔天王"李靖

李靖(公元571-649),字药师,雍州三原(今陕西省三原县)人,贞观十一年(公元637年),被唐太宗封为卫国公。唐代武德四年(公元621年)末,李靖来到桂州(桂林古称),对冯盎、李光度等当地割据势力进行了招安。期间接到诏书,被授予岭南道抚慰大使、代理桂州总管(《旧唐书》列传第十七载"乃度岭至桂州,遣人分道招抚……优诏劳勉,授岭南道抚慰大使,检校桂州总管")。李靖认为桂州是南方偏僻之地,距离朝廷过于遥远,特别是从隋代末年大乱以来,从未受到过朝廷的恩惠,如果不引导当地百姓规范文明制度并且展示朝廷兵力的强大,是难以收服民心的。于是他率所部兵马从桂州出发南巡,所经之处,他关怀百姓、访贫问苦、亲自慰问年老有威望的人,得到当地人民的拥护,社会从而得到了安定(《新唐书》列传第十八载,"以岭海陋远,久不见德,非震威武、示礼义,则无以变风。即率兵南巡,所过问疾苦,延见长老,宣布天子恩意,远近欢服")。除了着重于社会稳定、关注民生之外,李靖还选取了漓江西岸、独秀峰东南,大约在今桂林秀峰区东西巷所在地作为筑城的中心,开始着手新建桂州城池,也就是现存靖江王城的第一次基础成型修建。当时修筑的桂州城又称衙城、子城,初建时设置了"腾仙"、"东江"、"顺庆"和"桂州"4座城门,是官署衙门的所在地,称为"始安郡城",周长为1.6524公里,高3.5米。同时修建了庆林寺和榕树门(《桂林风土记》载,"桂州子城,自卫国公所制,号曰始安郡城"、"在漓江西浒,周三里十八步,高一丈二尺,开腾仙、东江、静江、顺庆四门。修建庆林寺、榕树门,开桂林城池建筑之先河")。

'탁탑천왕(托塔天王)' 이정(李靖) 계림성을 세우다

이정(李靖, 571~649)의 자는 약사(藥師)이며 옹주(雍州, 지금의 섬서성 삼원현) 삼원 지역 사람으로 정관 11년(637)에 당태종으로부터 위국공(衛國公)에 봉해졌다. 당나라 무덕 4년(621) 말, 이정은 계주(桂州, 계림의 옛 이름)에서 풍앙(馮盎), 이광도(李廣度)와 같은 할거세력이 귀순하도록 했다. 그리고 조서를 받아 영남도무위대사(嶺南道撫慰大使), 계주총관(桂州總管)을 맡게 되었다.(『구당서(舊唐書)』 열전 제17권에는 "영남 지역을 넘어 계주로 사람을 파견하여 항복을 권했다.… 좋은 성과를 이룩한 것을 격려하기 위해 영남도무위대사(嶺南道撫慰大使), 검교계주총관(檢校桂州總管)을 맡게 했다"라고 적혀 있다.) 이정은 계주가 남방의 외진 곳에 있으므로 조정과 멀고, 특히 수나라 말에 대란이 있은 후부터 조정의 혜택을 받은 적이 없기 때문에 현지 백성들에게 문명 제도를 규범화하고 조정 병력의 강대함을 보여주어야만 민심을 얻을 수 있다고 하였다. 그리하여 군대를 거느리고 계주에서 출발하여 남방을 순행하면서 백성들의 고통을 살피고, 덕망 높은 어르신들을 모시고 가르침을 받았기에 현지인들의 지지를 얻었으며 따라서 사회가 안정되었다.(『신당서(新唐書)』 열전 제18권에 "영해는 멀리 떨어져 있어 오랫동안 황제의 혜택을 받지 못했다. 위풍과 예의를 보여주지 않으면 민풍을 바꾸기 어렵다. 군사를 거느리고 남하하여 백성들의 질고를 헤아리고 어르신들을 만나 천자의 뜻을 밝히니 모두가 즐거워하였다"라고 적혀 있다.) 이정은 사회 안정과 민생을 살폈을 뿐만 아니라 이강 서안, 독수봉 남동쪽을 선택하여 오늘날 동서항(東西巷) 입구를 성 중심으로 정하고 계주 성지(城池)를 건설하기 시작하였는데 이것이 바로 지금의 정강왕성의 최초의 모습이다. 그때 건축한 계주성은 아성(衙城) 또는 자성(子城)이라고 한다. 처음에는 '등선(騰仙)', '동강(東江)', '순경(順慶)'과 '계주(桂州)' 등 4개의 성문을 설치하였는데 관아가 있는 곳이라고 해서 '시안군성(始安郡城)'이라고 불렀다. 둘레는 1.6524킬로미터이고, 높이는 3.5미터에 달한다.

동시에 '경림사(慶林寺)'와 '용수문(榕樹門)'도 함께 수건하였다.(「계림풍토기(桂林風土
記)」의 기록에 따르면, "계주자성은 위국공 때에 짓기 시작했으며, 시안군성이라고 불렀
고", "이강의 서호는 둘레가 삼리 십팔보에 달하고 높이가 일장 이자에 이르며, 등선·동강·
정강·순경 등 4대문을 축조하고, 경림사와 용수문을 지었는데 이것이 계림성을 건축하게
된 시작이라고 할 수 있다.")

十六. 南宋静江府城池图

南宋静江府城池图石刻位于桂林城北门鹦鹉山南面山腹, 高3.38米、宽3.24米。据刻
于图上方的文字所载"李制使"、"朱经略"、"赵经略"、"今任胡经略"、结合史书考证, 应
分别为李曾伯、朱禩孙、赵与霦、胡颖等四位筑城官员。国内专家多认为此图为南宋任
知静江府的胡颖在修筑城池时主持刻绘, 并于咸淳八年(公元1272年)刻成。静江府城
池图比例尺为东西方向约1:750、南北方向约1:1000, 是反映南宋末年桂林城池规模和
城市格局的平面图, 以36种绘图符号对城中山、水、城、池、门、楼、沟、渠、亭、台、官
署、兵寨、道路、桥梁以及竹木植被等作出了详实标识, 开启符号化绘制地图之先河。
同时记载了为抵御蒙古军队的进犯, 从宝佑六年(公元1258)至咸淳七年(公元1271年)
间, 将桂林城扩建成东至漓江沿岸, 南至青带桥, 西至骝马山、老人山, 北至鹦鹉山、铁
封山的规模, 并"倚山为郭, 以江为池", 形成了就自然地形为势的城市格局。这幅时代
较早、保存又较为完整的大型城市地图, 尤其是作为石刻地图, 在世界上是很少见的,
是中国现已知古代最大的城市平面图, 对了解古代城市建设、地方历史和军事布防以
及研究中国地图学史具有重要价值。

16. 남송 시기 정강부 성지(城池)도

남송 시기 정강부 성지도 석각은 계림시 북문에 위치한 앵무산(鸚鵡山) 남쪽의 중턱에 새겨져 있으며 높이는 3.38미터, 폭은 3.24미터에 달한다. 지도 위에는 '이제사(李制使)', '주경략(朱經略)', '조경략(趙經略)', '금임호경략(今任胡經略)'과 같은 문자가 새겨졌는데, 고증을 거쳐 이증백(李曾伯), 주사손(朱禩孫), 조여빈(趙與霜), 호영(胡穎) 등 성을 축조하는 데 참여한 관원 4인의 이름으로 밝혀졌다. 국내 다수 학자들의 견해에 따르면 이 지도는 남송 시기 정강부(靜江府) 지부였던 호영이 송나라 함순(咸淳) 8년(1272)에 성지(城池) 축조를 책임지고 있던 중 새긴 것이라고 한다. 정강부 성지도의 축척은 남북으로 약 1:1000, 동서로 약 1:750으로 되어 있는데, 이는 남송 말년, 계림의 규모와 도시 구도를 반영한 평면도이다. 지도에는 36개의 도판 기호로 성내의 산(山), 수(水), 성(城), 지(池), 문(門), 구(樓), 거(溝), 강(渠), 정(亭), 대(臺)와 관서(官署), 병채(兵寨), 도로(道路), 교량(橋梁)과 나무, 대나무와 같은 식물의 분포에 관해 상세히 표기되었다. 이는 지도 제작에 기호를 사용한 첫 사례이다. 그 외에 지도에는 또한 몽골군의 침입을 막으려고 보우(寶佑) 6년(1258)부터 함순 7년(1268) 사이에 계림성을 확장하였는데 동쪽으로는 이강(漓江) 연안까지, 남쪽은 청대교(靑帶橋)까지, 서쪽은 유마산(騮馬山)과 노인산(老人山)까지, 북쪽은 앵무산(鸚鵡山)과 철봉산(鐵封山)까지 그 규모를 확대하였다고 적혀 있다. 이로부터 "산을 벽으로 삼고, 강을 못으로 삼은" 산세의 흐름에 따라 산, 수, 성이 어우러진 계림의 도시 모습이 형성되었음을 알 수 있다. 이로부터 알 수 있는 바 지도는 시대가 이르고, 보존 상태가 비교적 완전한 대형 지도로서 세계적으로 보기 드문 것이다. 이 지도는 중국 내에서 현재까지 알려진 가장 큰 고대 도시평면도로서 고대 도시 건설, 지방 역사와 군사 방어병력 배치 및 중국 지도학사를 연구하는 데 중요한 가치가 있다.

〈그림 17-1〉宋代薊北处士《和水月洞韵》石刻

송나라 계북처사의 「화수월동운」석각

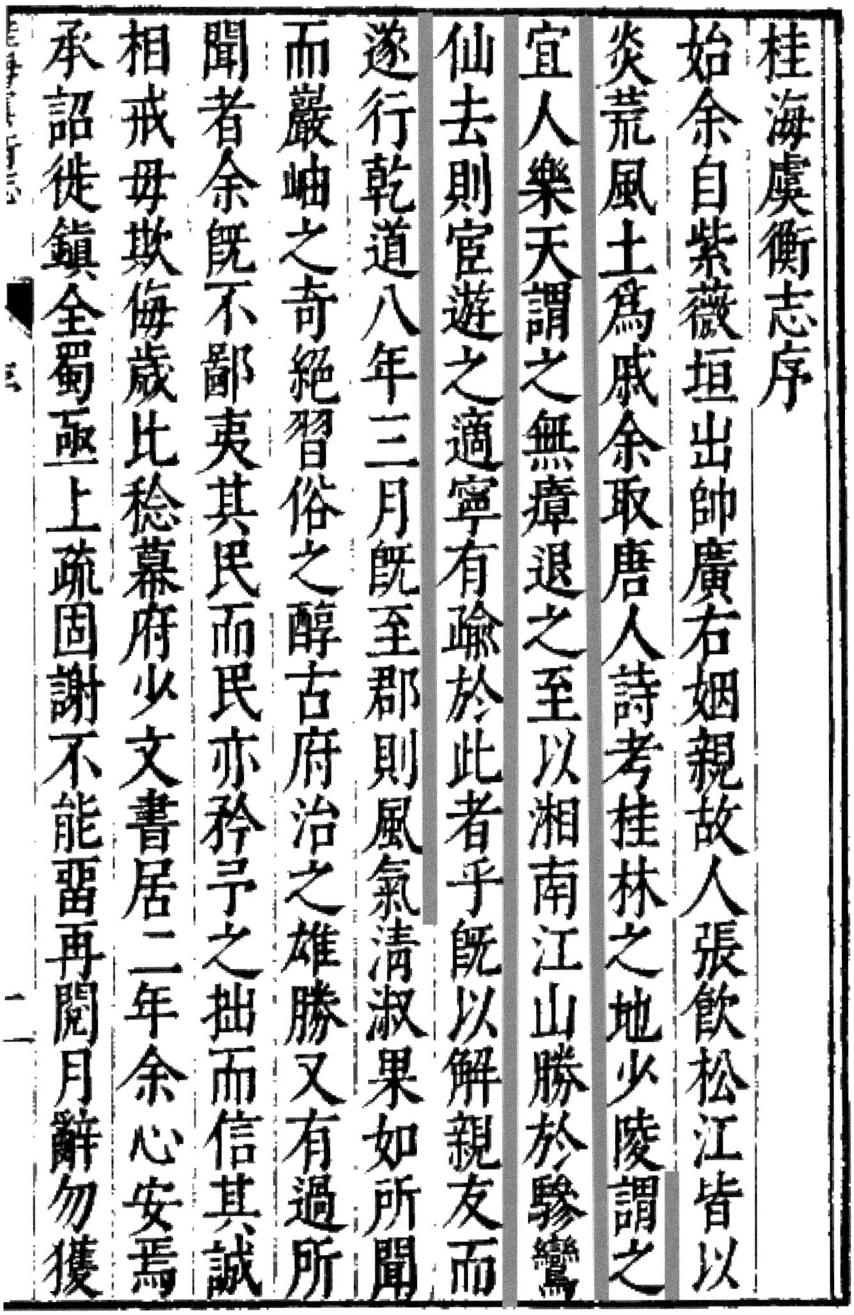

桂海虞衡志序

始余自紫薇垣出帥廣右姻親故人張欽松江皆以
炎荒風土為戚余取唐人詩考桂林之地少陵謂之
宜人樂天謂之無瘴退之至以湘南江山勝於驂鸞
仙去則宦遊之適寧有踰於此者乎既以解親友而
遂行乾道八年三月既至郡則風氣清淑果如所聞
而巖岫之奇絕習俗之醇古府治之雄勝又有過所
聞者余既不鄙夷其民而民亦矜予之拙而信其誠
相戒毋玟侮歲比稔幕府少文書居二年余心安焉
承詔徙鎮全蜀亟上疏固謝不能乃再閱月辭勿獲

〈그림 17-2〉范成大著《桂海虞衡志》序 "皆以炎荒风土为戚。余取唐人诗，考桂林之地，少陵谓之宜人。乐天谓之无瘴。退之至以湘南江山，胜于骖鸾仙去。则宦游之适，宁有逾此者乎"

범성대 저, 『계해우형지(桂海虞衡志)』서문에는 다음과 같이 적혀 있다. "모두가 남방의 황량한 풍토를 가까이 하였으니 나는 당나라 시인들의 싯구를 따서 계림을 그려본다. 두소릉은 계림은 살기 편하다 했고, 백낙천은 장기(瘴氣)가 없다고 했다. 한퇴지는 호남의 남쪽(湘南)은 산수가 삐어나다고 했다. 그러하니 여행을 함에 있어 이보다 더 좋은 곳이 또 있겠는가.")

古代诗人们心中的"远方"：桂林

目前已知最早把今天桂林这个地方称为"桂林"的文字载体，是唐代宋之问于唐代景云二年(公元711年)在桂林所作诗句"桂林风景异，秋似洛阳春"。由于古代交通不便，当时桂林又地处偏远，向往却无缘来到桂林的诗人们，只有通过他人的讲述，借着笔墨以诗来描绘自己心中的"远方"。

南宋范成大在赴桂林任知静江府、广南西路经略安抚使之前，认为桂林是传说中的"瘴毒南蛮之地"、"此去难以生还"，对于同样没有到过桂林的杜甫赋诗所称"五岭皆炎热，宜人独桂林。梅花万里外，积雪一冬深"持怀疑态度，不信竟有如此舒适的地方(范成大著《桂海虞衡志》序"皆以炎荒风土为戚。余取唐人诗，考桂林之地，少陵谓之宜人。乐天谓之无瘴。退之至以湘南江山，胜于骖鸾仙去。则宦游之适，宁有逾此者乎")，直到自己身在桂林亲自感受并写下"腊雪同云岭外稀，南人北客尽冬衣。从今老杜诗犹信，梅片飞时雪也飞"。

没有到过桂林却诗、墨及于桂林的还有：朱熹《有宋静江府新作虞帝庙碑》；王昌龄"岭上梅花侵雪暗，归时还拂桂花香"；梅尧臣"凤巢在桂林"；李频"君家桂林住，日伐桂枝炊。何事东堂树，年年待一枝"；许浑"桂州南去与谁同，处处山连水自通"；在严谟即将启程到桂林任桂管观察使时，没到过桂林的韩愈、白居易、张籍分别作诗送行：韩愈"江作青罗带，山如碧玉簪"，白居易"桂林无瘴气，柏署有清风"，张籍"旌旆过湘潭，幽奇得遍探"。唐、宋诗人们如此向往有着美好山水的"远方"桂林，所以清代的《临桂县志》称，是唐、宋两代的诗人们使桂林山水成名于天下的("桂林山水名天下，发明而称道之，则唐宋诸人之力也")。

옛 시인들이 마음속으로 '동경했던 곳' - 계림

'계림'이라는 지역명이 쓰이기 시작한 것은 당나라 경운(景雲) 2년(711)에 송지문(宋之問)이 그곳에서 쓴 "계림의 풍경이 기이하여 가을은 낙양의 봄을 방불케 하네"라는 시가 처음이다. 옛날에 계림은 교통이 불편하고 외진 곳이어서 사람들이 마음속으로만 동경했지 직접 와서 보는 것은 힘들었다. 따라서 시인들은 다른 사람의 서술에 근거하여 자신의 글에 마음속으로 '동경하는 곳'을 그려내는 수밖에 없었다. 남송 시기 범성대(范成大)는 정강부(靜江府) 지부(知府) 겸 광서서로경략안무사(廣西西路經略安撫使)로 계림에 부임하기 전, 계림에 와본 적이 없는 두보가 지은 "오령이 다 무더운데 계림만 시원하네. 매화꽃 만리에 피어 있는데 겨우내 내린 눈 깊이 쌓여 있다네"라는 시에 대해 회의를 품었다. 그는 계림은 전설에서 말하는 "장독이 있는 남만의 땅", "한 번 가면 돌아오기 힘든 곳"이라고 여겼으므로 계림이 그토록 편하고 아름다운 곳임을 믿지 않았던 것이다.(범성대, 『계해우형지(桂海虞衡志)』 서문에는 "모두가 남방의 황량한 풍토를 가까이 하였으니 나는 당나라 시인들의 시구를 따서 계림을 그려본다. 두소릉은 계림은 살기 편하다 했고, 백낙천은 장기(瘴氣)가 없다고 했다. 한퇴지는 호남의 남쪽[湘南]은 산수가 빼어나다고 했다. 그러하니 여행하기에 이보다 더 좋은 곳이 있겠는가.") 나중에 본인이 직접 와본 후에는 "섣달에 내리는 눈은 운령(雲嶺) 이남마냥 적은데 남방 사람이나 북방의 여행객 모두가 겨울옷을 입었네. 두보의 시는 믿을만하니, 매화꽃 날릴 때 눈꽃이 함께 흩날리네"라는 시구를 남겼다고 한다. 계림에 와본 적 없지만 계림에 관해 쓴 시와 문장으로는, 주희(朱熹)의 「유송정강부신작우제묘비(有宋靜江府新作虞帝廟碑)」, 왕창령(王昌齡)의 "산 속의 매화는 눈 속에서도 활짝 피고, 돌아오는 길엔 계화향이 그윽하네.", 매요신(梅堯臣)의 「봉황의 둥지 계림에」, 이빈(李頻)의 "계림에서 살면서 계수나무 베어 밥 짓는데, 어이하여 동쪽 뜰 계수나무만은 그리도 잘 자라는가" 등이 있다. 그 외에, 허혼(許渾)은 "누구와 같이 계주에 가볼까? 가는 곳마다 산과 물이 서로 이어져 있네"라고 했고, 엄모(嚴謨)는 계림에 계관관찰사(桂管觀察使)로 부임하기 직전에, 계림에 와본 적이 없는 한유(韓愈), 백거이(白居易), 장적(張籍) 등은 시를 지어 그를 배웅했는데, 한유는 "강은 푸른 비단 띠 두른 듯하고, 산은 푸른 옥으로 만든 비녀 같구나"라고 했고, 백거이는 "계림에는 장독이 없고 , 어사 관서에는 청렴함이 있다네"라고 했으며, 장적은 "그대는 상담을 건너, 깊고 오묘한 곳을 두루 찾았도다"라고 하는 시를 지었다고 한다. 당나라, 송나라 시기 시인들은 아름다운 경치가 있는 '먼 곳' 계림을 동경하였으므로 청나라 때의 『임계현지(臨桂縣志)』에는 당나라, 송나라 시기의 시인들이 계림의 경치를 세상에 널리 알렸다고 적고 있다.("계림 산수가 세상에 이름을 날린 것은 명나라 때부터이나 이미 당송 시기부터 사람들에 의해 알려지기 시작했다.")

十七. 宋代薊北处士《和水月洞韵》

宋代薊北处士《和水月洞韵》石刻位于象鼻山水月洞旁"读书岩", 内容是宋代一位留名为薊北处士的诗人所作《和水月洞韵》诗。薊北处士生平不详, 或为南宋时期"南渡之人", 而薊北为古代县名, 治所在今北京市西南, 也有表述为河南、河北一带区域; 处士则多指不愿入仕途的读书人。其诗"水底有明月, 水上明月浮, 水流月不去, 月去水还流"仅有二十字, 却分别用了四个"水"和四个"月"字, 动、静结合, 用文字生动地勾勒出在月夜里, 水月洞、漓江和月亮在同一场景中形成的美妙景象。

17. 송나라 계북처사의 『화수월동운』

송나라 계북처사(薊北處士)의 『화수월동운』 석각은 상비산 수월동 옆 '독서암(讀書巖)'에 있는데 석각에는 송나라 때 시인인 계북처사가 지은 시 「화수월동운」이 적혀 있다. 계북처사의 생애는 알려지지 않았지만, 남송 시기에 남쪽으로 이주한 사람이라는 해석이 있다. '계북(薊北)'은 고대의 지명이며, 지금의 북경 서남 지역을 말한다. 일설에는 하남과 하북 지역을 가리킨다고도 한다. '처사(處士)'는 흔히 벼슬길을 멀리한 선비를 가리킨다. 총 20자로 지어진 시의 내용은 다음과 같다. "물속에 명월이 있고, 물 위에 명월이 뜨니, 물은 흐르는데 달은 가지 않고, 달은 떠나가는데 물은 흐르네." 시에는 '물'과 '달'이 각각 네 번씩 등장하고, 정적인 내용과 동적인 내용이 잘 어우러져 있다. 또한 밤(夜), 수월동(水月洞), 이강(漓江) 그리고 달(月)이 한 데 잘 어울려 한 폭의 아름다운 풍경이 생동하게 묘사되었다.

〈그림 18-1〉 "静江府大都督" 石刻

정강부대도독 석각

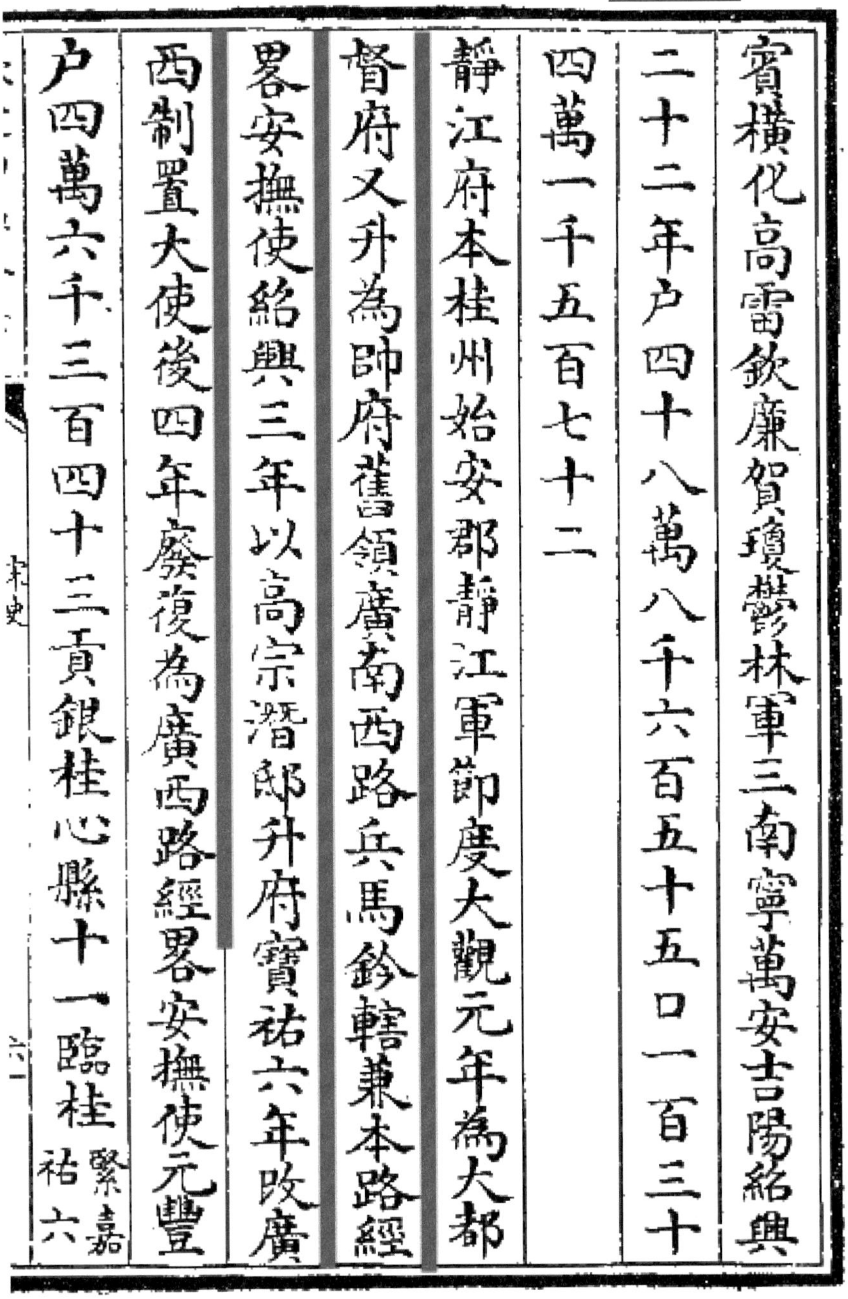

賓横化高雷欽廉賀瓊鬱林軍三南寧萬安吉陽紹興

二十二年戶四十八萬八千六百五十五口一百三十

四萬一千五百七十二

静江府本桂州始安郡静江軍節度大觀元年為大都

督府又升為帥府舊領廣南西路兵馬鈐轄兼本路經

畧安撫使紹興三年以高宗潛邸升府寶祐六年改廣

西制置大使後四年廢復為廣西路經畧安撫使元豐

戶四萬六千三百四十三貢銀桂心縣十一臨桂　繁嘉
　　　　　　　　　　　　　　　　　　　　　祐六

〈그림 18-2〉《宋史》卷九十"静江府。本桂州, 始安郡, 静江军节度。大观元年, 为大都督府, 又升为帅府。旧领广南西路兵马钤辖, 兼本路经略, 安抚使。绍兴三年, 以高宗潜邸, 升府"

『송사』권 90에 따르면, 정강부는 본명이 계주이며 시안군 정강군 절도사의 관저가 있던 곳이었다. 대관(大觀)원년에 대도독부(大都督府)로부터 원수부(元帥府)로 진급되었다. 광남서로(廣南西路)의 군사를 관리하였으며 본로 경략과 안무사를 겸하여 관할하였다. 소흥 3년에 고종의 잠저가 부(府)로 진급되었다.

113

桂林曾是南宋开国皇帝的"潜邸"

赵构(公元1107-1187年)是宋徽宗的第九个儿子，字德基，是南宋的开国皇帝，在位35年，庙号高宗。宋代靖康元年(公元1126年)二月，当时还是康王的赵构被封为太傅、静江军节度使、奉宁军节度使(其中，"静江"是桂林的古称之一)，但只是一个"遥设""遥授"的职位，实际日常工作由副节度使属地负责。赵构活了八十一岁，终其一生，都未亲身到过他曾"执掌兵权"的领地"静江"。

靖康二年(公元1127年)二月，金朝皇帝金太宗完颜晟下诏，将已向金朝投降两个月的宋朝皇帝宋钦宗赵桓正废为庶人，北宋灭亡。赵构建立了南宋帝国，做了宋朝第十任皇帝，定都临安(今浙江杭州)。当时的广西被南宋政权视为大后方。由于赵构被封为桂州的"静江军节度使"，当时的"桂州"算是赵构的潜邸，于是在赵构登基后第六年，即南宋绍兴三年(1133年)，"桂州"被提升为"静江府"，同时也提高了桂林的地方行政级别(《宋史》卷九十"静江府。本桂州，始安郡，静江军节度。大观元年，为大都督府，又升为帅府。旧领广南西路兵马钤辖，兼本路经略、安抚使。绍兴三年，以高宗潜邸，升府")，管辖广南西路25州，兼理72个羁縻州及交趾、大理等属国有关事务。原"静江军节度使"则也称"静江府大都督"，静江府遂成军府，又称"静江军"。于是当时的桂林开始成为了广西政治、军事、经济、文化中心，属南疆一大重镇，被称为"西南会府"。

송나라 개국 황제의 잠저였던 계림

조구(趙構,1107~1187)는 송휘종(徽宗)의 아홉째 아들이다. 자는 덕기(德基)이며, 남송의 제1대 황제로서 35년간 재위하였다. 묘호는 고종(高宗)이다. 송나라 정강(靖康) 원년(1126) 2월, 당시 강왕(康王)이었던 조구가 태부라는 직위 및 정강(靜江, 당시 계림의 명칭)군절도사, 봉녕(奉寧)군절도사에 봉해졌지만 관직만 맡고 실제 업무는 보지 않았다. 대신 실제 업무는 속지에 머물던 부절도사가 맡고 있었다. 조구는 죽을 때까지 그가 군사 통수권을 행사하던 지역인 정강에 가 본 적이 없었다.

정강 2년(1127) 2월, 금나라 태종인 완안성(完顏晟)이 송나라 흠종(欽宗) 조환(趙桓)을 서인으로 폐기하게 된다. 당시 흠종이 이미 금나라에 투항한 지 두 달이 지난 뒤였다. 그 사건으로 북송은 멸망하였다. 조구는 송나라 열 번째 황제가 되며 남송을 세우고 임안(臨安, 지금의 절강성 항주시)을 수도로 삼았다. 당시 남송은 광서성(廣西省)을 후방으로 여겼다. 조구가 계주의 정강군절도사에 봉해졌으므로 당시 계주는 조구의 잠저(潛邸, 고종의 별궁)가 되었다. 조구가 남송 황제가 된 지 6년이 지난 후, 즉 남송 소흥(紹興) 3년(1133)에 계주는 정강부(靜江府)로 진급되었으며 지방행정급별도 격상되었다.(『송사』권90에 따르면, 정강부는 본명이 계주이며 시안군 정강군 절도사의 관저가 있던 곳이었다. 대관(大觀)원년에 대도독부(大都督府)에서 원수부(元帥府)로 진급되었다. 광남서로(廣南西路)의 군사를 관리하였으며 본로 경략과 안무사를 겸하여 관할하였다. 소흥 3년에 고종의 잠저가 부(府)로 진급되었다.) 정강부는 광남서로 25개 주를 관할하며 기미(羈縻), 교지(交趾), 대리(大理) 등 72개 속국의 사무를 겸하여 관리하였다. 따라서 정강군 절도사는 정강부 대도독이라고도 불렸다. 정강부도 군부가 됨에 따라 정강군이라고 부르기도 했다. 당시 계림은 광서의 정치, 군사, 경제 그리고 문화의 중심이었으며 중국 남부 변방의 매우 중요한 요충지로서 '서남회부'라는 이름을 얻게 되었다.

十八. 南宋"静江府大都督"石刻

南宋"静江府大都督"石刻位于桂林灵剑路灵剑溪上方普陀山脚的崖壁，高3米、宽1.6米。"静江府"指的是今桂林，是从南宋开始的行政建置，"静江府大都督"即是指当时桂林所管辖范围内的最高军事统帅。因无史料详细记载，此石刻的作者和具体摹刻时间如今都已无从考证。

18. 남송 정강부대도독(靜江府大都督) 석각

남송의 정강부대도독 석각은 계림 영검(靈劍)로 영검계(靈劍溪) 상류인 보타(普陀)산 자락에 있으며 높이가 3미터, 폭이 1.6미터에 달하다. 정강부는 지금의 계림을 가리키며 남송 시기부터 존재한 행정 부서이던 곳이다. '정강부대도독'은 당시 계림의 관할 범위 중 가장 높은 군사 관리 기구였다. 자세한 역사 기록이 부족해서 본 석각의 제작자 및 구체적인 제작 시기를 고증할 수 없다.

〈그림 19-1〉元代臧梦解《释奠牲币器服图记》

원나라 장몽해(臧夢解)의 『석전생폐기복도기(釋奠牲幣器服圖記)』석각

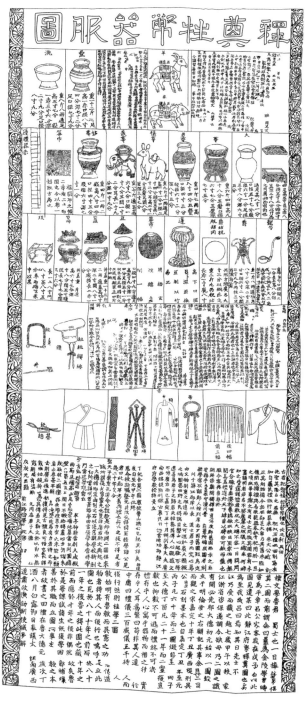

〈그림 19-2〉元代臧梦解《释奠牲币器服图记》石刻

원나라 장몽해의 『석전생폐기복도기』석각

桂林府学与释奠

释奠是中国古代学校的重要典礼, 出自《礼记·王制》, 是儒家政治思想中礼治的一种表现形式。定期举行释奠仪式成为儒家教育体系中教化社会风气的重要手段, 有着严格的规范, 祭祀时的着装、陈设的酒食器皿摆设位置以及被祭奠的先圣先师牌位排列等, 都不允许存在有错漏。《释奠牲币器服图记》中记载了一段有关南宋桂林教育的往事：南宋理学家朱熹根据儒学古制对原已缺失的释奠仪式进行补充订正后, 广南西路提点刑狱公事吴纯臣为使"礼达于天下", 于南宋嘉定十年(公元1217年)将图记刻碑于桂林府学, 给广西所有学校开展释奠活动提供了范本。但该石碑在元代至元十三年(公元1276年), 被元军攻陷桂林的战火毁坏。在元代元贞元年(1295年), 儒学教授鲁师道带着自己偶然获得的释奠石刻墨本, 从金陵(今南京)调任静江(今桂林)府学, 并于元代大德元年(公元1297年)重刻, 立碑于静江府学明伦堂旁边。

桂林自古以来就非常重视学习, 唐代大历年间(公元766-779年), 桂州刺史、桂管观察使李昌巙在独秀峰下颜延之读书岩建立了桂州州学, 宋代绍兴三年(公元1133年)升为静江府府学后, 于南宋乾道三年(公元1167年)从独秀峰下迁至三国时期吴国永安七年(公元264年)设置的始安郡治所旧地(今桂林中学所在地)。由此, 桂林府学成为广西宋、元、明、清四个朝代的最高学府。今天还遗存了14块桂林石刻(其中元代2块、明代1块、清代11块), 伫立在桂林中学内的府学旧址, 向人们讲述着桂林府学的前尘旧事。

계림부학과 석전

석전(釋奠)은 중국 고대 학교의 중요한 의식으로 『예기』 「왕제」에서 비롯하였으며, 유교 정치사상사에서 예치(禮治)에 관한 중요한 표현이었다. 석전)의 정례화는 유교 교육체계에서 사회 기풍을 교화하는 중요한 수단이 되었다. 매우 엄격한 규범을 갖추었는데 제사를 지낼 때의 옷차림이나 술과 음식 및 그릇의 배치, 제사를 지내는 대성지성선사 공자의 위패 배열 등에 실수가 있으면 안 되었다. 『석전생폐기복도기(釋奠牲幣器服圖記)』에는 남송 시기 계림의 교육과 관련된 사건이 기록되었다. 남송의 이(理)학자 주희(朱熹)가 유학고제에 따라 결손되었던 석전의식을 보충 수정한 후, 광남서로 제점형옥공사(송나라 시기 특유의 관직, 판사 겸 검사이다) 오순신(吳純臣)이 "예의로 천하를 교화한다(禮達于天下)"를 위해 남송 가정(嘉定) 10년(1217) 계림부학에 새겼고, 광서(廣西)의 모든 학교에서 석전 행사를 거행했던 모범을 기록하였다. 그러나 이 석각은 원나라 지원(至元) 13년(1276)에 원의 군사가 계림을 함락하면서 훼손되었다. 원나라 원정(元貞) 원년(1295)에 유학 교수 노사도(魯師道)가 우연히 석전석각탁본을 얻었고 금릉(金陵 , 지금의 남경)에서 정강(靜江 , 지금의 계림) 부학으로 전임되었다가 원나라 대덕(大德) 원년(1297)에 다시 명륜당(明倫堂) 옆에 석각을 세우게 되었다.

계림은 예로부터 공부를 중시하여 당나라 대력(大歷) 연간(766~779)에 계주 자사(한나라, 당나라 시기 주(洲)의 장관)로 계림을 총괄하는 관직인 관찰사(당나라 후기의 등장한 지방군정장관이다)를 맡고 있던 이창노(李昌巎)가 독수봉 아래의 안연지(顏延之)가 머물던 독서암 옆에 계주주학(지방정부가 세운 교육기관)을 세웠다. 송나라 소흥(紹興) 3년(1133)에 정강부학(중앙정부가 지방에 세운 교육기관)으로 격상된 뒤 남송 건도(乾道) 3년(1167)에 그 장소를 독수봉으로부터 삼국 시기 오(吳)나라 영안(永安) 7년(264)에 설치했던 시안군치소(始安郡治所) 옛 터(지금의 계림중학교 자리)로 옮겼다고 한다. 그 뒤로 계림부학은 송, 원, 명, 청 등 조대를 겪으면서 광서성(廣西省)의 가장 높은 학부로 자리매김을 하게 되었다. 오늘날 우리가 볼 수 있는 석각 14개(원대에 세워진 것 2개, 명대에 세워진 것 1개, 청대에 세워진 것 11개)에는 계림부학의 옛 이야기들이 기록되어 있으며, 현재까지도 계림중학교 안에 잘 보존되어 있다.

十九. 元代臧梦解《释奠牲币器服图记》

元代臧梦解《释奠牲币器服图记》石刻位于今桂林中学校园内, 高2.28米、宽0.93米, 是元代大德元年(公元1297年)广西道肃政廉访副使臧梦解为弘扬儒学、推崇礼乐和规范广西府学祭奠先圣先师礼仪所作的图记及有关文字记载。

19. 원나라 장몽해의 『석전생폐기복도기』

원나라 장몽해(臧夢解)의 『석전생폐기복도기(釋奠牲幣器服圖記)』 석각은 지금의 계림중학교 안에 있는데 높이는 2.28미터, 폭은 0.93미터에 달한다. 원나라 대덕(大德) 원년(1297) 광서도 숙정렴방부사(송나라와 원나라시기의 관찰 업무를 담당하던 관직명) 장몽해(臧夢解)가 유학을 발전시키고 예악을 추앙하며, 광서의 부학들에게 성인이며 스승이었던 공자를 기리려고 그림을 그리고 문자로 기록해 놓은 것이다.

〈그림 20-1〉 慈済禅師寿塔碑

자제 선사 수탑비

维余珪峰李氏之子生于

大元至元六年二月十九寅時自幼出家南乡觉华禅寺后成为住持禅发慈悲

建圆通宝阁三间造立佛像增廣路基建白竹鋪官道石搭臼二处玉皇閣镌在城報恩禪寺像欽遇

上位潜抵命随次侍读上意歡悅越年还都

即位甲戌承幸赴京乙亥三月初九承詔詣明仁殿朝觀欽授殿賜奉

法授真空慧悟慈濟禪師道通萬里靈隱寶所

聖旨礼覲帝師特授法旨禪衣紅帽金补袈裟丙子十一月十七詣

明仁殿仍授僧太阳古伞銮盖正月嘉奖各郡邑将元晦钞旧版拓经重新捧达

大佛宝殿躬书华严正经二部金字妙法莲花经七函授僧归緇流尚须報

聖恩藏聖品果因斯灵僧命作碑文爰愿为山水清秀抽資置買河伯橋田一坵计两担入松明寺购新靈隱亭崖地一所

永為壽塔之基　至正歲次乙未中秋节　徒弟德珍

玉峯　和南九禮記耳　之基

〈그림 20-2〉结合文献实地考察梳理慈济禅师寿塔碑文字，并以碑文原貌顺序记录

문헌자료와 현지답사를 통해 정리한 『자제선사 수탑비』의 글귀. 비문의원모를 되살려 순서대로 기록했다.

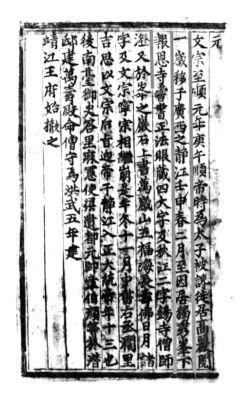

《桂林郡志》卷之三藩邸

元
文宗至順元年庚午順帝時為太子被讒徙居而藏閤
一歲移子廣西之靜江壬申春二月至因居獨秀峰下
報恩寺嘗書正法眼藏四大字又秋江二字錫寺僧師
澄又於岑之巖上書萬藏山五福海東毒佛目月諸
字又文宗學宗相繼崩是年冬十一月申番吉迴里諸
吉恩以文宗御府音迴帝于靜江入正大統帝年十三也
後南臺御史容里麻憲使煤遺都元帥章伯潛
邸建萬壽殿命僧守為洪武五年是
靖江王府始撤之

〈그림 20-3〉《桂林郡志》卷之三藩邸 "文宗至順元年庚午, 順帝时为太子, 被谗, 徙居高丽。阅一岁, 移于广西之静江。壬申春二月至, 因居独秀峰下报恩寺"

명나라 『계림군지』 권3의 번저에는 '문종 지순원년의 경오(5월)에 당시 태자였던 원순제가 참소되어 고려로 유배되었다가 1년 뒤에 다시 광서 정강으로 유배되었다. 임신년(1332) 2월에 계림에 도착해서 독수봉 아래 의 보은사에 머물렀다'라고 기록되었다.

《元史》卷三十八载

于和寧之北而立文宗為皇太子及明宗崩文宗復正
大位至順元年四月辛丑明宗八不沙被讒遇害遂
徙帝于高麗使居大青島中不與人接閱一載復詔天
下言明宗在朔漠之時素謂非其巳子懿璘質班是為寧
江三年八月巳酉文宗崩燕鐵木兒復請文宗后立太子
宗十一月壬辰寧宗崩燕鐵木兒復請立文宗次子
宗后曰吾子尚幼妥懽貼睦爾在廣西今年十三矣且
明宗之長子禮當立之乃命中書左丞阔里吉思迎帝
于靜江至良鄉具鹵簿以迎之燕鐵木兒既見帝並馬

〈그림 20-4〉《元史》卷三十八载 "文宗后曰：吾子尚幼, 妥欢贴睦尔在广西, 今年十三矣, 且明宗之长子, 礼当立之。乃命中书左丞阔里吉思迎帝于静江"

『원사』 권38에 "문종의 황후가 '나의 아들은 아직 나이가 어리고 광서에 있는 토곤테무르가 이미 13살이 되었으니 장자인 그가 응당 뒤를 이어야 함이 마땅하다'고 하면서 중서좌승인 그레고리오더러 정강에서 황제를 영접하라고 명했다"라고 기록되었다.

桂林曾是元末代皇帝的潜邸

元顺帝, 孛儿只斤·妥欢帖睦尔(公元1320-1370年), 元代延祐七年出生, 元明宗长子, 是元代的第十一位也是最后一位皇帝, 在位36年。元代至顺元年(公元1330年), 身为太子的妥欢帖睦尔被时任皇帝元文宗流放到高丽大青岛(今韩国大青岛), 第二年又转而流放到广西静江(今桂林), 在独秀峰下名为报恩寺的寺庙内居住(明代《桂林郡志》卷之三藩邸"文宗至顺元年庚午, 顺帝时为太子, 被谗, 徙居高丽。阅一岁, 移于广西之静江。壬申春二月至, 因居独秀下报恩寺"; 清代《广西通志》载"报恩寺在独秀峰下, 元顺帝以太子谪静江, 居此")。元文宗与继其位仅53天的元宁宗相继驾崩后, 太后卜答失里下令迎回妥欢帖睦尔, 于元代至顺四年即位于上都(《元史》卷三十八载"文宗后曰：吾子尚幼, 妥欢贴睦尔在广西, 今年十三矣, 且明宗之长子, 礼当立之。乃命中书左丞阔里吉思迎帝于静江……四年六月己巳, 帝即位于上都")。在独秀峰下寺庙的生活中, 妥欢帖睦尔得到秋江长老指导与寺庙诸僧的关照, 习读了《论语》、《孝经》等儒家典籍, 受到了良好的汉文化启蒙教育。因此妥欢帖睦尔十分尊崇佛教, 即位后下令每年给予报恩寺五千石租谷作为香火灯油费(元末明初史学家权衡撰《庚申外史》载, "后帝即舍与本寺常住, 租五千供之。帝居寺时, 长老秋江亦尝教之读论语、孝经, 日写字两张")。

至元二十三年(公元1363年), 元顺帝为提高其潜邸的政治地位, 将广西两江道从湖广行省中剥离出来, 单独设立了广西行中书省, 设广西行省平章政事为最高行政长官。此即为广西建省之肇端。

【계림구사】 링크

원나라 말대 황제의 잠저가 있던 계림

원순제인 보르지긴 토곤 테무르(1320~1370)는 원나라 연우(延祐) 7년(1320)에 태어났다. 그는 원나라 명종(明宗)의 장남이었으며 원나라 11대 황제이자 마지막 황제로서 36년을 재위했다.

원나라 지순(至順) 원년(1330)에 당시 태자였던 토곤 테무르는 황제인 문종에 의해 고려의 대청도(지금의 대한민국 청도군)로 유배되었다가 이듬해에 다시 광서의 정강(靜江, 지금의 계림)으로 유배되어 독수봉 아래에 있는 보은사에서 살게 되었다.명나라 『계림군지』 권3의 번저에는 "문종 지순 원년의 경오(5월)에 당시 태자였던 원순제가 참소되어 고려로 유배되었다가 1년 뒤에 다시 광서 정강으로 유배되었다. 임신년(1332) 2월에 계림에 도착해서 독수봉 아래의 보은사에 머물렀다"라고 기록되었다. 청나라 『광서통지』에는 "보은사는 독수봉 아래에 있다. 원순제가 태자로 있을 때 정강으로 유배되어 이곳에서 살았다"라고 기록되었다.)

원문종(元文宗, 투그 테무르)의 뒤를 이었던 영종(寧宗)이 재위 53일만에 승하하자 태후(원문종의 황후) 부다시리는 토곤 테무르를 황궁으로 불러들였으며, 원나라 지순 4년에 토곤 테무르는 상도(上都)에서 황제 즉위식을 치렀다.(『원사』 권38에 "문종의 황후가 '나의 아들은 아직 나이가 어리고 광서에 있는 토곤 테무르가 이미 열세 살이 되었으니 장자인 그가 응당 뒤를 이어야 함이 마땅하다'라고 하면서 중서좌승인 그레고리오더러 정강에서 황제를 영접하라고 명했다. …4년 6월 6일 순제는 상도에서 즉위했다"라고 기록되었다.)

사찰에서 지낼 당시 토곤 테무르는 추강장로(秋江長老)의 가르침과 스님들의 보살핌을 받아 『논어(論語)』, 『효경(孝經)』과 같은 유가 경전을 익히면서 정규적인 한문 교육을 받게았다.

그 때문에 토곤 테무르는 불교를 존중하게 되었으며, 즉위한 뒤 해마다 보은사에 공양

미로 쌀 5,000석을 보냈다고 한다.(원말명초의 사학자인 권형(權衡)이 쓴『경신외사(庚申外史)』에는 "후에 황제는 보은사를 잠저로 하였으며 해마다 공양미로 5,000석을 보내라고 명했다. 순제가 사철에서 머무는 동안 추강장로는 여전히 논어와 효경을 가르쳤으며, 매일 글을 2장씩 쓰게 했다"라고 기록되었다.)

지원(至元) 23년(1363)에 원순제는 잠저의 정치적인 위상을 높이려고 광서양강도(廣西兩江道)를 후광행성(湖廣行省)에서 떼어내어 광서행중서성(廣西行中書省)을 따로 설립하였으며 광서행평장정사(廣西行省平章政事)를 두어 최고 행정장관으로 있게 했다. 이것이 바로 광서가 성으로 발전하게 된 계기이다.

二十. 元代报恩寺慈济禅师寿塔碑

元代报恩寺慈济禅师寿塔碑位于桂林临桂县六塘镇白鹿山半山腰, 不远处还有一个刻名为"鹿隐岛"的岩洞。碑高1.4米、宽0.7米, 底部饰有仰莲, 碑中行以楷书刻字："法授真空慧悟慈济禅师道通万里灵隐宝所", 两边字号较小的碑文则记录了慈济禅师的自叙身世、所行之功德以及与元顺帝相遇并承幸赴京, 于元代元统三年(公元1334年)三月初九在明仁殿朝觐并被特授法旨禅衣红帽金补袈裟之事。由其徒弟记述成文。

20. 원나라 시기 보은사(報恩寺) 자제(慈濟)선사 수탑비(壽塔碑)

원나라 시기 보은사 자제(慈濟) 수탑비(壽塔碑)는 계림 임계(臨桂)현 육당(六塘)진 백록(白鹿)산 중턱에 있으며 멀지 않은 곳에 '녹은암(鹿隱嵒)'이라고 부르는 동굴이 있다.

비석의 높이는 1.4미터, 폭이 0.7미터에 달하며, 바닥에는 연꽃 도안이 새겨져 있다. 비 가운데에는 해서(楷書)로 새긴 "불조의 뜻을 받은 진공혜오자제선사(眞空慧悟慈濟禪師)가 입적한 곳이다"라는 글씨가 새겨져 있다. 양쪽에 작은 글씨로 새긴 비문(碑文)에는 그

가 살아온 삶과 공덕 그리고 원순제와의 만남 및 함께 원나라 수도인 상도(上都)로 가게
된 과정과 원나라 원통(元統) 3년(1334) 3월 9일 명인전(明仁殿)을 배알하고, 법지와 선
복, 홍모, 금박을 새긴 가사를 하사받은 내용 등이 포함되었다. 이 내용은 제자들이 문서
로 기록하였다.

〈그림 21〉 丁方钟《孔子刻像》石刻
정방종이 지은 『공자상』석각

广西高等教育的开拓者：马君武

马君武(公元1881-1940年)，广西桂林恭城人，他创建了大夏大学(今华东师范大学)、广西大学并首任校长，也曾出任北京工业大学、中国公学校长。1905年马君武参与组建中国同盟会，是中国同盟会章程起草人之一，还担任过孙中山革命政府的秘书长、广西省省长，北洋政府的司法总长、教育总长。在中国近代教育史上有"北蔡南马(蔡元培、马君武)"之称。孙中山先生以"不贪财也不惜死，既能文也懂理工"、"其学问在广西固不易得，即在国内，亦为有数人物"的评语来高度赞扬马君武的人品和才学。在教育与政治生涯里，马君武常常不拘一格地录用和培养人才。胡适与后来被称为"中国居里夫人"的吴建雄都是因他的录用而进入中国公学就读的；在担任广西省省长期间，他还曾举荐韦拔群担任广西南丹县县长。

抗战期间，广西大学从梧州迁建至桂林良丰。1939年8月22日，马君武第三次出任广西大学校长，他利用自己的人脉吸引了大量的学术界知名人士前来任教(如：竺可桢、李四光、陈望道、陈寅恪、千家驹等)，学生也从全国各地闻名而至。以广西大学当时的师资力量、教学质量以及学生素质，在国内堪称名牌大学。马君武坚持把抗日、反对投降的主张，贯穿于整个办学过程之中。广西大学之所以成为当时全国著名高等院校和抗战时期重要阵地，与马君武的高尚品德及务实作风是分不开的。马君武以其改造中国封建教育体制、力推现代高等教育的理念奠定了他在中国近代教育史上的地位。1940年8月1日，马君武病逝于桂林良丰的校舍，家人将他其安葬在了桂林雁山。海内外各界都对其沉痛悼念，周恩来亲撰挽联"一代宗师"；朱德和彭德怀合献挽联"教泽在人"。

광서 지역 대학교육의 선구자 마군무

마군무(馬君武, 1881~1940)는 광서(廣西) 계림시 공성(恭城)에서 태어났다. 대하대학교(大夏大學校, 1951년 화동사범대학교와 병합)와 광서대학교(廣西大學校)의 설립자이며, 두 대학 초대 총장을 역임했고, 북경공업대학교(北京工業大學校)와 중국공학(中國公學, 청나라 말기 혁명당원들이 상해에 설립한 대학이며 1953년에 해체됨)의 총장을 역임했다. 1905년에 마군무는 중국동맹회(中國同盟會)의 결성과 규약 초안 작성에 참여하였다. 후에는 손중산(孫中山)이 설립한 혁명정부의 사무총장, 광서성 성장, 북양정부 사법총장, 교육총장 등 직무를 역임했다. 중국 근대 교육사에 "북원배, 남군무(北有蔡元培, 南有馬君武)"라는 말이 있을 정도로 마군무의 역할은 상당했다. 손중산은 "재물을 탐내지 않고 죽음도 두려워하지 않으며 문리를 통달한 분", "학문이 광서뿐만 아니라 전국에서도 손꼽힌다"라고 그의 인품과 학문적 재능에 대해 극찬했다. 교육과 정치에 종사하는 과정에서 마군무는 과감하게 인재를 발탁했고, 인재 배양에 심혈을 기울였다. 이를테면, 호적(胡適)과 훗날 '중국의 퀴리부인'으로 불렸던 오건웅(吳建雄)은 마군무가 직접 선발하여 중국공학에서 공부했다. 그리고 광서성 성장으로 있을 당시 위발군(韋拔群)을 광서성 남단(南丹)현 현장으로 추대하기도 했다.

항일 전쟁 시기 광서대학교는 오주(梧州)에서 계림시 양풍(良豊)진으로 자리를 옮겼으며, 1939년 8월 22일 마군무는 세 번째 광서대학교 총장을 맡게 되었다. 그는 자신의 인맥을 통해 학계의 많은 인사(이를테면 축가정(竺可楨), 이사광(李四光), 진망도(陳望道), 진인각(陳寅恪), 천가구(千家駒) 등)를 광서대학교에 초빙하여 학생들을 가르치게 했다. 많은 청년이 그의 명성을 듣고 각지에서 몰려들었다. 그 때문에 당시 광서대학교는 교사의 자질, 교학 수준 및 학생 소질이 높아서 명문대학으로 명성을 떨쳤다고 한다. 마군무는 시종일관 항일을 견지하고 투항에 반대했다. 그의 이러한 주장은 교육에서도 그대로 체현

되었다. 광서대학교가 당시 명문대 그리고 항일 전쟁의 주요한 근거지가 될 수 있었던 것은 바로 마군무의 고상한 인품과 실용을 추구하는 학술사상이 있었기 때문이다. 그는 당시 봉건 교육체제를 타파하고 현대 교육사상을 실천함으로써 중국 근대 교육사의 한 획을 긋게 되었다. 1940년 8월 1일 마군무는 계림 양풍의 학교 숙소에서 병으로 세상을 떴고, 가족들은 그의 묘소를 계림 안산(雁山)에 정했다. 당시 국내외 각계 인사들은 앞다투어 그의 죽음을 애도했다. 주은래(周恩來)는 '일대종사(一代宗師)'라는 만사를, 주덕(朱德)과 팽덕회(彭德懷)는 '교택재인(教澤在人)'이라는 만사를 직접 써서 그의 죽음을 애도했다.

二十一. 元代丁方钟《孔子刻像》

丁方钟《孔子刻像》石刻位于独秀峰读书岩外左侧山壁, 高0.80米、宽0.71米, 刻于元代至正五年(公元1345年)。石刻上的孔子司寇像出自元代桂林画家丁方钟, 由畏兀氏塔海帖木儿请其画像并刻石于此, 以能"朝夕瞻敬、永保无荒"。由于此石刻孔子画像为线刻孔子司寇造型、人物相貌画出了蒙古人的特点, 又被后人称为"蒙古版孔子像"。石刻的下方还有一段从江西临川来桂林府学担任太平路教授的黎载记录刻像缘由的文字——"大元至正五年, 畏兀氏塔海帖木儿, 喜童, 同安马家奴, 答密失海牙、李京、孙口、口口、章道静、江闾, 唐兀氏祖师保, 各侍亲官桂林宪帅司, 来学于颜公书岩。刻孔子像朝夕瞻敬, 永保无荒。临川黎载谨识。丁方钟画。朱瑞刊石"(石刻上因漫漶而无法辩认的文字以"口"代替)。

21. 원나라 정방종(丁方鍾)이 지은 『공자상』

원나라 정방종이 지은 『공자상』 석각은 독수봉(獨秀峰) 독서암의 왼쪽 암벽에 새겨져 있으며, 그 높이는 0.84미터, 폭은 0.71미터에 달한다. 이 석각은 원나라 지정 5년(1345)

에 새겨진 것이다. 석각에 새겨진 공자 사구(司寇)상은 원나라 때 계림(桂林)의 화가 정방종의 작품이다. 회홀인인 타하이 테무르가 "(공자를) 조석으로 경배하며 영원히 기리기(朝夕瞻敬, 永保无荒)" 위해 화가 정방종에게 그림을 부탁하여 이곳에 새겼다고 한다. 이 공자상은 사구 공자의 모양을 하고 있으나 인물의 생김새가 몽골인과 비슷하여 '몽골판 공자상'이라고 불리기도 한다. 석각 아래에는 강서성 임천(江西臨川)에서 온 계림부학의 태평로 교수(당시 지식을 가르쳤던 관직) 여재(黎載)가 석각의 연유를 설명한 문장이 있다. 내용은 다음과 같다. "원나라 지정(至正)오년, 회홀인 타하이 테무르, 희동, 통안마자노, 타미실 헤야, 이경, 순£, ££, 장도정, 강려와 탕구트인 조사보와 내시들 그리고 계림 헌수사(군사 행정을 다스리는 관직)는 암공서암에서 공부했다. 이들은 공자상을 새기고 아침저녁으로 삼가 경배함으로써 영원히 기리고자 했다. 임천의 여재가 그 유래를 정중하게 기록으로 남겼다. 그림은 정방종이 그린 것이며, 석각은 주서간(朱瑞刊)이 새긴 것이다"라고 기록했다.(마모 또는 침수로 인한 습기 때문에 알아볼 수 없는 글자는 "£"로 표기했음)

〈그림 22-1〉明代靖江王朱佐敬《游独秀岩记》石刻

명나라 정강왕 주좌경(朱佐敬)의 「유독수암기(遊獨秀巖記)」를 새긴 석각

游独秀岩　记

游独秀岩　记

夫独秀岩　者据岭表之胜控藩国之雄上方真境拔引乎西南尧峰舜

洞峙立乎东北桂岭西山巨镇乎后先訾洲东渡暎带乎左右于乃有

峰屹然而高插天半势压鸿厖盖八景之奇无出其最者故名独秀是繇扶

舆清淑山川磅礴之气有以致然也自唐宋元以来历代名人硕士皆有

题咏而颂美之者昔我

明太祖高皇帝封建诸王以始祖封南昌王迄曾祖薨逮夫祖考由洪武九年十

月封靖江王之国广西父袭封仍守于兹谥悼僖王历正统甲子夏六月

吾以书筵退讲间与长史儒臣三五辈登于岩之幽邃获睹宋颜公篆扁

泊先圣鲁司寇像并诸诗颂慨然有动诸中谓夫山水之奇既得其趣文

之刻又载其美吾与尔等　　幸际

太平之盛可无一语传诸永永以昭今日之胜览乎夫惟名山秀水必因人而

后显非人之述以文者则夫山水亦随而无闻矣矧兹岩前切抵于宫壶

继之以承运殿傍则两庑建纪善良医所殿东西有花木之苑仍立之以

亭也亭之后勤以仪卫殿后隔门有斋宫之与书堂城垣右则有承奉典

膳司郡县乡君府邸皆修葺新朣黝垩壒焕然可观此岩前所据之大

概也虽然今日之游而为之记即所以纪其胜也俾后之视今亦犹今之

视昔而传诸无穷也故书此勒之于石而识其岁月云　　时

正统九年岁次甲子夏六月既望癸巳

靖江王谨識

〈그림 22-2〉结合文献实地考察梳理《游独秀岩记》文字，并以碑文原貌顺序记录
문헌과 현지 답사를 결합하여「유독수암기(遊獨秀巖記)」를 새긴 석각의 문자를 정리하여 비문의 원래 순서대로 기록함.

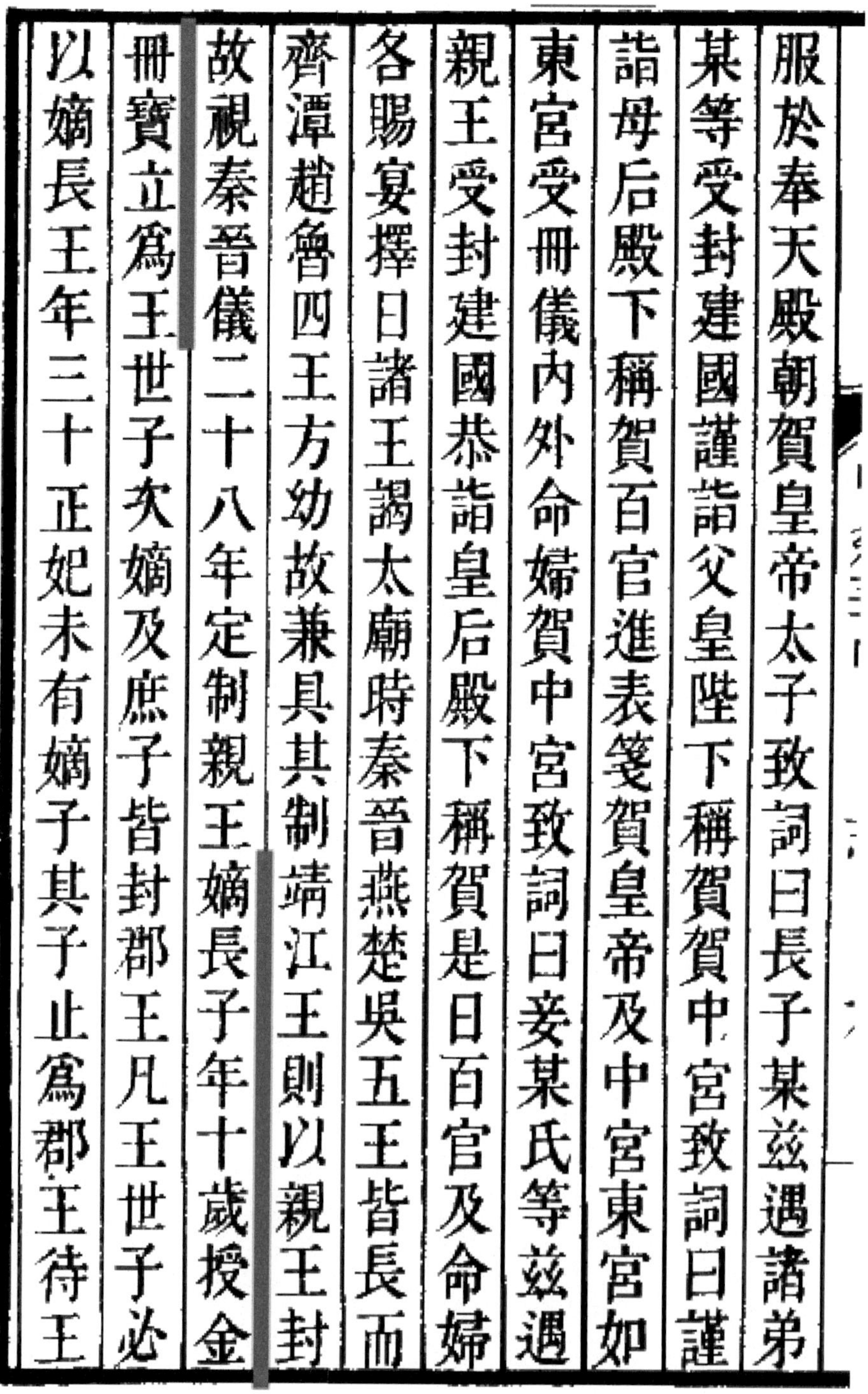

服於奉天殿朝賀皇帝太子致詞曰長子某茲遇諸弟

某等受封建國謹詣父皇陛下稱賀中宮致詞曰謹

詣母后殿下稱賀百官進表箋賀皇帝及中宮東宮如

東宮受冊儀內外命婦賀中宮致詞曰妾某氏等茲遇

親王受封建國恭詣皇后殿下稱賀是日百官及命婦

各賜宴擇日諸王謁太廟時秦晉燕楚吳五王皆長而

齊潭趙魯四王方幼故兼具其制靖江王則以親王封

故視秦晉儀二十八年定制親王嫡長子年十歲授金

冊寶立爲王世子次嫡及庶子皆封郡王凡王世子必

以嫡長王年三十正妃未有嫡子其子止爲郡王待王

〈그림 22-3〉《明史》卷五十四, "靖江王則以亲王封, 故视秦、晋仪"

「명사」 권54에 '정강왕을 친왕으로 봉했는데 진(秦), 진(晉)의 의례를 따른 것이다'라고 기록되었음.

明代传袭时间最久的藩王系：靖江王

　　明朝开国皇帝朱元璋于明代洪武三年(公元1370年)按照已制订完善的"封藩制度"，分封到全国各地为王的，除了他的儿子，还有其侄孙朱守谦。朱守谦祖父朱兴隆为朱元璋长兄，早死于灾荒，后被朱元璋追封为南昌王、诏祀为靖江王始祖；朱守谦父亲朱文正，在抵御陈友谅六十万大军进攻的"洪都保卫战"中，充分展示了自己的军事天赋和指挥才能，曾任全军"大都督"，后因对赏赐不满、企图背叛朱元璋而被软禁在安徽桐城。朱元璋把侄孙朱守谦以亲王的礼制和待遇封到桂林，成为了第一任靖江王，并在军政权力、官属规制、护卫甲兵、册宝仪仗等方面享受与亲王相同(《明史》卷五十四，"靖江王则以亲王封，故视秦、晋仪")，希望他能够守护好边境("慎固边境，翼卫皇室")，但他却因"好比群小，粤人怨咨"而被召回老家安徽凤阳。朱元璋将朱守谦嫡子朱赞仪立为了靖江王世子，并诏令他向其他全国各地十三个藩王拜访、学习后，直至明代永乐元年(公元1403年)才让他到桂林就藩继位第二任靖江王。

　　靖江王共传袭了十四任，为明代唯一被册封为亲王的旁支宗室，从明代洪武三年(公元1370年)封藩桂林，至永历四年(时为清代顺治七年，公元1650年)结束，共历经了280年，成为明代传袭时间最久的藩王系。

명나라 때 세습 기한이 가장 길었던 번왕: 정강왕

　　명나라 홍무(洪武) 3년(1370)에 개국 황제인 주원장(朱元璋)은 봉건사회에서 많이 실행되었던 '봉번(封藩)제도'에 따라 전국 각지에 많은 번왕을 봉했는데 그중에는 자기 자식

들 외에도 그의 조카손자인 주수겸(朱守謙)이 있었다.

주수겸의 조부인 주흥룡(朱興龍)은 주원장의 맏형이며, 기근으로 일찍 죽었다. 후에 주원장은 그에게 남창왕(南昌王)이라는 시호를 내렸으며, 다시 정강왕(靖江王)의 시조로 봉한다는 조서를 내렸다. 주수겸의 부친인 주문정(朱文正)은 진우량(陳友諒)의 60만 대군을 물리친 '홍도보위전(洪都保衛戰)'에서 자신의 군사적 재능과 지휘 능력을 충분히 발휘하였다. 하지만 '전군(全軍) 대도독(大都督)'으로 있던 그는 주원장이 내린 상(賞)에 불만을 품고, 주원장을 배신하려다가 주원장에 의해 안휘성 동성(安徽桐城)에 연금되었다.

주원장은 종손인 주수겸에게 친왕의 대우를 내리고 계림에 보내 초대 정강왕에 봉했다. 정강왕은 군사와 행정, 관속과 규제, 수비와 갑병, 책보와 의장 등 면에서 친왕과 같은 권리를 가지게 했다.(『명사』 권54에 "정강왕을 친왕으로 봉했는데 진(秦), 진(晉)의 의례에 따른 것이다"라고 기록되었다.) 이렇게 함으로써 주원장은 주수겸이 변방을 잘 지켜주기를 바랐던 것이다.('변방을 굳건히 잘 지킴으로써 황실의 안전을 지키다') 하지만 주수겸은 '간교한 무리들을 좋아해서 사람들의 원성을 사게 되자' 다시 고향인 안휘성 봉양(鳳陽)으로 소환되었다.

주원장은 주수겸의 적자(嫡子)인 주찬의(朱贊儀)를 정강왕의 후계자로 세운 다음 그에게 13곳의 번왕을 찾아가 배우도록 조서를 내렸다. 그는 영락 원년(1403)에 계림에서 제2대 정강왕이 되었다.

정강왕은 총 14대를 거쳐 세습이 되었으며, 명나라 때 유일하게 친왕으로 책봉된 방계 종실(旁係宗室)이며, 명나라 홍무 3년 (1370)에 계림에 첫 정강왕이 생기고부터 영력 4년(1650, 청 순치 7년)까지 280년을 이어왔으며, 명나라 번왕 중 가장 오래 계승된 번왕으로 기록되었다.

二十二. 明代靖江王朱佐敬《游独秀岩记》

　　明代靖江王朱佐敬《游独秀岩记》石刻位于独秀峰太平岩, 高1.38米×0.87米, 内容是明代第三任靖江王朱佐敬于明代正统九年(公元1444年)在独秀山独秀岩游玩后撰写并刻石的《游独秀岩记》。朱佐敬在位58年(明代永乐九年至成化五年, 公元1411-1469年), 是十四任靖江王中在位时间最长的。

22. 명나라 정강왕 주좌경의 「유독수암기(遊獨秀巖記)」

　　명나라 정강왕 주좌경(朱佐敬)의 「유독수암기」를 새긴 석각은 독수봉(獨秀峰) 태평암(太平巖)에 있으며 높이는 1.38미터이고, 폭은 0.87미터에 달한다. 석각에는 명나라 제3대 정강왕인 주좌경이 정통(正統) 9년(1444)에 독수산의 독수암을 유람한 후 지은 「유독수암기」가 새겨져 있다. 주좌경은 58년(명나라 영락(永樂) 9년~성화(成化) 5년, 1411~1469)을 재위함으로써 14명의 정강왕 중 가장 오래 재위한 기록을 세웠다.

〈그림 23-1〉蔣冕全州龙隐岩题诗石刻

명나라 장면(蔣冕)의 시가 새겨진 전주 용은암 석각

蔣冕字敬之全州人兄昇南京戶部尚書以謹厚稱冕
立功後還職累冒功至廣東都指揮僉事
次攄遂滅端家二百餘人事發武宗以儲故僅發邊衞
次攄爲錦衣百戶居家與富人楊端爭民田端殺田主
言官彈章帝念先朝舊臣特贈太師諡文康先是儲子
部侍郎桂蕚等言儲立身輔政有干公議因錄上兩京
馳傳遣行人護行歲給廩隸如制卒子鈞奏請贈諡吏
九敍等劾儲結納權奸持祿固寵儲三疏求去命賜勑
與定國公徐光祚等迎世子安陸邸既卽位給事中張
儲憲老阻其行儲奮曰事孰有大於此者敢以憲辭遂

〈그림 23-2〉《明史》卷一百九十 "蔣冕, 字敬之, 全州人。兄昇, 南京户部尚书, 以谨厚称"

『명사』열전 제 78장 "장면(蔣冕), 자는 경지(敬之), 전주(全州) 사람이다. 형 장변(蔣昇)은 남경(南京)에서 호부(戶部) 상서(尚書)가 됐다. 그는 일을 빈틈없이 하고, 인품이 충후하기로 유명하다."고 기록되었다.

同登一榜进士、同为一朝尚书的兄弟

蒋冕(公元1462-1532年), 字敬之, 今广西全州县人。明代成化二十三年(公元1487年)与其兄蒋昇"同登一榜进士", 后来两人又分别任礼部尚书和南京户部尚书, 有"兄弟尚书"之称(《明史》卷一百九十"蒋冕……兄昇, 南京户部尚书, 以谨厚称")。兄弟同榜进士, 同样官至尚书, 在明代是全国绝无仅有的。明代嘉靖三年(公元1524年), 蒋冕官至内阁首辅(宰相), 他从政于弘治、正德、嘉靖三朝, 正德年间, 明武宗朱厚照疏理朝政, 导致太监刘瑾专权, 社会矛盾进一步激化。作为辅臣, 蒋冕不仅有器量和见识, 而且敢于犯颜直谏, 对当时的弊政多有补救, 因此《明史》评价蒋冕在正德朝有匡正辅佐的功劳; 明武宗去世, 进入嘉靖朝后, 明世宗与朝臣因讨论其父亲兴献王尊号之事而互相抵触, 蒋冕则因此事始终坚持自己的观点而与明世宗朱厚熜格格不入, 最终罢职返乡。后人称蒋冕坚守不移、以国家为重, 有古代大臣的风范(《明史》列传第七十八载"冕当正德之季, 主昏政乱, 持正不挠, 有匡弼功。世宗初, 朝政虽新, 而上下扞格弥甚, 冕守之不移。代廷和为首辅仅两阅月, 卒龃龉以去, 论者谓有古大臣风")。返乡后他不甘闲居, 为广西第一部通志--《广西通志》作序, 并著下三十三卷《湘皋集》。

시에 진사(進士)와 상서(尚書)가 된 형제

장면(蔣冕, 1462~1532)의 자는 경지(敬之)이다. 그는 광서(廣西) 전주(全州)현에서 태어났다. 명나라 성화(成化) 23년(1487)에 그는 형 장변(蔣昇)과 함께 진사가 되었으며, 후에 형제는 예부(禮部) 상서와 남경(南京) 호부(戶部) 상서를 각각 담임하면서 '형제상서'

라는 명성을 얻었다. (『명사』 열전 제78장에는 "장면……형 장변이 남경에서 호부 상서가 됐다. 일처리가 빈틈이 없었고, 인품이 충후하기로 유명하다"라고 기록되었다.) 형제가 함께 진사가 되고 상서가 되는 경우는 명나라 역사를 통틀어 유일하다. 가정(嘉靖) 3년(1524), 내각수보(內閣首輔, 재상에 해당하는 직위)가 된 장면은 홍치(弘治), 정덕(正德), 가정 등 세 명의 황제를 보좌하였다. 정덕 연간에 무종인 주후조(朱厚照)가 국정을 소홀히하고 환관 유근(劉瑾)이 대권을 장악하면서 사회의 모순이 한층 악화되자 높은 기량과 넓은 식견을 가졌던 장면이 직언을 아끼지 않았다. 조정을 위한 그의 노력을 명사에서는 다음과 같이 평가하였다. 무종이 죽고 가정이 등극한 후, 세종은 아버지 흥헌왕(興獻王) 휘호로 조정의 대신들과 갈등을 빚었다. 이 일을 두고 장면은 시종일관 자신의 견해를 고집함으로써 세종 주호총(朱厚熜)의 미움을 사게 되어 결국 파직당한 후 낙향하고 말았다. 후세 사람들은 장면의 군은 지조와 나라의 안위를 우선시 하는 성품을 두고 봉건 왕조의 충신이라 칭찬했다.(『명사』 열전 제78권에는 "세덕 왕조 때 군주가 어리석고 국정이 혼란스러운 가운데 장면은 정도를 고수하며 결코 굴복하지 않았으며, 병폐를 혁파하고 국정을 보좌한 공로가 있었다. 세종 초년 조정이 일신하였으나 상하 모순이 심했는데도 불구하고 장면은 흔들림 없이 정도를 지켰다. 정화(廷和)를 대신하여 수보의 직을 맡은 지 두 달밖에 안 되어, 세종과 이견(異見)을 일으켜 조정을 떠나게 되었으니 고대 대신들의 풍모가 있다고 평가했다"라고 했다.) 고향에 돌아온 후에도 그는 한가롭게 지내지 않았고 광서의 첫 통지인 『광서통지(廣西通志)』의 서문을 지었으며 문집인 『상고집(湘皋集)』 33권을 저술했다.

二十三. 明代蒋冕全州龙隐岩题诗石刻

明代蒋冕全州龙隐岩题诗石刻高0.70米、长0.85米, 位于桂林全州县龙水镇桥渡村的龙隐岩内。此龙隐岩的"龙洞清溪"是清湘(全州)旧八景之一, 也称读书岩, 是清朝康熙年间文学家谢济世小时候读书的地方。

23. 명나라 장면(蔣冕)의 시가 새겨진 전주 용은암 석각

　　명나라 장면의 시가 새겨진 전주(全州) 용은암 석각의 높이는 0.70미터, 폭은 0.85미터에 달한다. 이 석각은 계림 전주현 용수진 교도촌(橋渡村) 용은암에 새겨져 있다. 용은암의 '용동청계'는 청상(淸湘, 지금은 전주현) 팔경의 하나다. 청나라 강희(康熙) 연간의 문학가 세제세(謝濟世)가 어릴 적 책을 읽던 곳으로 독서암이라 불리기도 한다.

〈그림 24-1〉以縮小比例仿制的大学士牌坊造型

대학사(大學士) 패방(牌坊)을 축소한 조형물

趙賢坊在今府學前都督陳環爲狀元趙觀文立久廢

遷鶯坊在市西門舊名阜財因陽朔進士曹鄴徙君於此令狐觀察改爲遷鶯久廢

明

迎恩坊在府城北

百粵金湯坊在城隍刷街今廢

見堯坊在水東街今廢

報功坊在府治北今廢

內臺總憲坊在譙樓南正街爲都御史蕭淮立今廢

楊眼坊在十字街爲嘉靖庚戌楊眼及第呂調陽立今廢

少傅大學士恩榮坊在譙樓南萬歷三年爲相國呂調陽立今廢

太保大學士吏部尚書諡贈恩榮坊在文昌門外萬歷三十年爲相國呂調陽立今廢

恩榮坊在武勝門外嘉靖間爲永福進士張守約立今廢

外臺風紀坊在譙樓南正街爲都御史殷從儉立今廢

進士坊在義井頭嘉靖間爲進士彭登瀛立今廢

天府同登坊在安定門外萬歷間爲進士呂興周張文熙立今廢

〈그림 24-2〉《临桂县志》卷十一, "榜眼坊在十字街, 为嘉靖庚戌榜眼及第吕调阳立, 今废；少傅大学士恩荣坊在谯楼南, 万历三年为相国吕调阳立, 今废；太保大学士吏部尚书谥赠恩荣坊, 在文昌门外, 万历三十年为相国吕调阳立, 今废(实际上,《临桂县志》成书时此坊未废, 因此图中显示校正修改"废"为"存")"

권에는 "십자(十字)거리에 방안방(榜眼坊)이 있다. 가정(嘉靖) 경술년(庚戌)에 방안(榜眼)으로 급제한 여조양 (呂調陽)을 위해 세운 것인데 지금은 없어졌다. 만력(萬曆) 3년에 상국(相國)여조양을 위해 세운 소부대학사(少傅大學士) 은영방(恩榮坊)은 초루(譙樓) 남쪽에 위치해 있었으나 지금은 없어졌다. 그가 죽은 뒤에 하사받은 태보대학사(太保大學士) 이부상서(吏部尚書) 은영방(恩榮坊)은 문창문 밖에 위치해 있었으나 지금은 없어졌다. (사실, 『임계현지』《臨桂縣志》가 출간 될 때까지 패방은 그대로 있었다. 때문에 그림에 나온 교정에 보면 '폐(廢)'를 '존(存)'으로 수정한 흔 적이 그대로 남아있다.)

"律吕调阳"的大学士吕调阳

吕调阳(公元1516-1580年)，字和卿，今广西桂林市人。明代嘉靖二十九年(公元1550年)廷试高中一甲榜眼，后连续担任了两朝(明穆宗朱载垕、明神宗朱翊钧)皇帝的老师。万历元年(公元1573)受张居正举荐，官至内阁次辅(副宰相)。吕调阳历仕三朝，为官以廉正闻名。在嘉靖年间，有大奸臣严嵩父子柄权，他却能不随浮沉，靠的是持正不偏、不胁肩谄媚。他与张居正合编了《帝鉴图说》，还撰有《佛塔寺碑》、《全州建库楼记》、《勘定古田序》、《奉国中尉约畲墓志铭》等文字。"律吕调阳"是对黄帝时代的乐官伶伦用12根竹管以六律六吕的声音来确定24节气准确时间的形容，而吕调阳辅佐张居正改革而不为政敌所中伤，他万历六年(公元1578年)连上十疏自请还乡，先于张居正致仕，急流勇退，从而避免了被政敌攻讦。后人评论吕调阳时，称其为"识时务的俊杰"，做到了"律吕调阳"。

'율려조양(律呂調陽)' 대학사 여조양

여조양(1516~1580)의 자는 화경(和慶), 지금의 광서 계림 사람이다. 명나라 가정(嘉靖) 29년(1550) 과거시험의 가장 높은 등급인 전시(殿試)에서 2등(방안, 榜眼)으로 급제한 후, 두 명의 황제(명목종 주재후(朱載垕), 명신종 주익균(朱翊鈞))의 스승이 되었다. 만력 원년(1573) 장거정(張居正)의 추천으로 내각차보(부재상)가 되었다. 여조양은 벼슬하는 동안 3명의 황제를 보좌하였으며 청렴하기로 이름났다. 가정 연간에는 간신 엄숭(嚴嵩) 부자가 병권을 휘둘렀으나 그들에게 아부하지 않았고, 공정성을 잃지 않았으며 아첨하는 법이 없었다. 그는 장거정과 함께 『제감도설(帝鑒圖說)』을 편찬했고, 그 외에 『불탑

사비(佛塔寺碑)』, 『전주건고루기(全州建庫樓記)』, 『감정고전서(勘定古田序)』, 『봉국중위요사묘지명(奉國中尉約畬墓志銘)』과 같은 글을 짓기도 했다. '율려조양(律呂調陽)'은 옛날 황제 때 악관 영륜(伶伦)이 12개의 죽관(竹管)으로 육률육려(六律六呂)의 소리로 24절기를 정확하게 표현한 것을 적은 것이다. 여조양은 장거정의 개혁에 동조하면서 그가 정적으로부터 공격을 당하지 않도록 노력했다. 만력 6년(1578)에 연속 열 번이나 상서를 올림으로써 환향을 청했다. 그는 장거정보다 먼저 벼슬에 올랐으나 용퇴함으로써 정적들의 공격을 피했다. 후세 사람들은 여조양을 '시대의 흐름을 잘 아는 호걸'이라 칭찬하면서 그를 '율려조양'이라고 부르기도 했다.

二十四. 明代吕调阳大学士牌坊

明代, 桂林曾为名臣吕调阳立过多座牌坊, 有嘉靖庚戌年(公元1550年)立在十字街的"榜眼坊"、有万历三年(公元1575年)立在谯楼南(今阳桥头)的少傅大学士恩荣坊、还有万历三十年(公元1602年)立在吕家故宅前、文昌门外(今桂林民主路上、文昌桥南端)的太保大学士吏部尚书谥赠恩荣坊【《临桂县志》卷十一, "榜眼坊在十字街, 为嘉靖庚戌榜眼及第吕调阳立, 今废; 少傅大学士恩荣坊在谯楼南, 万历三年为相国吕调阳立, 今废; 太保大学士吏部尚书谥赠恩荣坊, 在文昌门外, 万历三十年为相国吕调阳立, 今废(实际上, 《临桂县志》成书时此坊未废, 因此图中显示校正修改"废"为"存")】。其中的太保大学士吏部尚书谥赠恩荣坊, 被认为是桂林历代所有牌坊中建造得最精美的(《桂林风景胜迹沿革考》称"吕调阳牌坊在民主路, 为明吕调阳而建, 整座牌坊石刻镂空, 有人物花果珍禽异兽各种浮雕, 为桂林历代所有牌坊之最精者")。1934年, 当时供职于桂林邮局的俞心敬在中国第一本旅行类刊物《旅行杂志》(1927年创刊)上刊登的文章里提到"出寺(开元寺)北行, 经大学士坊下, 万历间, 为相国吕调阳立者"。后由于抗战期间时此牌坊已破败残旧, 终遭拆除。后由桂林市政府组织、七星区政府承建, 参考国家一级注册建筑师、规划师，华南理工大学建筑学院副教授、工学博士林哲与黄柯老师按照史料复原的图纸，以缩小比例仿制了一座大学士牌坊造型，在龙隐路济公塘畔进行展示。

24. 명나라 사람 여조양을 위해 세운 대학사 패방

명나라 때 유명한 신하였던 여조양(呂調陽)을 위해 세운 패방이 계림 여러 곳에 있다. 그중에는 가정(嘉靖) 경술(庚戌) 연간(1550)에 계림의 십자(十字)거리에 세워진 '방안방(榜眼坊)', 만력(萬曆) 3년(1575)에 초루(譙樓)남쪽(지금의 양교다리 어구)에 세운 소부대학사 은영방(恩榮坊), 만력 30년(1602)에 여조양의 고택 앞(지금의 민주로 문창교 남쪽)에 세운 것으로서 그가 죽은 뒤에 하사받은 태보대학사(太保大學士) 이부상서(吏部尚書) 은영방(恩榮坊) 등이 유명하다.

권에는 "십자(十字)거리에 방안방(榜眼坊)이 있다. 가정(嘉靖) 경술년(庚戌)에 방안(榜眼)으로 급제한 여조양(呂調陽)을 위해 세운 것인데 지금은 없어졌다. 만력(萬曆) 3년에 상국(相國) 여조양을 위해 세운 소부대학사(少傅大學士) 은영방(恩榮坊)은 초루(譙樓) 남쪽에 있었으나 지금은 없어졌다. 그가 죽은 뒤에 하사받은 태보대학사(太保大學士) 이부상서 (吏部尚書) 은영방(恩榮坊)은 문창문 밖에 위치해 있었으나 지금은 없어졌다.(사실『임계현지(臨桂縣志)』가 출간 될 때까지 패방은 그대로 있었다. 그 때문에 그림에 나온 교정에 보면 '폐(廢)'를 '존(存)'으로 수정한 흔적이 그대로 남아 있다.) 이 중 그가 죽은 후 하사받은 태보대학사 이부상서 은영방(恩榮坊)은 계림의 역대 패방 중 가장 정교하다.(『계림풍경명승고적연혁고(桂林風景勝跡沿革考)』에 보면 "여조양을 위해 세운 패방은 민주로에 있다. 명나라 때 세워졌는데 투각된 형상으로는 인물, 꽃, 과일 그리고 희귀한 동물 등 아주 다양하다. 이 패방은 계림의 역대 패방 중 가장 정교한 패방이다"라는 기록이 있다.) 1934년에 계림시 우체국에서 근무하던 유심경이 중국에서 처음 간행된 관광전문 간행물『여행잡지(旅行雜誌)』(1927년 창간)에 실린 글에서 다음과 같이 적고 있었다. "사원에서(개원사, 開元寺) 나와 북쪽으로 이동하면 대학사 패방에 이른다. 이 패방은 명나라 만력 연간에 상국 여조양을 위해 세운 것이다." 항일 전쟁 시기에 패방은 너무 낡아 결국 철거하고 말았다. 그 뒤로 계림시가 주최하고 칠성구청이 주관하여 패방을 다시 세웠다. 패방은 국가 1급 건축가이며 기획가인 화남이공대학교 건축학부 부교수이며 공학박사인 임철과 황가가 사료에 근거하여 도면을 복원한 다음 일정한 비례로 축소된 대학사 패방을 다시 제작한 다음 제공당(濟公塘) 가에 전시하였다.

〈그림 25-1〉石涛兰花图石刻

청나라 화가 석도(石濤)의 상산사(湘山寺) 난화도(蘭花圖) 석각

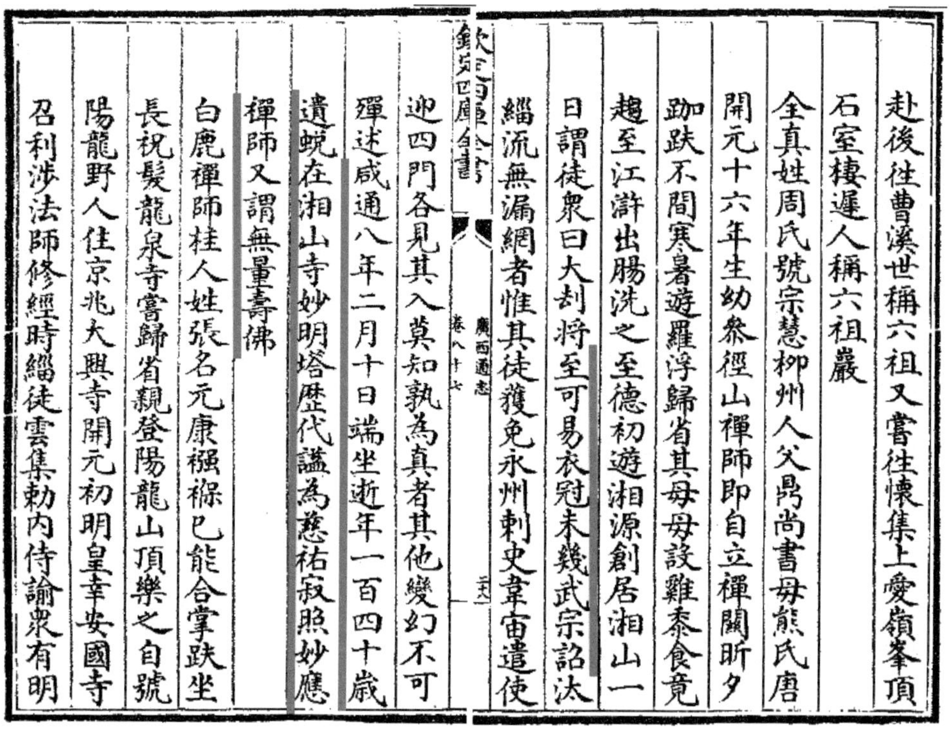

（右から左へ縦書き）

赴後往曹溪世稱六祖又嘗往懷集上愛嶺峯頂

石室棲遲人稱六祖巖

全真姓周氏號宗慧柳州人父晑尚書母熊氏唐

開元十六年生幼叅徑山禪師即自立禪關昕夕

跏趺不間寒暑遊羅浮歸省其母母設齋泰食竟

趨至江滸出腸洗之至德初遊湘源創居湘山一

日謂徒眾曰大刧將至可易衣冠未幾武宗詔汰

緇流無漏網者惟其徒獲免永州刺史韋宙遣使

欽定四庫全書　廣西通志　卷八十七　三十

迎四門各見其入莫知孰為真者其他變幻不可

禪述咸通八年二月十日端坐逝年一百四十歲

遺蛻在湘山寺妙明塔歷代謚為慈祐寂照妙應

禪師又謂無量壽佛

白鹿禪師桂人姓張名元康襁褓已能合掌趺坐

長祝髮龍泉寺嘗歸省親登陽龍山頂樂之自號

陽龍野人住京兆大興寺開元初明皇幸安國寺

召利涉法師修經時緇徒雲集勅內侍諭眾有明

〈그림 25-2〉《广西通志》卷八十七, "至德初, 游湘源创居湘山……咸通八年二月十日端坐逝, 年一百四十岁, 遗蜕在湘山寺妙明塔. 历代谥为慈祐寂照妙应禅师, 又谓无量寿佛"

『광서통지(廣西通志)』 87권의 기록에 보면 "지덕 초년至德初에 상원湘源 지역을 돌다가 상산사를 세우고 그것에 머물렀으며 함통鹹通 8년 2월 10일에 향년 140세로 입적하였다. 사후에 상산사 묘명탑(妙明塔)에 모셨으며 시호를 자우적조묘응산사(慈右寂照妙應禅師) 또는 무량수불(無量壽佛)이라고 했다.

从桂林王城逃出来的中国画宗师石涛

　　石涛(公元1642-1708年)，原名朱若极，其父系第十三代靖江王朱亨嘉。在南明第一任皇帝朱由崧1645年被清军抓获后，朱亨嘉于桂林自称"监国"，企图称帝(《临桂县志》卷二十七宦续、卷三十二兵事载，"甫抵梧州，闻南京破。靖江王亨嘉谋僭号"；"顺治二年乙酉秋八月明靖江王亨嘉谋称监国")。朱亨嘉称帝失败后被南明官员押往福建软禁，为避免不测，当时年仅三岁的石涛被一名家仆连夜带出靖江王城，往北逃到了全州湘山寺，开始了他书画生涯中系统的传统技法学习，再数年后从全州一路辗转到湖北武昌。在此期间，石涛削发出家，法名原济，"大涤子、清湘老人、苦瓜和尚、瞎尊者"等都是他后来所用的别号。在年少时离开湘山寺后，石涛就再也没有回到过桂林，桂林王城和全州湘山寺是石涛常常回顾和眷念的地方，他作画也常常署名为清湘老人、清湘陈人、清湘遗人、湘源济山僧(桂林城区向北一带古称湘南、全州古称湘源)。多年后，石涛被尊为清代中国画一代宗师，齐白石评价他的画"下笔谁敢泣鬼神，二千余载只斯僧"。他有两方自刻印章"靖江后人"和"赞之十世孙阿长"都说明了他始终没有忘记自己是靖江王的后代。其中"赞之十世孙"指的是第一代靖江王朱守谦受封时，受了钦赐二十字排行"赞佐相规约，经邦任履亨，若依纯一行，远得袭芳名"，而从"赞"字辈往下数到"若"字辈，恰好十辈，即表明石涛(朱若极)自己是"赞"字辈的第十世孙。

정강왕부에서 나서 자란 중국화의 대가 석도(石濤)

석도(石濤, 1642~1708)의 본명은 주약극(朱若極)이며 제13대 정강왕(靖江王) 주형가(朱亨嘉)의 맏아들이다. 1645년 남명 황제 주유송(朱由崧)이 청나라 군대에 잡힌 후, 주형가는 계림을 감국(監國)이라 칭하고 왕이 되려 했다. (『임계현지(臨桂縣志)』 27권 환속과 32권 병사의 기록에 보면 "구식사(瞿式耜)가 오주(梧州)에 도착하자마자 남경(南京)이 함락되었다는 소식을 듣게 되었다. 이에 정강왕 주형가는 자신을 황제라 칭하였다"는 내용과 "순치(順治) 2년(1645) 8월 명나라 정강왕 형가는 감국을 설립하고 스스로 황제라 칭했다"라는 내용이 적혀 있다.)

주형가의 황제 꿈은 실패로 돌아갔고, 그는 남명 조정에 의해 복건(福建)으로 압송되어 연금당했다. 멸문지화를 면하기 위해 당시 세 살밖에 안 된 석도를 하인이 데리고 몰래 왕성을 빠져나갔다. 그는 계림 북쪽에 있는 전주(全州) 상산사(湘山寺)에서 머물렀다. 석도는 그곳에서 전통 서예를 체계적으로 배우게 되었고 몇 년이 지난 후부터는 여기저기 떠돌며 지내다가 호북성 무창(湖北武昌)에 이르게 되었다.

그동안 그는 출가하여 스님이 되었는데 법명은 원제(原濟)라고 불렀다. "대척자(大滌子), 청상노인(淸湘老人), 여주스님[苦瓜和尙], 할존자(瞎尊者)" 등 호칭은 모두 석도가 후에 사용했던 호이다. 어릴 때 상산사를 떠난 후 그는 평생 계림에 다시 온 적이 없었다. 하지만 계림의 정강왕부와 전주의 상산사는 그가 즐겨 회억하고 그리워했던 곳들이다. 그는 그림의 낙관에 "청상노인(淸山老人), 청상진인(淸湘陳人), 청상유인(淸湘遺人), 상원제산승(湘源濟山僧)"과 같은 아호를 많이 남겼다.(예전에는 계림의 북쪽을 상남(湘南)이라 불렀고, 전주는 상원(湘源)이라 불렀다.)

그 뒤로 몇 년이 지난 후 석도는 청나라 중국화의 일대종사(一代宗師)로 이름을 날리게 되었다. 제백석(齊白石)은 그의 그림에 대하여 "자고로 누가 붓을 들어 귀신을 울렸던가?

2,000년 세월에 석원재(石原濟)만 가능했네"라고 극찬했다. 석도는 본인이 직접 새긴 '정강후인(靖江後人)'과 '찬지십세손아장(贊之十世孫阿長)'이라는 인장(印章) 두 개를 가지고 있었다. 이는 그가 자신이 정강왕(靖江王)의 후손임을 시종 잊지 않고 있었음을 말해준다. 찬지십세손(贊之十世孫)은 제1대 정강왕 주수겸이 책봉을 받을 때 20자 돌림을 받게 된 것에서 유래되었다. 그 20자 돌림은 "찬좌상규약(贊佐相規約), 경방임려형(經邦任履亨), 약의순일행(若依純壹行), 원득습방명(遠得襲芳名)"을 말한다. 이에 따르면 '찬(贊)'자 돌림에서 '약(若)'자 돌림까지 마침 10대를 거치게 되며, 석도의 본명 주약극(朱若極)이었으므로 '약'자 돌림인 자신이 '찬'자 돌림의 10대손임을 잊지 않고 있었음을 말해준다.

二十五. 清代石涛湘山寺兰花图石刻

被世人尊为"无量寿佛"的全真和尚于唐代至德元年(756年)云游到桂林全州, 创建了"净土院"即后来被称为"楚南第一名刹"的湘山寺。唐代咸通八年 (867年), 140岁的全真和尚坐化于净土院(今桂林全州湘山寺) (《广西通志》卷八十七载, "至德初, 游湘源创居湘山……咸通八年二月十日端坐逝, 年一百四十岁, 遗蜕在湘山寺妙明塔。历代谥为慈祐寂照妙应禅师, 又谓无量寿佛")。沿用至今的全州县名即以"无量寿佛"全真的第一个字冠名。而清代石涛的兰花图石刻就刻在湘山寺内妙明塔旁的飞来石上, 是该寺内尚存的唯一一幅绘画石刻, 高1米、宽0.8米, 刻石的具体时间已无从考证。

【您在此处看到的石刻为仿制品】

如果您要参与评论或了解更多有关信息,
请扫以下二维码进入桂林人论坛:

25. 청나라 화가 석도(石濤)의 상산사(湘山寺) 난화도(蘭花圖) 석각

'무량수불(無量壽佛)'로 추종받는 전진스님은 당나라 지덕(至德) 원년(756)에 계림 전주(全州)에 '정토원(淨土院)'을 세웠다. 이것이 바로 '초나라 남부의 제일의 사찰(楚南第壹名刹)'이라 불리는 상산사이다. 당나라 함통(鹹通) 9년(867)에 전진스님은 정토원(지금의 상산사(湘山寺))에서 140세의 천수를 누리고 입적했다. (『광서통지(廣西通志)』 87권의 기록에 보면 "지덕(至德) 초년에 상원(湘源) 지역을 돌다가 상산사를 세우고 그것에 머물렀으며 함통(鹹通) 8년 2월 10일에 향년 140세로 입적하였다. 사후에 상산사 묘명탑(妙明塔)에 모셨으며 시호를 자우적조묘응산사(慈右寂照妙應禅師) 또는 무량수불(無量壽佛)이라고 했다.") 지금 사용하고 있는 전주현(全州縣)이라는 명칭도 무량수불 전진(全眞)의 첫 글자를 따서 지은 것이다. 청나라 화가 석도(石濤)의 난화도 석각은 상산사 묘명탑(妙明塔) 옆 비래석(飛來石) 위에 새겨져 있으며 사원에 유일하게 남아 있는 그림 석각이다. 그 높이는 1미터, 폭은 0.8미터에 달하며, 새겨진 날자는 아직 고증하지 못하고 있다.

〈그림 26-1〉定粵寺古钟

정월사 옛 종

屯城外得國棟撤合兵圍城傳詔速之信就速還廣州上疏自辨上令削
爵逮詣京師藩下兵駐廣西訛言師至雲南即分置城守業情恟懼上命宜昌
阿賚塔宜敕慰諭七月宜昌阿將以之信赴京師天植怒國棟發難白之信母
與之信弟之節之瑗召國棟議事伏兵殺之賚塔率兵捕治天植自服造
謀之信不與聞護衛田世雄言之信寶使天植殺國棟獄上上命賜之信死之
節之瑗天植皆斬舒氏胡氏貲其罪並母籍沒世雄以不先發坐杖流上
復諭宜昌阿曰之信雖有罪其妻子不可淩辱當護還京師又令察罷之信諸
虐政所部十五佐領改隸漢軍駐防廣州之信初叛提督自明附之自明明
參將降從總督孟喬芳征撫陝甘又擊張獻忠破桂王有功授三等阿哈尼哈
番之信遘攻南康敗走南安先之信降授鑾儀使病死孫延齡漢軍正紅旗人
父龍從孔有德來歸授二等阿思哈尼哈番從有德廣西有德以女四貞字延
齡及有德死事龍亦戰死加抱沙喇哈番以延齡襲四貞御幼還京師孝莊皇
后育之宮中賜白金萬歲俸視郡主長命仍適延齡有德所部諸將線國安功

〈그림 26-2〉《清史稿》列传二百六十一载"孝庄皇后育之宫中, 赐白金万, 岁俸视郡主"

『청사고(清史稿)』열전(列傳) 권 261에 따르면, "효장황후(孝莊皇後)가 그를 황궁에 남아서 살게 했고 백은(白銀, 즉 白金) 만 냥을 주고, 군주(郡主) 녹봉으로 대우한다."고 했다.

"还珠格格"孔四贞是清代唯一的汉人格格

孔四贞是清代定南王孔有德之女，是清代孝庄皇太后的义女、唯一的汉族和硕格格，也是影视剧"还珠格格"的原型。其父孔有德原是明代参将，在崇祯五年降清，后被封为恭顺王、定南王。清代顺治九年(公元1652年)，南明将领李定国攻占桂林，孔有德自焚在靖江王府。十七岁的孔四贞独自逃到了京城，孝庄太后哀怜她孤苦伶仃，收为义女，不仅封她为和硕格格、让她享受郡主的俸禄、并掌管广西军队(《清史稿》列传二十一载"定国昼夜环攻，有德躬守陴，矢中额，仍指挥击敌。敌夺城北山俯攻，有德令其孥以火殉，遂自经……有德女四贞以其丧还京师"；列传二百六十一载"孝庄皇后育之宫中，赐白金万，岁俸视郡主"；《清实录·大清世祖章皇帝实录》卷之九十一载，顺治十二年"上以定南武壮王孔有德、建功颇多。以身殉难。特赐其女食禄、视和硕格格。护卫仪从、俱仍旧"；《明季稗史初编·定南王孔传》载"上念孔后无人，且虑孔师无主，乃封四贞为和硕格格，掌定南王事，遥制广西军")，还准备将四贞立为东宫的皇妃。后来因得知四贞之父生前已将她先许配给孙延龄而作罢(清代叶梦珠撰《续编绥寇纪略》纪，"世祖怜之，将册立为妃，知先许孙延龄，乃止")。

孔四贞于康熙五十二年(公元1713年)死于北京，葬在北京城郊众多公主坟中的其中一座。

청나라 유일의 한족(漢族) 군주(郡主) - 공사정(孔四貞)

공사정은 청나라 정남왕(定南王) 공유덕(孔有德)의 딸로 효장황태후(孝莊皇太後)의 양녀이자 유일한 한족 군주(郡主)이며 드라마 〈황제의 딸〉의 주인공인 '환주격격(還珠格

格)'의 실제 모델이기도 하다. 아버지 공유덕은 명나라의 참장(參將)였으나 숭정(崇禎) 5년(1632) 청나라에 귀순한 뒤 공순왕(恭順王), 정남왕(定南王)에 봉해졌다. 청나라 순치(順治) 9년(1652)에 남명(南明)의 장군 이정국(李定國)이 계림을 공략하자 공유덕은 정강왕부(靖江王府)에 불을 지르고 타 죽었다. 당시 열일곱 살인 공사정은 혼자서 북경으로 도망갔는데 효장황태후가 그를 가엾이 여겨 양녀로 삼았다. 후에 그는 화석격격이라는 작위를 받았을 뿐만 아니라 군주(郡主)에 해당하는 녹봉까지 누리게 했으며, 광서군(廣西軍)을 통솔하게 했다.(『청사고(淸史稿)』 열전(列傳) 권21에 따르면, "정국(定國)이 밤낮으로 포위 공격을 해 오자 유덕(有德)은 친히 성을 지키다가 화살에 이마를 맞았으나 여전히 전투를 지휘했다. 적은 계림성(桂林城) 이북의 엄관(嚴關)을 탈취하고 산에서부터 공격을 개시하였다. 유덕은 처첩들을 불에 태워 순장시킨 다음 자신도 자결하였다.…유덕의 딸 사정(四貞)이 부친의 유해를 가지고 북경으로 돌아왔다"라고 했다. 열전(列傳) 권261에 따르면, "효장황후(孝莊皇後)가 그를 황궁에 남아서 살게 했고 백은(白銀, 즉 白金) 만냥을 주고, 군주(郡主) 녹봉으로 대우한다"라고 했다. 『청실록』「대청세조장황제실록(淸實錄·大淸世祖章皇帝實錄)」권91 기록에는 "순치(順治) 12년 황제께서 '정남무장왕(定南武壯王) 공유덕의 공이 크고, 나라를 위해 순절하였으니 그 딸에게 식읍을 내리고, 화석격격(和碩格格)으로 대우하며, 호위병과 수행원이 전과 같이하라'고 했다"라고 적혀 있다. 『명계패사초편』「정남왕공전(明季稗史初編·定南王孔傳)」의 기록에 따르면 "순치제(順治帝)는 공유덕이 아들이 없고 공가군(孔師)도 주인이 없음을 고려하여 사정을 화석격격(和碩格格)으로 봉하고, 그에게 정남왕(定南王)의 사무를 맡겨, 광서군(廣西軍)을 총괄하게 했다"라고 했다.) 또한 사정을 동궁황비(東宮皇妃)로 봉하려 했으나 공유덕이 생전에 그를 순연령(孫延齡)에게 시집보내기로 한 사실이 드러나 그만두었다.(청나라 엽몽주(葉夢珠)가 지은 『속편수구기략(續編綏寇紀略)』의 기록에 따르면, "세조가 그를 가엾이 여겨 비로 봉하고자 했으나 전에 순연령과 약혼한 사실을 알고 그만두었다"라고 했다.)

강희(康熙) 52년(1713) 공사정은 북경에서 생을 마감했고, 북경 교외에 있는 공주분(公

主墳)에 묻혔다.

二十六. 清代伏波山定粵寺古钟

现留存于伏波山下的大铁钟，原位于四望山麓、叠彩山前的定粵寺。由于抗日战争时期定粵寺被毁，铁钟遂被移至伏波山下。定粵寺与这口大铁钟，都是为了宣扬清代定南王孔有德协助清朝平定两广之功劳的。定粵寺为孔有德在清代顺治八年(公元1651年)修建；铁钟是孔有德之女孔四贞为纪念其父，由镇守广东的平南王尚可喜带头捐资，于康熙八年(公元1669年)铸造，约高2.5米、径1.7米、重3013公斤。大钟顶为双龙子浦牢钮，有《心经》一卷，钟身铸有四层纹饰铭文，分别以"皇图巩固"、"帝道遐昌"、"佛日增辉"、"法轮常转"等词句作为每一层铭文的引首，把定藩与佛教的关系表现在其中。同时也成为三百多年前广西在那两个朝代更迭时期的历史见证之一。

26. 복파산(伏波山)에 위치한 청나라 정월사(定粵寺) 옛 종

원래 첩채산(疊彩山) 앞, 즉 사망산(四望山) 자락의 정월사에 있던 대철종(大鐵鐘)이 지금은 복파산 아래에 보관되어 있다. 항일 전쟁 때 정월사가 훼손되면서 옮겨진 것이다. 청나라를 도와 광동·광서 일대를 평정한 정남왕(定南王) 공유덕(孔有德)의 공적을 기리고자 정월사를 세우고 또 대철종을 주조했다. 정월사는 순치(順治) 8년(1651)에 공유덕을 기념하려고 세웠고, 대철종은 강희(康熙) 8년(1669)에 공유덕의 딸 공사정(孔四貞)이 부친을 기리려고 당시 광동성을 수비하던 평남왕(平南王) 상가희(尚可喜)의 도움을 받아 주조하였다. 높이는 대략 2.5미터, 지름은 1.7미터에 달하며, 무게 3,013킬로그램이다. 대철종의 고리에는 용의 아들 포뢰(蒲牢)를 조각했고 그 아래에는 『반야심경(般若心經)』을 새겼으며 '황도공고(皇圖鞏固)', '제도하창(帝道遐昌)', '불일증휘(佛日增輝)', '법륜상전

(法輪常轉)' 등을 4단 명문(銘文)의 표제로 새겨 넣음으로써 공유덕의 정번(定藩)과 불교의 관계를 설명하고 있다. 대철종은 광서(廣西)가 명청(明淸)의 교체기에 겪은 상전벽해를 보여주는 역사적 증거이기도 하다.

〈그림 27-1〉乾隆御笔赐陈宏谋石刻

청나라 건륭황제가 진굉모에게 하사한 (친필) 석각

〈그림 27-2〉结合文献实地考察梳理乾隆御笔赐陈宏谋石刻文字，并以碑文原貌顺序记录

문헌자료와 현지답사를 통해 『건륭(乾隆)황제가 진굉모(陈宏谋)에게 하사한 (친필) 석각 글귀를 정리하였고 비문 원모의 순서대로 기록했다.

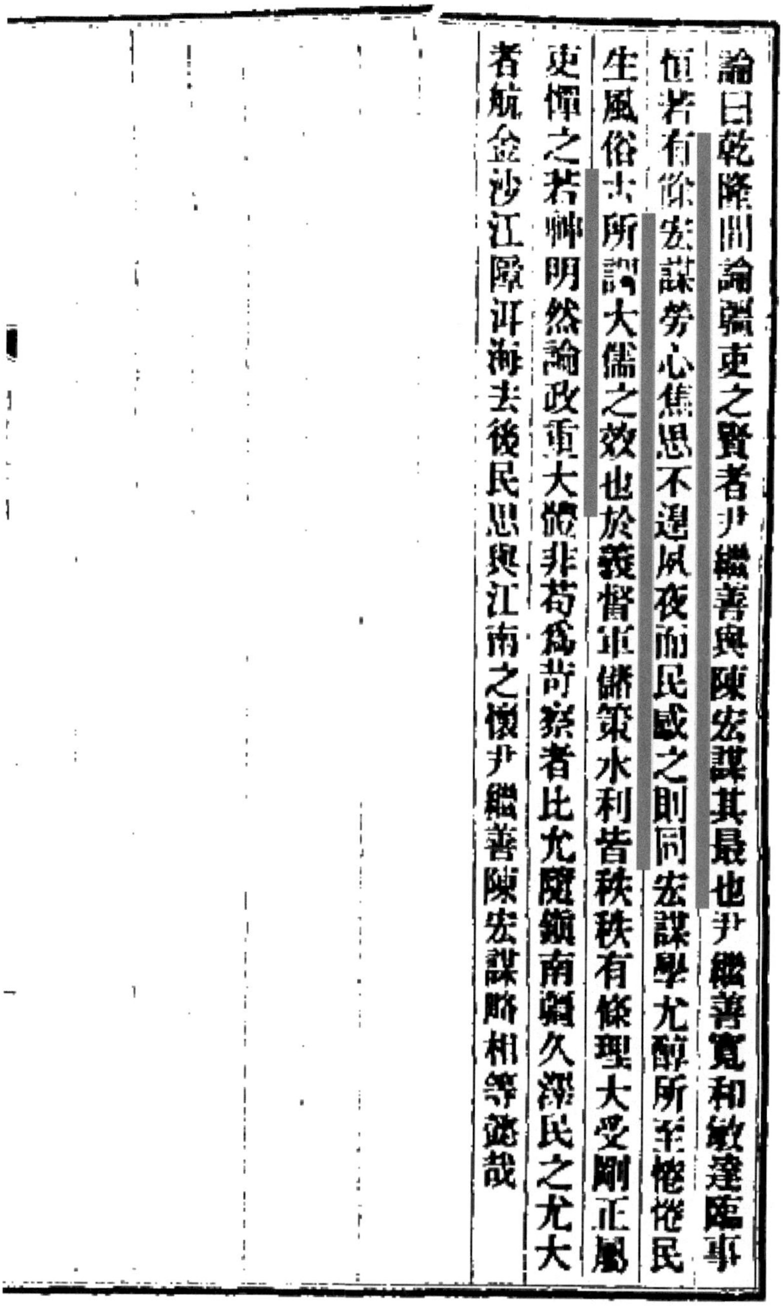

論曰乾隆間論疆吏之賢者尹繼善與陳宏謀其最也尹繼善寬和敏達臨事
恒若有餘宏謀勞心焦思不遑夙夜而民感之則同宏謀學尤醇所至惓惓民
生風俗士所謂大儒之效也於義督軍儲策水利皆秩秩有條理大受剛正屬
吏憚之若神明然論政重大體非苟為苛察者比尤隨鎮南韓久澤民之尤大
者航金沙江隮沔海去後民思與江南之懷尹繼善陳宏謀胳相等遂哉

〈그림 27-3〉《清史稿·列传九十四》载, "乾隆间论疆吏之贤者, 尹继善与陈宏谋其最也……宏谋劳心焦思, 不遑夙夜, 而民感之则同……古所谓大儒之效也"

(『청사고·열전 94』에는 "건륭(乾隆)년간, 지방 관리 중 최고의 현자는 윤계선(尹繼善)과 진굉모(陳宏謀)였다. 굉모(宏謀)는 온갖 정성을 다해 밤낮으로 가리지 않고 열심히 일했다. 이에 대해 백성들이 모두 그를 칭찬하였으며…옛날에는 소위 '대유'라고 한다."라고 기록되어 있다.)

乾隆年间疆吏之最贤者

陈宏谋(公元1696-1771年),字汝咨,今广西临桂区人,是康、乾时期清官廉吏的代表。清代雍正元年(公元1723年),在广西乡试中考取第一名(解元)。乾隆三十二年(公元1767年),陈宏谋升任东阁大学士,由于清沿明制,不设宰相,他以大学士行宰相之事务。陈宏谋无论是为官还是治学,都是一代楷模,在30多年的地方仕宦生涯中,他先后历12省、任21职,每到一个地方为官,都是根据百姓的人心风俗的的特点来治理地方、从百姓切身需求的角度进行政策的改良,每一项存在的问题都分门别类罗列,逐项从速实施解决(《清史稿·列传九十四》载,"宏谋外任三十馀年,历行省十有二,历任二十有一。莅官无久暂,必究人心风俗之得失,及民间利病当兴革者,分条钩考,次第举行")。他维护民生、忠君爱民、大办工业,革新云南的铜政,大兴少数民族地区的宣传教育;疏河筑堤,修圩建闸,兴修了天津、河南、江西等处水利工程;先后两次禁止洞庭湖畔修建大批量的私人建筑。乾隆三十六年(1771),陈宏谋因病疏请获准回乡。后人把陈宏谋推崇为乾隆时期地方大吏中最贤良的典型,称赞他殚精竭虑、日夜操劳,使百姓十分感念他的奉献。认为陈宏谋就是古代所称的大儒(《清史稿·列传九十四》载,"乾隆间论疆吏之贤者,尹继善与陈宏谋其最也……宏谋劳心焦思,不遑夙夜,而民感之则同……古所谓大儒之效也")。乾隆皇帝为示褒奖,曾分别书赠陈宏谋四首诗。2001年,美国历史学家、霍普金斯大学教授罗威廉出版《救世:陈宏谋与十八世纪中国的精英意识》一书,专门论述了陈宏谋关于人和社会认识的个人观点及社会成就。

건륭(乾隆) 연간 가장 현명한 지방관리

진굉모(陳宏謀,1696~1771)는 자가 여자(汝咨)이며, 광서(廣西) 임계(臨桂)구 사람이었다. 청나라 옹정(雍正) 원년(1723)에 광서(廣西) 향시(鄕試)에서 해원(解元)으로 급제했으며, 건륭(乾隆) 시기 청렴한 관리로 유명하다. 건륭(乾隆) 32년(1767), 동각(東閣)대학사로 승진하였다. 청나라는 명나라 제도를 따라 재상직을 설치하지 않았으므로 진굉모는 대학사의 관직에서 재상 업무를 담당했다. 그는 벼슬이나 학문에서 모두 시대의 모범이 되었다. 30여 년을 지방에서 벼슬하는 동안, 총 12성을 관리했고, 담당했던 관직이 21개에 달했다. 그는 가는 곳마다 백성들의 소원을 잘 들어주었고, 지방 풍속을 존중했으며, 백성의 절실한 수요에 따라 정책을 개혁했다. 그리고 생긴 문제들은 유형별로 구분하고, 항목별로 신속하게 처리했다. 진굉모는 민생을 중시했고 임금에게 충성하고 백성을 사랑했다. 그리고 대규모 공업 생산에 주력하여 운남성(雲南省)의 동광 생산과 운송에 관련된 정책을 개혁하여 실시했다. 그는 소수민족 지역의 교육을 발전시켰으며, 강바닥을 다지고 제방을 쌓았으며, 갑문을 수건했다. 또한 천진(天津), 하남(河南), 강서(江西) 등 지역에서 수리시설을 새롭게 건설했고, 두 차례에 걸쳐 동정호(洞庭湖) 부근에 대량의 민가가 들어서는 것을 금지했다. 건륭 36년(1771), 진굉모는 병환으로 귀향하였다. 후세 사람들은 그를 건륭 연간의 가장 현명한 지방관리로 추앙했다. 백성들은 그가 밤낮으로 온갖 노력을 다한 점을 높게 평가했으며, 그의 헌신 정신에 크게 감동했다. 백성들은 진굉모야말로 옛날부터 널리 불리던 "대유(大儒)라고 칭찬을 아끼지 않았다.(『청사고』열전 94에는 "건륭(乾隆)년간, 지방관리 중 최고의 현자는 윤계선(尹繼善)과 진굉모(陳宏謀)였다. 굉모(宏謀)는 온갖 정성을 다해 밤낮으로 가리지 않고 열심히 일했다. 이에 대해 백성들이 모두 그를 칭찬하였으며, …옛날에는 소위 '대유'라고 한다"라고 기록되어 있다.) 건륭(황제는 그를 포상하려고 네 편의 시를 증정하였다. 2001년 미국의 역사학자이며 존스홉킨스대학

(Johns Hopkins University) 교수인 윌리엄 로(William T.Rowe)는 『세상을 구제하다: 진굉모(陳宏謀)와 18세기 중국의 엘리트 의식』이라는 책에서 진굉모의 인간과 사회에 대한 사상, 그리고 그의 사회적 성과에 관해 전문적으로 소개하였다.

二十七. 清代乾隆皇帝御笔赐陈宏谋石刻

乾隆御笔赐陈宏谋石刻位于桂林临桂区四塘乡, 高1.5米, 宽0.6米, 为乾隆皇帝于清代乾隆二十二年(公元1757年)赐予陈弘谋的题诗(陈宏谋曾用名弘谋, 因避乾隆帝"弘历"之名讳而后改名宏谋。但石刻上乾隆笔书为"弘"), 另落有"所宝帷贤"和"乾隆御笔"两枚方形印章。由江苏吴县穆大展摹刻成碑后, 运回临桂陈氏宗祠。当时陈宏谋已经61岁, 正调任江苏巡抚, 乾隆皇帝赠诗送行, 对其寄予厚望。

27. 청나라 건륭 황제가 진굉모에게 하사한 (친필)석각

건륭(乾隆, 1736-1796) 황제가 진굉모(陳宏謀)에게 하사한 친필 석각은 계림시 임계구(臨桂, 계림시의 성구) 사당향(四塘鄉)에 있는데 높이는 1.5미터이며, 폭은 0.6미터에 달한다. 석각 내용은 건륭(황제가 건륭 22년(1757)에 진굉모에게 써 준 시이다(진굉모는 처음에 홍모(弘謀)라고 불렀는데 건륭 황제의 이름인 '홍력(弘歷)'과 겹치는 부분이 있어 굉모(宏謀)로 바꾸게 되었다. 그러나 건륭 황제가 써준 석각에는 '홍'(弘)자를 그대로 새겨넣었다). 또는 시에는 '소보유현(所宝帷贤)', '건륭어필(乾隆御笔)'이라는 글자가 적힌 네모난 도장이 새겨져 있다. 강소성(江蘇省) 오현(吳縣)의 조각가 목대전(穆大展)이 어시를 석각에 새겼으며, 후에 임계에 있는 진씨 사당으로 옮겼다. 당시 61세 고령인 진굉모가 강소성 순무로 임명되어 떠날 때 건륭 황제가 그를 배웅하면서 시를 써 준 것이니 황제의 신임이 두터웠음을 말해준다.

〈그림 28-1〉安南国黄仲政湘山寺题诗石刻

청나라 때 안남국 황중정이 상산사에서 지은 시 석각

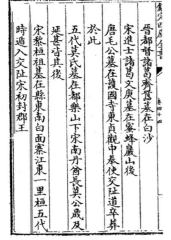

〈그림 28-2〉《清史稿》列传三百十四载 "四十九年, 帝南巡, 安南陪臣黄仲政、黎有容、阮堂等迎觐南城外, 赐币帛有差, 特赐国王'南交屏翰'扁额"

『청사고열전』 314권의 기록에 따르면, "49년 건륭황제가 남방을 순찰할 때, 안남국의 황중정, 여유용, 완당 등이 성 밖에서 기다리다가 돈과 천을 선물받은 외에 황제로부터 안남 국왕에게 하사한 '남교병한'이라는 편액을 받게 되었다."

〈그림 28-3〉《广西通志》卷四十四载 "宋黎桓祖墓在(阳朔)县东南白面寨江东一里。桓五代时遁入交阯, 宋初封郡王"

「광서통지」 44권의 기록에 따르면, "송나라 때 여환의 조상묘는 양삭현 남동쪽 백면채(白面寨)강에서 동쪽으로 1리 떨어진 곳에 있었다. 여환은 5대 시기에 교지로 이주했으며, 송나라 초기에 군왕에 봉해졌다."라고 되어 있다.

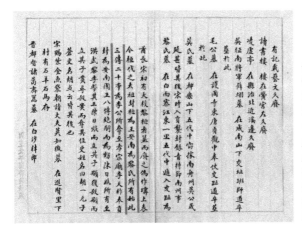

〈그림 28-4〉《阳朔县志》卷二载 "宋初有黎桓者篡(丁氏)而废之, 伪作瑨上表, 令桓代之。太祖(实为宋太宗)封桓为王, 安南为黎氏所有此, 三传二十九年为李公蕴所夺"

「양삭현지」 2권에는 "송나라 초, 여환은 정(丁)씨 왕조의 손에서 나라를 빼앗고, 정(丁)씨 황실을 폐했으며 정선의 명의로 거짓 조서를 올려, 여환으로 임금을 대체한다고 하였다. 태조(실제로는 송태종이었음.)는 여환을 왕으로 봉했다. 이로서 안남은 여씨가 통치하기 시작하였으며 3대를 이어오다가 29년 만에 이공온에게 나라를 빼앗겼다."라고 적혀 있었다.

桂林人建立越南前黎王朝

黎桓(公元941-1005年)，桂林阳朔人，是越南前黎王朝(公元980-1009年)的开国皇帝，在位25年。黎桓生于五代十国期间南汉大有十四年(公元941年)的桂林东郎山一带(今桂林阳朔县福利镇)，其祖墓也位于桂林阳朔县。因父亲黎觅(一称黎寞)犯了大罪，十来岁的黎桓在五代十国期间(公元960年之前)随父母逃往爱州(今越南清化)，投靠了时任爱州观察使的一户黎姓人家。不久其父亲黎觅与母亲邓氏相继去世，黎观察使收留黎桓为养子。后因凭着辅助建立大瞿越国(今越南)丁王朝的赫赫战功，受到当权者的信任，黎桓在大瞿越国太平二年【宋代开宝四年(公元971年)】被丁王朝任命为军队的最高统帅--十道将军殿前都指挥使。后来借着拥立丁部领之子丁琏继位的名义"挟天子以令诸侯"，软禁丁琏弟弟丁璿以及太后杨氏。大瞿越国太平十年【宋代太平兴国四年(公元979年)】时黎桓自称副王，第二年夺取了丁氏政权，建立大瞿越国黎王朝，年号"天福"。在大瞿越国兴统五年【宋代淳化四年(公元993年)】，黎桓被宋太宗赵光义封为"交趾郡王"，承认了黎王朝政权。大瞿越国应天十二年【宋代景德二年(1005年)】，黎桓驾崩，享年六十四岁，庙号太祖，谥号大行皇帝。由于黎桓指定的皇太子是南封王黎龙钺，但次子东城王黎龙锡和五子开明王黎龙铤都觊觎皇位、互相争斗，导致前黎王朝传了三代后被当朝的殿前指挥使李公蕴趁乱夺取了帝位【《广西通志》卷四十四载"宋黎桓祖墓在(阳朔)县东南白面寨江东一里。桓五代时遁入交趾，宋初封郡王"；《阳朔县志》卷二载"宋初有黎桓者篡(丁氏)而废之，伪作璿上表，令桓代之。太祖(实为宋太宗)封桓为王，安南为黎氏所有始此，三传二十九年为李公蕴所夺"】。后来黎桓的后裔黎季牦、黎利又分别于公元1400年、1428年在今越南属地建立了大虞国胡王朝和大越国后黎王朝。

【계림구사】 링크

계림 사람이 세운 베트남 전여왕조

여환(黎桓, 941~1005)은 계림 양삭 사람으로, 베트남 전여왕조(980~1009)의 개국 황제로서 25년을 재위하였다. 여환은 오대십국 시기 남한 대유 14년(941)에 동랑산 일대(지금의 계림 양삭현 복리진)에서 태어났으며 조상의 묘역도 양삭에 있다. 부친 여역(여막이라고도 함)이 대역죄를 짓는 바람에 여환은 오대십국 시기(960년 전)에 부모를 따라 안남 애주(오늘 베트남 청화)로 도망가 애주 관찰사로 있던 여씨에게 의탁했다. 얼마 후, 여역과 모친 등씨가 잇따라 세상을 뜨자 관찰사는 여환을 양자로 입양하였다. 후에 여환은 베트남 첫 왕조인 대구월국(大瞿越國, Đại Cồ Việt) 의 정(丁)왕조 건국에 전공을 세움으로써 조정의 믿음을 얻었다. 여환은 대구월국 태평 2년, 즉 송나라 개보 4년(971)에 군 최고 통솔자인 십도장군 전전도 지휘사에 임명되었으며, 후에 정부령의 아들 정련을 옹립하는 명분으로 "천자를 끼고 제후들을 호령하였으며" 정련의 동생 정선과 태후 양씨를 연금하였다. 대구월국 태평 10년, 즉 송나라 태평흥국 4년 (979)에 여환은 부왕(副王)을 자처했고, 이듬해에 정나라의 정권을 탈취한 다음 여(黎)왕조를 세우고 연호를 '천복(天福)'으로 정했다. 대구월국 흥통 5년, 즉 송나라 순화 4년(993), 송태종 조광의(趙光義)는 여환을 '교지군왕(交趾郡王)'에 봉하고 여왕조를 정식으로 승인하였다. 대구월국 응천 12년, 즉 송나라 경덕 2년(1005)에 여환은 64세로 세상을 떠났으며, 묘호는 태조이고, 시호는 대행(大行) 황제이다. 여환이 남봉왕(南封王) 여룡월(黎龍鉞)을 황태자로 지목하자 둘째 아들인 동성왕(東城王) 여용석(黎龍錫)과 다섯째 아들인 개명왕(開明王) 여룡정(黎龍鋌)이 불만을 품고 암투를 벌이는 바람에 3대를 전해졌던 전여왕조(前黎王朝)는 나라를 전전(殿前) 지휘사(指揮使) 이공온(李公蘊)에게 빼앗기고 말았다.(『광서통지』 44권의 기록에 따르면, "송나라 때 여환의 조상묘는 양삭현 남동쪽 백면채(白面寨)강에서 동쪽으로 1리 떨어진 곳에 있었다. 여환은 오대 시기에 교지로 이주했으며, 송나라 초기에 군왕에 봉해졌다"라고 되어 있으며, 『양삭현지』 2권에는 "송나라 초, 여환은 정(丁)씨 왕조의 손에서 나라를 빼앗고, 정씨 황실을 폐했으며 정선의 명의로 거짓 조서를 올려, 여환으로 임금을 대체한다고 하였다. 태조(실제로는 송태종이었음)는 여환을 왕으로 봉했다. 이로써 안남은 여씨가 통치하였으며 3대를 이어오다가 29년 만에 이공온에게 나라를 빼앗겼다"라고 적혀 있다.) 그 후 여환의 후손인 여계모(黎季牦), 여리(黎利)가 1400년과 1428년에 대우국(大虞國) 호왕조(胡王朝)와 대월국(大越國) 후여왕조(後黎王朝)를 세웠다.

二十八. 清代安南国黄仲政湘山寺题诗石刻

安南国黄仲政湘山寺题诗石刻位于桂林全州湘山寺内妙明塔旁的飞来石上, 高1米、宽0.65米。石刻内容是清代乾隆四十八年(公元1783年)岁末, 安南国(今越南)派遣朝贺使湛轩黄仲政与黎有容、阮堂等进京岁贡路过全州时, 黄仲政所题诗句。到了乾隆四十九年(公元1784年)年初, 正在南巡的乾隆皇帝谕令安南国黄仲政等人从长沙赴江宁(今南京)朝觐。当黄仲政等人带着呈送的表文和贡物迎觐时, 乾隆皇帝除了回赠其丰厚礼物外, 还"特赐"给安南国王御制诗一章、御制《古稀说》以及御书"南交屏翰"四字匾额(《清史稿》列传三百十四载"四十九年, 帝南巡, 安南陪臣黄仲政、黎有容、阮堂等迎觐南城外, 赐币帛有差, 特赐国王'南交屏翰'扁额")。

28. 청나라 때 안남국 황중정이 상산사에서 쓴 시

안남(安南)국 황중정(黃仲政)이 상산사(湘山寺)에서 지은 시가 새겨진 석각은 계림시 전주현 상산사에 위치한 묘명탑 옆 비계석에 있다. 높이가 1미터, 폭이 0.65미터에 달한다. 석각에는 청나라 건륭 48년(1783) 말, 안남국(지금의 베트남)이 황중정, 여유용, 완당 등 사신을 북경에 파견할 때 황중정이 전주를 지나면서 지은 시가 적혀 있다. 건륭 49년

(1784) 초, 남방을 순찰하던 건륭 황제는 안남국의 황중정 등에게 장사에서 강녕(지금의 남경)으로 가서 알현하라는 명을 내렸다. 황중정 등이 명을 받고 표문과 공물을 들고 가자 건륭 황제는 많은 선물을 주었을 뿐만 아니라 안남국 국왕에게 자기가 직접 쓴 시와, 직접 지은 문장 「고희설」, 그리고 직접 쓴 '남교병한'이라는 편액을 선물했다.(『청사고열전』 314권의 기록에 따르면, "49년 건륭 황제가 남방을 순찰할 때 안남국의 황중정, 여유용, 완당 등이 성 밖에서 기다리다가 돈과 천을 선물 받은 외에 황제로부터 안남 국왕에게 하사한 '남교병한'이라는 편액을 받았다.")

〈그림 29-1〉李秉綬「蘭竹図」石刻

이병수의「난죽도」석각

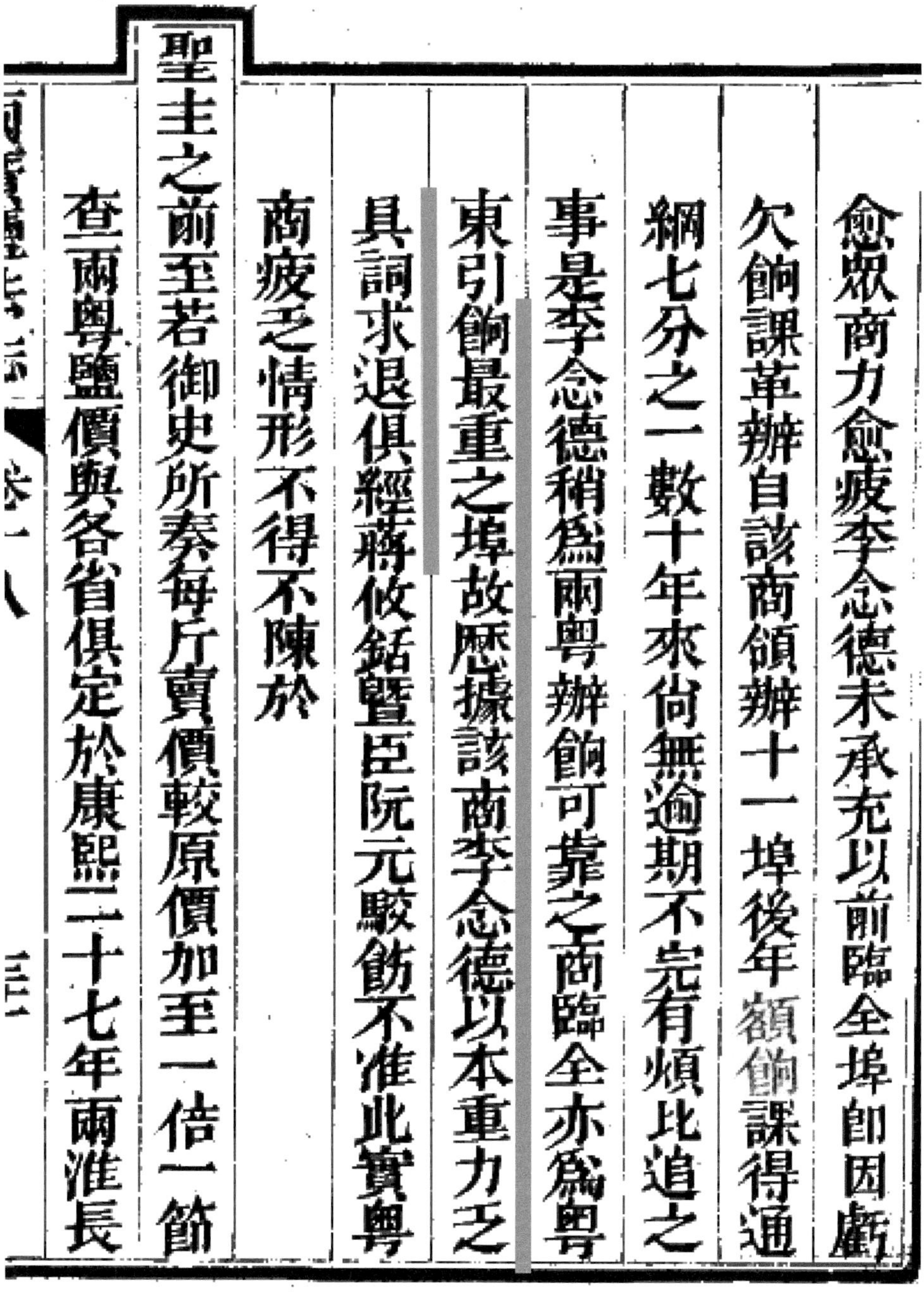

愈眾商力愈疲李念德未承充以前臨全埠即因虧

欠餉課革辦自該商領辦十一埠後年額餉課得通

綱七分之一數十年來尚無逾期不完有煩比追之

事是李念德稍為兩粵辦餉可靠之商臨全亦爲粵

東引餉最重之埠故應據該商李念德以本重力之

具詞求退俱經蔣攸銛暨臣阮元駁飭不准此實粵

商疲之情形不得不陳於

聖主之前至若御史所奏每斤賣價較原價加至一倍一節

查兩粵鹽價與各省俱定於康熙二十七年兩淮長

〈그림 29-2〉『両広塩法誌』巻十八、「李念徳は少し両広のために信頼できる商人であり、全臨も広東東のために最も重要な都市を引く」

『양광염법지』에서는 "이념덕은 양광지역에서 믿을 만한 염상이고 임계와 전주도 월동에서 세금을 가장 많이 납부하는 지역이다."라고 적고 있다.

175

清代桂林著名文化世家"临川李氏"

从江西临川(今江西进贤县区域)来到桂林的李宜民(商名李念德)于清代乾隆二十三年(公元1758年)以诚信获得承包海盐营运, 其发挥组织协调能力, 保障了广西食盐的供应, 负责的全州、临桂等地盐务为粤东地区缴纳饷费最多的, 于盐务"最谙练", 是两广办理饷盐的可靠之商(《两广盐法志》卷十八, "李念德稍为两粤办饷可靠之商, 临全亦为粤东引饷最重之埠")。他身为户部员外郎, 乐善好施, 出资为当时的桂林做了很多的善事, 如:购置义田、修建学校和公共场所、常接济穷苦者、修缮年久破败的桂林府学、重建已颓坏的城东南大桥、派人掩埋停放在开元寺与虞山庙的客死者灵柩并修建厝殡之所、重建位于隐山东麓的华盖庵并摹刻唐代末年贯休十六尊者像和《金刚经》全文勒石存世。

李宜民第二子李秉礼曾诰授中宪大夫, 与其子李宗瀚(工部侍郎)、李宜民合称为"李氏三代红顶子"; 李宜民第六子李秉绶曾任工部都水司郎中, 以诗画得名, 尤以梅兰竹为佳, 其子女在书画方面也有所成就。"一门风雅, 几代书香, 高官层出", 就是形容"临川李氏"的。在清代嘉庆、道光年间, "临川李氏"所建的私家园林, 遍布了半个桂林城。民国初年徐珂的《清稗类钞》提到:"桂林李园, 在城西北角, 距容门最近, 为一时胜地, 以江西李翁亶诚之重望著名也"、"翁只身赴粤, 起盐荚致富……后又有阁学宗瀚、大理联琇继之, 蔚为儒宗"、"陂水可数十亩, 闻其四至, 占城中十分之三……四方文学之士过从宴乐, 不减淮浙盐商诸家"。不仅赞叹了"李园"之壮美, 也描述了李氏的交游广阔及家族成就, 其家族的学问修养已可称"蔚为儒宗"。1997年版的《桂林市志》也为其立传, 不愧为著名的"文化世家"。

청나라 시기 계림에서 유명한 문화세가 '임천 이씨'

강서 임천(지금의 강서성 진현현)에서 계림으로 온 이의민(상명은 이념덕)은 성실함을 인정받아 청나라 건륭 23년(1758)에 해염(海鹽) 운영권을 얻었다. 그는 뛰어난 조직력으로 광서의 식염(食鹽) 공급을 보장하였으며, 그가 책임진 전주와 임계 지역은 월동(粤東) 지역에서 세금을 가장 많이 납부하는 곳이 되었다. 이의민은 소금 업무에 능숙했기에 광동과 광서 지역에서 믿을 만한 염상으로 인정받았다.(『양광염법지』의 기록에 따르면 "이념덕은 양광 지역에서 믿을 만한 염상이고 임계와 전주도 월동에서 세금을 가장 많이 납부하는 지역이다"라고 하였다.) 호부 원외랑 이념덕은 마음씨가 착하고 베풀기를 좋아하였으며 계림을 위해 좋은 일을 많이 했다. 의전(義田)을 사들이고 학교와 공공장소를 수건하였으며, 가난한 사람을 도와주고 무너져가는 계림부학을 수선하였으며, 망가진 성(城)의 남동(南東)다리를 재건하였다. 그뿐만 아니라 개원사(開元寺)와 우산묘(虞山廟)에 사람을 보내 죽은 이향민들을 묻어주고 빈소를 만들었으며 은산(隱山) 동쪽 자락의 화개암(華蓋庵)을 재건하고 당나라 말기의 관휴(貫休) 16존자상(尊者像)과 『금강경』 원문을 화개암에 새겼다.이의민의 둘째 아들 이병례(李秉禮)가 중헌대부(中憲大夫)를 맡은 적이 있어서 공부시랑(工部侍郎)인 그 아들 이종한(李宗瀚)과 함께 역사에서는 '이씨네 3대 홍정자(紅頂子, 고관대작)'라고 부른다. 이의민의 여섯째 아들 이병수(李秉綬)는 공부도수사랑중(工部都水司郎中)에 제수된 적이 있는데 시와 그림으로 유명하였으며 특히 매화, 난, 대나무를 잘 그렸다. 그의 자녀들도 서화에 일정한 조예가 있었다. "한결같은 풍아에 대대로 선비라 고관대작 많았네"라는 말은 바로 '임천(臨川) 이씨 집안'을 가리키는 말이다. 청나라 가경, 도광 연간 '임천 이씨'가 건축한 개인 원림은 계림의 반을 차지했다. 중화민국 초에 서가(徐珂)가 지은 『청패류초(淸稗類鈔)』에는 다음과 같은 기록이 있다. "계림 이원(李園)은 계림 북서쪽에 있으며 용문(容門)과 가장 가까운 명승지이고, 강서 이옹(李翁)의 단성(亶誠) 원림이 가장 유명하다"라고 했고, "이옹은 홀로 광동에 가서 소금 장사로 부자가 되었으며, …그 후 각학(閣學) 이종한(李宗瀚), 대리(大理) 이연수(李聯琇)가 이어 받았기에 유종(儒宗)이라 할 수 있다"라고 했다. 그리고 "10무나 되는 연못이 있어서 사람들이 소문을 듣고 찾아 왔고, 계림성의 지역 문학문사의 삼할에 달하는 사람들이 이곳에서 연회를 즐겼는데 그 수가 강소, 절강의 소금 장사꾼들보다 적지 않았다"라고 했다. 이러한 기록들은 '이원'의 웅장함과 아름다움을 보여주었을 뿐만 아니라 이씨 가문의 넓은 인맥과 성과를 보여주었다. 이씨 가문의 학문적 수양은 유종이라고 할 수 있는데 1997년에 편찬한 『계림시지(桂林市志)』에도 기록되어 있는 것을 보면 이씨가문이 '문화세가(文化世家)'임에 틀림없다.

二十九. 清代李秉绶《兰竹图》石刻

李秉绶《兰竹图》石刻位于桂林叠彩山风洞口, 内容为清代著名画家、诗人李秉绶所画的兰、竹各一幅, 合刻于一石版面之上, 高1.27米、宽0.67米, 上有清代诗人吕坚的题诗, 刻石于清代嘉庆十二年(公元1807年)。李秉绶在桂林的兰竹图石刻总共有八幅, 除了在叠彩山风洞口, 还有伏波山望江阁、普陀山四仙岩和虞山韶音洞, 各刻有两幅。

29. 清代李秉綬の『藍竹図』石刻

이병수의 「난죽도」 석각은 계림시 첩채산 풍동구에 있으며, 청나라 때 저명한 화가이며 시인이었던 이병수가 그린 난과 대나무가 하나의 바위에 함께 새겨져 있다. 석각의 높이는 높이는 1.27미터이고 폭은 0.67미터이며, 청나라 가경 12년(1807)에 당시 저명한 시인인 여견이 지은 시를 새겨 놓았다. 계림에는 이병수의 「난죽도」 석각이 8곳에 새겨져 있다. 첩채산 풍동구 외에 복파산 망강각, 보타산 사선암과 우산 소음동에 각각 두 폭씩 새겨져 있다.

〈그림 30-1〉"三元及第"榜书石刻及桂林王城正阳门

"삼원급제"석각과 계림 왕성 남쪽 정양문

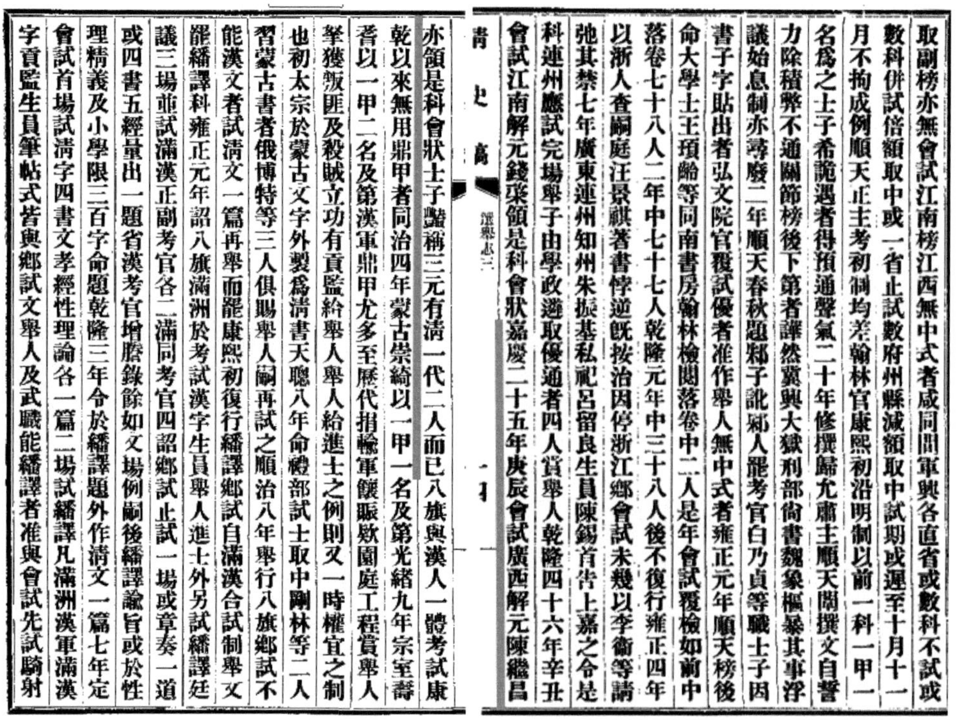

取副榜亦無會試江南榜江西無中式者咸同間軍與各直省或數科不試或
數科併試倍額取中或一省止試數府州縣減額取中試期或遲至十月十一
月不拘成例順天正主考初俱均差翰林官康熙初沿明制以前一科一甲一
名爲之士子希詭遇者得預通聲氣二十年修撰歸允蕭主順天闈撰父子因
力除積弊不通闈節榜後下第者譯然翼與大獄刑部尚書魏象樞暴其事浮
讓始息制亦尋慶二年順天春秋題粽子訛郐人罷考官白乃貞等職士子因
書子貼出者弘文院官覆試優作作舉人無中式者雍正元年順天榜後
命大學士王頊齡等同南書房翰林檢閱落卷中一人是年會試覆檢如前中
落卷七十八人一二年中七十七人乾隆元年中三十八人後不復行雍正四年
以浙人查嗣庭汪景祺著書悖逆既按治因停浙江鄉試未幾以李衞等請
弛其禁七年廣東連州知州朱振基祀呂留良生員陳錫昌告上嘉之令是
科連州應試完場舉子由學政遴取優通者四人賞舉人乾隆四十六年辛丑
會試江南解元錢棨領是科會狀嘉慶二十五年庚辰會試廣西解元陳繼昌

亦領是科會狀士子豔稱三元有清一代二人而已八旗與漢人一體考試康
乾以來無用鼎甲者同治四年蒙古崇綺以一甲一名及第光緒九年宗室壽
耆以一甲二名及第漢軍鼎甲尤多至歷代捐輸軍餉欵園庭工程賞舉人
舉獲叛匪及殺賊立功有貢監給舉人舉人給進士之例則又一時權宜之制
也初太宗於蒙古文字外製漢書天聰八年命鄉試士取中剛林等二人
習蒙古書者俄博特等三人俱賜舉人嗣再試之順治八年舉行八旗鄉試不
能漢文者試清文一篇而罷康熙初復行繙譯鄉試自滿漢合試制舉文
能繙譯者試雍正元年詔八旗滿洲於考試漢字生員舉人進士外另試繙譯
議三場並試滿漢正副考官各二滿洲於鄉試漢字一場或章奏一道
或四書五經量出一題省增膽錄餘如文場例嗣後繙譯諭旨或於性
理精義及小學量限三百字乾隆三年令於繙譯題外作清文一篇七年定
會試首場試滿字四書文孝經性理論各一篇二場試繙譯凡滿洲漢軍滿漢
字貢監生員筆帖式者與鄉試文舉人及武職能繙譯者准與會試先試騎射

〈그림 30-2〉《清史稿》志八十三, "嘉庆二十五年庚辰会试, 广西解元陈继昌亦领是科会、状, 士子艳称三元。有清一代, 二人而已"
『청사고』 지83권의 기록에 따르면, "가경 25년 경진회시에서 광서 해원을 얻은 진계창은 회원이기도 하고 장원이기도 했는데 사인들은 그를 삼원이라 불렀다. 청나라가 세워진 이래 두 명뿐이었다."

中国科举史上最后一位"三元"状元

陈继昌(公元1791-1849年)是乾隆年间名臣陈宏谋的玄孙，原名守睿，字莲史，今桂林临桂区人。陈继昌是嘉庆十八年(公元1813年)癸酉科解元，清嘉庆二十五年(公元1820年)会元、状元，被称为"三元及第"。在中国历史上，连中"三元"的仅有17人，其中"文三元"15人、"武三元"2人。而在整个清代的科举中，连中"三元"的仅有两个人，分别为乾隆年间的钱棨和嘉庆年间的陈继昌(《清史稿》列传九十四，"继昌，字莲史。嘉庆二十四年乡试，二十五年会试、廷试，俱第一，授修撰。历官至江西布政使"；《清史稿》志八十三，"嘉庆二十五年庚辰会试，广西解元陈继昌亦领是科会、状，士子艳称三元。有清一代，二人而已")。嘉庆皇帝对于陈继昌连中三元非常高兴，赋诗志庆曰："大清百八载，景运两三元，旧相留遗泽，新英进正论"(其中"旧相"指陈继昌的曾祖陈宏谋)。而陈继昌也成为了中国科举史上最后一位"三元"状元。

陈继昌"连中三元"之后，嘉庆皇帝驾崩，道光皇帝登基，有着"朝中第一重臣"之称的郭佳·穆彰阿(满洲镶蓝旗人)认为陈继昌将来在朝中会有较大的实力和声望，想要通过拉拢陈继昌投入自己门下，以壮声威。而陈继昌与穆彰阿政见不同，拒绝了他，因此受到穆彰阿的排挤和打击。直至道光二十三年(公元1843年)，陈继昌进京受到嘉勉时被道光皇帝认可后，才于道光二十五年(公元1845年)擢拔为江苏巡抚。在江苏巡抚任上一年多时，因晚年体弱多病，加上长期心情郁闷、嗜酒伤身，遂辞官回乡。最终在家中(今临桂四塘横山村)卧病三年后去世，终年59岁。陈继昌的一生历任翰林院编修，曾在山西、直隶、甘肃、江西等地担任官职，最后在江苏巡抚任上辞官。他在各地多处任职期间，弘扬教化，振兴实业，教民耕织，关心民瘼，深得民心；办事公正廉明，做了许多兴利除弊、促教兴文的事情，尤以兴修水利而深得民心。

중국 과거시험의 마지막 '삼원급제' 장원

진계창(1791~1849)은 건륭 연간의 유명한 신하 진굉모의 현손이며 원명은 수예(守睿)이고 자는 연사(蓮史)이며 지금의 계림시 임계구 사람이다. 그는 청나라 가경 18년(1813) 계유 과거시험의 해원(解元, 향시 수석합격자)이자 청나라 가경 25년(1820)의 회원(會元, 회시 수석합격자)과 장원(壯元, 전시 수석합격자)이었기에 그를 '삼원급제'라고 불렸다. 중국 역사에서 과거시험에 '삼원급제'한 사람은 문과에 15명, 무과에 2명밖에 안 된다. 청나라 전반을 합쳐도 '삼원급제'한 사람은 2명뿐인데 건륭 황제 때 전계(錢棨)와 가경황제 때 진계창이다.(『청사고』열전 94권에 따르면 "(진굉모의) 증손자 진계창의 자는 연사이며 가경 24년 향시, 25년 회시, 전시에서 일등을 해 수찬관을 맡았으며 후에 강서 표정사까지 되었다". 『청사고』지 83권의 기록에 따르면, "가경 25년 경진 회시에서 광서 해원을 얻은 진계창은 회원이기도 하고 장원이기도 한데 사인들은 그를 삼원이라 불렀다. 청나라가 세워진 이래 두 명뿐이었다".) 가경 황제는 매우 기뻐하면서 "청나라가 세워진 지 108년이 되는데, 좋은 기운을 받아 삼원급제한 장원이 두 명 생겼으니 진굉모는 유택을 남기고 새로운 인재는 앞날이 찬란하네"라는 시를 지어 축하하였다.(그중 '구상'은 진굉모를 가리킨다.) 진계창은 중국의 과거 역사상 마지막 '삼원' 장원이 되었다. 전계창이 '삼원' 장원을 한 후 가경 황제가 붕어(崩御)하고 도광 황제가 즉위하게 되면서 "조정의 제1 충신"이라고 불리던 고기야 무장가(郭佳·穆彰阿, 1782~1856, 만주 양람기인)는 그가 앞으로 조정에서 실력과 명성이 클 것이라 생각하고 그를 끌어들여 명성과 위엄을 높이려 하였다. 하지만 진계창은 정치적 의견이 다르다는 이유로 무장가의 요구를 거절했으며 그로 인해 배제와 공격을 받게 되었다. 도광 23년(1843), 진계창은 표창받기 위해 상경했다가 황제의 인정을 받으면서 도광 25년(1845) 강소성 순무(巡抚)로 발탁되었다. 부임한 지 1년 남짓하여 진계창은 몸이 허약해지고 병에 걸린 데다 우울한 나머지 술을 즐겨 마시다

보니 관직에서 물러나는 수밖에 없었다. 결국 고향으로 돌아와 가택(지금의 임계 사당 형산촌)에서 3년 동안 병을 앓다가 59세의 나이로 세상을 떠났다. 진계창은 평생을 한림원 편수로 있었고 산서, 직예, 감숙, 강서 등 지역의 지방관으로 있다가 나중에 강소 순무까지 한 다음 관직에서 물러났다. 벼슬을 하는 동안 그는 교화를 발전시키고 실업을 진흥시켰으며, 경직을 가르치고 백성들의 고통을 헤아렸으므로 민심을 얻었다.그뿐 아니라 청렴하고 좋은 일을 많이 했는데, 교육문화 특히 수리를 발전시킴으로써 민중의 지지를 얻었다.

三十. 清代阮元题"三元及第"榜书石刻

阮元题"三元及第"榜书石刻位于桂林王城南面正阳门(清代时为广西贡院端礼门)城门楼阙上, 由六块大型石方打磨组成, 高1.28米、长5.29米。该榜书刻有"三元及第"四个大字和"太子少保、兵部尚书、都察院右都御史、总督广东广西地方军务阮元为嘉庆十八年癸酉科解元、嘉庆廿五年庚辰科会元、殿试状元桂林陈继昌书"等字, 石刻两端还刻有"鲤鱼跳龙门"图案, 是清代太子少保、两广总督阮元为表彰陈继昌连中"三元"(分别在乡试、会试、殿试中连中解元、会元、状元)而刻石创制于此。

30. 청나라 완원이 쓴 '삼원급제' 석각

완원이 쓴 '삼원급제' 현판 석각은 계림 왕성의 남쪽 정양문(청나라 광서 공원의 단례문) 망루 위에 위치해 있는데, 대형 석방 여섯 개로 조성되었으며 높이는 1.28미터, 폭은 5.29미터이다. '삼원급제'라는 글과 "태자소보, 병부상서, 도찰원 우도어사, 총독 광동과 광서의 지방군무 완원이 가경 18년 계유 과거의 해원, 가경 25년 경진 과거의 회원, 전시 과거의 장원을 한 계림의 진계창을 위해 쓰다"라는 글이 새겨져 있다. 석각의 양쪽 끝에는 잉어가 용문을 뛰어 넘는 도안이 새겨져 있다. 이는 청나라 때 진계창이 연속 '삼원'(향시,

회시와 전시에서 해원, 회원, 장원)을 한 것을 장려하려고 태자소보, 양광 총독 완원이 써

준 석각이다.

〈그림 31〉　王元仁所书"带"字石刻

청나라시기 양삭 벽련봉 '대'자 석각

清代阳朔知县与其笔书多字合体的"带"字

阳朔漓江边的碧莲峰，得名因其形酷似一朵莲花而其山色青翠如碧。此峰临江的陡峭崖壁上刻着一个巨大的"带"字草书，书写这个巨大"带"字的是清代阳朔知县王元仁。王元仁，字静山，今浙江省绍兴人，其自称为王羲之后裔，擅长写擘窠大书。"带"字本意为借用唐代韩愈《送桂州严大夫》"江作青罗带，山如碧玉簪"中的"带"，以喻蜿蜒于奇峰之间、美如飘逸青罗带的漓江。却因该石刻巨大的篇幅受到更多的关注和解读，引发了后人纷纷从这一个"带"字的笔画结构当中读出"玄机"：有说内含"一带山河，少年努力"八个字；也有人读作"一带山河甲天下，少年努力举世才"十四个字；更有人发挥为"一带山河、举世无双、少年努力、万古流芳"十六字短诗。而王元仁也因这个"带"字奠定了他在书法界擅长书写擘窠大字的地位。但令人略有不解的是，石刻中落款的"静山"、"王元仁印"这两枚方印居然都是倒置的，这个疑问至今还没有找到令人信服的答案。

由王元仁笔书并刻石的"擘窠大书"还有：桂林月牙山龙隐岩高0.70米、宽0.82米的"佛"字(此字另复刻于普陀山七星岩旁)；桂林隐山朝阳洞，高4.33米、宽1.87米的"龙"字；以及王元仁后来任崇善(今广西崇左)知县时在南宁武鸣县起凤山书并刻的高4.85米、宽4.2米的"凤"字和今崇左市丽江公园内高2米、宽1米的"寿"字；宜山鹅潭的"鹅"字。

청나라 양삭 지현과 여러 글자의 혼합체로 쓴 '대(帶)'자

벽련봉은 양삭의 이강 강변에 위치해 있는데, 봉우리가 마치 당장 피어날 듯한 푸른 연꽃의 꽃망울과 같다 하여 벽련봉이라는 이름을 가지게 되었다. 강을 끼고 있는 절벽에는

거대한 '대(帶)'자가 초서체로 새겨져 있는데 이는 청나라 때 양삭의 지현 왕원인(王元仁)
이 쓴 것이다. 왕원인의 자는 정산(靜山)이며, 절강성 소흥 사람이다. 그는 왕희지의 후예
라 자칭했으며, '벽과대서(擘窠大書)'를 잘 썼다. '대(帶)'의 의미는 당나라 한유의 「계주
엄대부를 보내며」라는 시 중의 "강은 푸른 띠 같고, 산은 파란 옥비녀 같네"에서 '띠'의 뜻
을 빌린 것으로, 기이한 산들 사이로 굽이굽이 흐르는 이강의 아름다운 모습을 흩날리는
푸른 비단 허리띠에 비유한 것이다. 후에 사람들은 '대'자에 들어있는 미묘한 이치에 대해
논했는데, 어떤 이는 "일대산하, 소년노력(一帶山河, 少年努力)"이라는 여덟 자로, 어떤
이는 "일대산하갑천하, 소년노력거세재(一帶山河甲天下, 少年努力擧世才)"라는 14자로
이해하였으며, 또 어떤 이는 "일대산하, 거세무쌍, 소년노력, 만고류방(一帶山河, 擧世無
双, 少年努力, 萬古流芳)"이라고 16자의 짧은 시로 표현하였다. 왕원인은 이 '대'자로 '벽
과대서'에 능함을 증명했고, 서예 영역에서 자신의 지위를 높일 수 있었다. 지금까지 의문
으로 남는 부분은 '청산'과 '왕원인인'이라는 인장이 모두 거꾸로 새겨져 있다는 점인데,
이에 대한 답은 아직 찾지 못하고 있다.왕원인이 쓴 '벽과대서'는 이 외에도 계림 월아산
용은암에 있는 높이가 0.70미터, 폭이 0.82미터에 달하년 '불(佛)'자(이 글자는 보타산 칠
성암 옆에도 새겨져 있다)와 계림 용은산 조양동에 있는 높이가 4.33미터, 폭이 1.87미터
에 달하는 '용(龍)'자와 원원인이 숭선(지금 광서 숭좌시) 지현에 부임할 당시, 남녕(南寧)
의 무명현(武鳴縣) 기봉산(紀鳳山)에 있는 높이가 4.85미터, 폭이 4.2미터에 달하는 '봉
(鳳)'자, 숭좌(崇左)시 여강(麗江)공원에 있는 높이가 2미터, 폭이 1미터에 달하는 '수(壽)'
자, 그리고 의산(宜山)의 아담(鵝潭)에 있는 '아(鵝)'자가 있다.

三十一. 清代阳朔碧莲峰"带"字石刻

碧莲峰"带"字石刻位于桂林阳朔漓江边碧莲峰崖壁, 字高5.72米、宽2.91米, 是清代
道光十四年(公元1834年)由时任阳朔知县的王元仁所书的一个"带"字, 该字笔划最粗

处0.50米、最细处0.16米，是广西已发现的石刻文字中字径最大的。石刻右边刻有"大清道光申午仲春山阴元仁书"十三字款，款下有边长为0.16米的"静山"、"王元仁印"两枚倒刻方印。

31. 청나라 시기 양삭 벽련봉 '대'자 석각

백련봉에 새겨진 '대'자 석각은 계림시 양삭현 이강 강변의 벽련봉 위에 있는데 높이는 5.72미터, 폭은 2.91미터에 달한다. 청나라 도광 14년(1834)에 양삭현 지현을 맡았던 왕원인(王元仁)이 쓴 것이다. 가장 굵은 획은 0.5미터에 달하고 가장 간 획은 0.16미터로, 광서에서 발견된 석각 중 가장 큰 글자이다. 석각의 오른쪽에는 "대청도광신무중춘산음원인서"라는 13자가 새겨져 있고 그 밑에 '정산', '왕원인인'이라는 길이가 0.16미터에 달하는 도장 두 개가 거꾸로 새겨져 있다.

〈그림 32-1〉康有为风洞题记石刻

청나라 광서년간 풍동에 쓴 강유위의 글

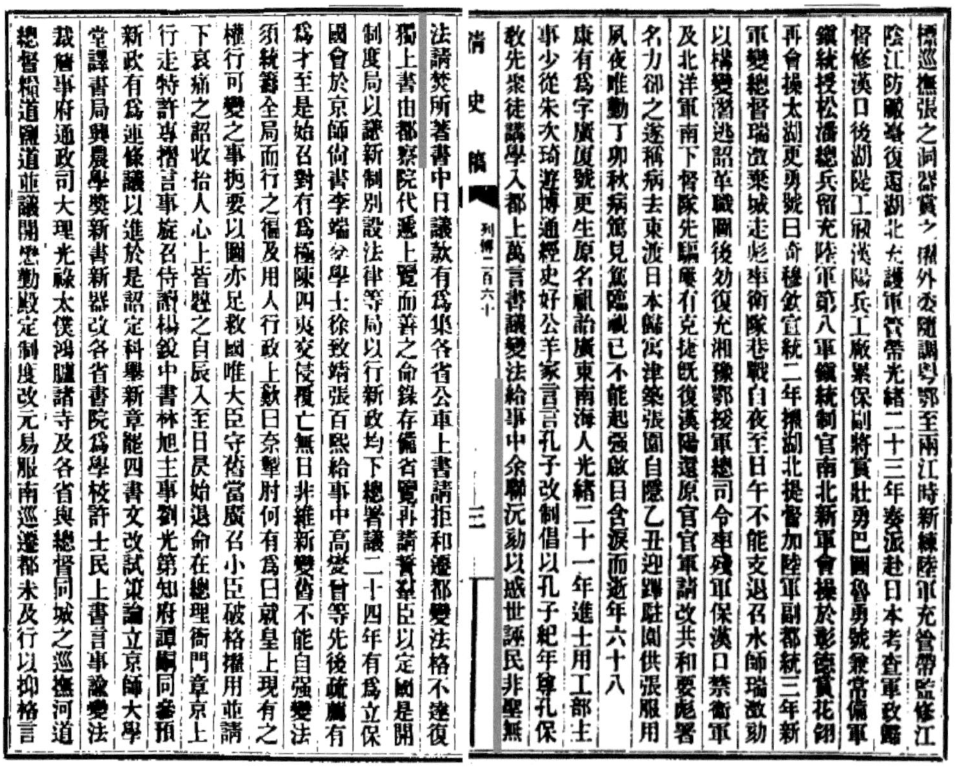
標巡撫張之洞器賞之擢外委隨調粵鄂至兩江時新練陸軍充管帶監修江
陰江防礮臺復還湖北充護軍營帶光緒二十三年奏派赴日本考查軍政歸
督修漢口後湖隄工竣漢陽兵工廠累保副將賞壯勇巴圖魯勇號兼常備軍
鎮統授松潘總兵留充陸軍第八鎮統制官南北新軍會操於彰德賞花翎
再會操太湖更勇號曰奇穆欽宣統二年擢湖北提督加陸軍副都統三年新
軍變總督瑞澂棄城走彪率衛隊巷戰自夜至日午不能支退召水師瑞澂劾
以構變潛逃詔革職圖後効復充湘豫鄂援軍總司令率殘軍保漢口禁衛軍
及北洋軍南下督隊先驅屢有克捷既復漢陽還原官官軍議改共和要彪署
名力卻之遂稱病去東渡日本歸寓津築張園自隱乙丑迎蹕駐園供張服用
夙夜唯勤丁卯秋病篤見駕臨視已不能起强啟目含淚而逝年六十八
康有爲字廣廈號更生原名祖詒廣東南海人光緒二十一年進士用工部主
事少從朱次琦遊博通經史好公羊家言言孔子改制倡以孔子紀年尊孔保
教先聚徒講學入都上萬言書議變法給事中余聯沅劾以惑世誣民非聖無

清史稿 列傳二百六十 一三

法請焚所著書中日議款有爲集各省公車上書請拒和遷都變法格不達復
獨上書由都察院代遞上覽而善之命錄存備省覽再請誓羣臣以定國是開
制度局以議新制別設法律等局以行新政均下總署議二十四年有爲立保
國會於京師尚書李端棻學士徐致靖張百熙給事中高燮曾等先後疏薦有
爲才至是始召對有爲極陳四夷交侵覆亡無日非維新變舊不能自强變法
須統籌全局而行之徧及用人行政上歎曰奈掣肘何有爲曰就皇上現有之
權行可變之事扼要以圖亦足救國唯大臣守舊當廣召小臣破格擢用並請
下哀痛之詔收拾人心上皆嘉之自辰入至日昃始退命在總理衙門章京上
行走特許專摺言事旋召侍讀楊銳中書林旭主事劉光第知府譚嗣同參預
新政有爲連條議以進於是詔定科舉新章罷四書文改試策論立京師大學
堂譯書局興農學獎新書新器改各省書院爲學校許士民上書言事論變法
裁詹事府通政司大理光祿太僕鴻臚諸寺及各省與總督同城之巡撫河道
總督糧道鹽道並議開懋勤殿定制度改元易服南巡遷都未及行以抑格言

〈그림 32-2〉《清史稿》列传二百六十, “给事中余联沅劾以惑世诬民, 非圣无法, 请焚所著书”

『청사고』열전260권에 보면 “급사중 여련원이 탄핵하기를 혹세무민하니, 이는 나라의 법도를 어기는 것이라 그의 글을 태워버릴 것을 청한다”라고 적고 있다.

康有为两次到桂林讲学

清代光绪十七年(公元1891年),康有为撰写并初刊《新学伪经考》,对多数古文经典进行彻底的否定和批判,在某些程度上打击了"恪守祖训"、不愿变法的封建顽固派,使得他在学术界的名声大振,但同时也埋下了祸根。御史安维峻、礼部给事中余联沅分别弹劾康有为诋毁圣人之道、蛊惑民众,称其现在对圣贤不予尊重、加以悖逆,在关键时候就会叛逆朝廷,因此请求把他的著作全部焚毁以断绝祸根(《清史稿》列传二百六十,"给事中余联沅劾以惑世诬民,非圣无法,请焚所著书")。两广总督李瀚章也命令康有为将此书自行焚毁。在戊戌政变后,《新学伪经考》又曾两度被禁。

在这样的背景下,康有为分别于光绪二十年(公元1894年)、二十三年(公元1897年)两次受桂林人龙泽厚邀请来到桂林,均居住在叠彩山风洞前的景风阁(今"康有为讲学处遗址"石碑处)。康有为在桂林期间收徒讲学,宣传变法思想,两次讲学都吸引了众多的广西学子。康有为第二次到桂林讲学时,适逢甲午战争失败不久,全中国人心思变,呼吁变法,强国思潮起伏不绝。领导了"公车上书"运动的康有为在桂林受到空前的热烈欢迎和重视,于是他趁势在桂林开展了多项活动,如:以宣传维新改良思想,培养变法人才为目的创办了圣学会,得到了桂林当地名流岑春煊、唐景崧、蔡希邠、周璜以及当时桂林四大书院中部分山长的支持和赞助(《康南海自编年谱》记录,开圣学会时"行礼日,士夫云集,威仪甚盛。既而移之依仁坊彭公祠,设书藏讲堂义学,规模甚敞");开办广仁学堂,除开设经学等传统课程外,还涉及中外历史、地理、物理等课程;创办《广仁报》,以宣传变法图强为宗旨,成为广西最早的报纸。于是在短短半年时间内,桂林便一跃成为全国维新运动的活跃地区之一(梁启超《日本横滨中国大同学校缘起》称"北肇强学于京师,南开圣学于桂海,湖湘陕右,角出条奏,云雾既拨,风气大开")

在游览桂林山水人文胜景的同时,康有为还创作了有关桂林诗词30余首,部分成为了珍贵石刻, 有较高的史料价值。其中, 康有为多次游龙隐岩, 每每在《元祐党籍》碑前感慨万分、伫立良久, 留下了著名的"媪相熏天锢党人, 鞭鸾笏凤已千春。只今龙隐岩边路, 却为遗碑动马尘"诗句。

虽然辛亥革命后康有为自身沦为了保皇党, 但变法的火种与维新的思想在桂林传播不息：曾在桂林聆听康有为讲学的马君武, 成为同盟会反封建的重要成员；曾全力支持康有为变法的岑春煊后来奋起抗击恢复帝制的袁世凯；最早邀请康有为到桂林讲学的龙泽厚, 也始终坚定地站在反封建阵线的最前线。

☁ 【계림구사】 링크 ☁

강유위가 강의하러 계림에 두 번 오다

청나라 광서 17년(1891) 강유위는 『신학위경고(新學僞經考)』를 직접 지어 출간했다. 이 책에서 그는 다수의 고문 경전을 철저히 부정하고 비평했는데, 어떤 의미에서는 조상의 법을 따르고 변법을 부정하던 완고파들에게 있어서 충격적이었다. 이 일로 그는 학계에서는 큰 명성을 날리게 되었으나 동시에 화근을 심어놓게 되었다. 어사(御史) 안유준(安維峻)과 예부급사중(禮部給事中) 여련원(余聯沅)은 강유위가 성인의 도를 비난하고 민심을 현혹했을 뿐만 아니라, 관건적인 순간에 조정을 배신할 거라 하면서 후환을 없애려면 그의 저작을 전부 태워 버려야 한다고 간청하였다.(『청사고』 열전 260권에는 "급사중 여련원이 탄핵하기를 혹세무민하니, 이는 나라의 법도를 어기는 것이라 그의 글을 태워버릴 것을 청한다"라고 적고 있다.) 양광 총독 이한장(李瀚章)도 강유위에게 스스로 책을 없애 버리라고 명하였다. 무술변법 후에도 『신학위경고』는 두 번이나 금서가 되고 말았다.이러한 상황에서, 강유위는 광서 20년(1894)과 23년(1897)에 걸쳐, 두 번이나 용택후(龍澤厚)의 초청으로 계림을 방문하였으며, 두 번 다 첩채산 풍동 앞에 있는 경풍각(景風閣, 현

'강유위가 강의한 유적지' 석각이 있는 곳)에 머물렀다. 그는 계림에 있는 동안, 학생을 받아들이고 변법사상을 강의했는데 두 번의 강의에 광서의 학생들이 많이 참여하였다. 강유위가 두 번째로 계림에 왔을 때는 갑오전쟁이 실패한 지 얼마 되지 않았기에 전 국민의 사상에는 많이 변화가 생겼고, 변법을 호소하며 강국(强國) 사조가 끊임없이 생겨날 때였다. '공거상서(公車上書)'를 주도했던 강유위는 계림에서 열렬한 환영을 받았으며 사람들은 그의 방문을 중시했다. 이러한 환영에 힘입어 강유위는 계림에서 여러 가지 행사를 개최하였다. 그는 유신개량 사상을 홍보하고 변법 인재를 배양하려고 성학회(聖學會)를 창립했는데 계림 현지의 명사들인 잠춘훤(岑春煊), 당경숭(唐景崧), 채희빈(蔡希邠), 주황(周璜) 및 당시 계림 사대서원(四大書院)의 일부 산장(山長)의 지지와 협찬을 받았다.(『강남해자편연보』의 기록에 따르면 성학 공부를 위한 모임에서 "예를 행하는 당일에는 사대부들이 운집하여 모인 사람들이 매우 많았다. 의인방(依仁坊) 팽공사(彭公祠)로 자리를 옮겨 책을 준비하고 강의를 시작해 학문을 논했는데 그 규모가 매우 컸다"라고 했다.)

그는 또 인학당(仁學堂)을 세우고 경학 등 전통 교과과정 외에 중국 역사, 세계 역사, 지리와 물리 등도 설치하였다. 그리고 변법도강의 목적으로『광인보(廣仁報)』를 창간했는데 이는 광서 최초의 신문이었다. 이를 통해 계림은 반년 만에 중국에서 유신운동이 가장 활발한 지역의 하나가 되었다.(양계초는『일본 요코하마 중국대동학교 발기문』에서 "북쪽에서는 북경이 학문에 강하고, 남쪽의 계림은 학문이 성한데 호남, 호북, 섬서가 그 오른 쪽에 위치해 구름과 안개가 걷히고 나면 풍기가 바로 일어날 것이다"라고 하였다.)강유위는 계림의 아름다운 풍경을 감상하면서 30여 수의 계림 관련 시와 사를 창작하였는데 그중 일부는 석각으로 만들어져 비교적 높은 사료 가치가 있다. 이 중에서 강유위가 수차 용은암을 유람하였으며 그때마다 감개무량해 하면서 '원우당적(元祐堂籍)' 비석 앞에 오랫동안 서 있었다. "간신들이 천하를 덮고 있어 당인의 길이 막힌 지 오래고, 봉황을 채찍질하고 가둔 지도 오랜 세월이 흘렀는데, 오늘날 용은암 옆을 걸으니 새겨진 비문에 나도 몰래 말고삐 당기게 되네"라는 시도 그때 지은 것이다.

신해혁명 후 강유위는 비록 보황당이 되었지만 그의 변법과 유신사상만은 계림에서 계속 명맥을 이어나갔다. 계림에서 강유위의 강의를 들은 적이 있는 마군무(馬君武)는 동맹회 성원으로서 봉건주의를 반대하는 주요인사가 되었고, 강유위의 변법을 적극적으로 지지하던 잠춘훤은 군주제도를 회복하고 복벽한 원세개를 반대하는 데 앞장섰으며, 가장 먼저 강유위를 계림에 초청해 강의를 하게 한 용택후 역시 시종 앞장에 서서 봉건전제제도를 반대하였다.

三十二. 清代光绪年间康有为风洞题记

康有为风洞题记石刻高0.8米、宽0.4米, 内容是康有为于清代光绪二十年(公元1894年)第一次来桂林讲学期间, 在叠彩山风洞北口石壁上题刻的25个字：“光绪甲午之腊, 南海康长素以著书被议, 游于桂山, 居风洞月余”。由于当时康有为著书所述学说遭到非议, 并被下令焚毁所著。到桂林讲学时带着郁闷的心情写下了当时的切身感受, 并刻在了岩洞的角落, 因有其以上题字。

32. 청나라 광서 연간 풍동에 쓴 강유위의 글

강유위가 봉동(風洞)에 쓴 석각은 높이가 0.8미터이고 폭은 0.4미터에 달한다. 청나라 광서 20년(1894)에 처음으로 계림에 강의하러 온 강유위는 첩채산 풍동의 북쪽 입구의 석벽에 25자를 지었는데 내용은 다음과 같다. "광서 갑오년 동짓달, 남해 강장소는 본인의 책이 비난을 받게 되자 계림 산수를 유람하였으며 풍동에 수 개월 머물렀다." 당시 강유위는 본인이 쓴 글이 비난을 받고 소각당하자 이 글을 지었다고 한다. 그는 계림에서 강의하는 동안 자신의 울적한 마음을 달래기 위해 당시 자신의 솔직한 마음을 토로한 시를 동굴의 한 구석에 새겨 놓았는데 이것이 바로 상술한 석각이다.

〈그림 33-1〉唐景崧《奎光楼记》石刻

청나라 당경송의 『규광루기』 석각

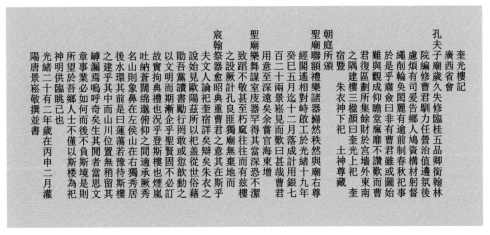

〈그림 33-2〉结合文献实地考察梳理《奎光楼记》文字, 并以碑文原貌顺序记录(因石刻裂损、已无法辩认的文字以"口"代替)

문헌자료와 현지답사를 통해 정리한 『규광루기』의 글귀. 비문의 원모를 되살려 순서대로 기록. (세월의 흔적으로 복원이 불가능한 문자는 「口」로 표기하였음.)

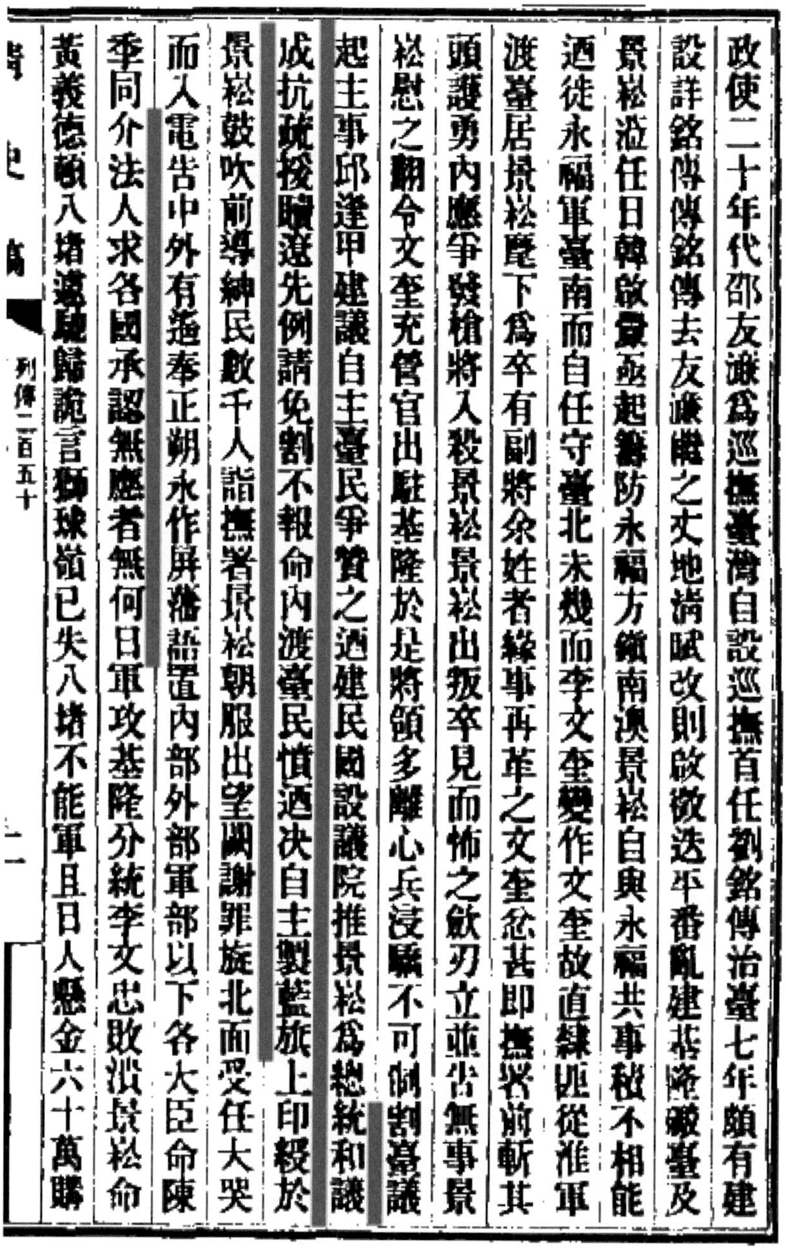

政使二十年代邵友濂爲巡撫臺灣自設巡撫首任劉銘傳治臺七年頗有建
設詳銘傳傳銘傳去友濂繼之丈地清賦改則啟徵迭平番亂建基隆礮臺及
景崧涖任日韓啟釁亟起籌防永福方鎮南澳景崧自與永福共事稔不相能
迺徙永福軍臺南而自任守臺北未幾而李文奎變作文奎故直隸匪從淮軍
渡臺居景崧麾下爲卒有副將余姓者緣事再革之文奎忿甚即撫署前斬其
頭護勇內應爭發槍將入殺景崧景崧出叛卒見而怖之斂刃立並告無事景
崧慰之翻令文奎充管官出駐基隆於是將領多離心兵浸驕不可制割臺議
起主事邱逢甲建議自主臺民爭贊之迺建民國設議院推景崧爲總統和議
成抗疏援贖遼先例請免割不報命內渡臺民憤迺決自主製藍旗上印綬於
景崧鼓吹前導紳民數千人詣撫署景崧朝服出望闕謝罪旋北面受任大哭
而入電告中外有遙奉正朔永作屏藩語置內部外部軍部以下各大臣命陳
季同介法人求各國承認無應者無何日軍攻基隆分統李文忠敗潰景崧命
黃義德援八堵遽馳歸詭言獅球嶺已失八堵不能軍且日人懸金六十萬購

清史稿 列傳二百五十 二

〈그림 33-3〉《清史稿》列传二百五十载"割台议起, 主事邱逢甲建议自主, 台民争赞之。乃建"民国", 设议院, 推景崧为总统。和议成, 抗疏援赎辽先例, 请免割, 不报, 命内渡。台民愤, 乃决自主, 制蓝旗……电告中外, 有'遥奉正朔、永作屏藩'语"

『청사고』 열전 250권의 기록에 따르면, "일본에 대만을 할양한다는 소식을 들은 주사 구봉갑은 자주독립할 것을 주장하였고 사람들은 이에 찬성하였다. 그리하여 '민국'을 세우고 의원을 설립하였으며 당경송을 총통으로 추천하였다. 협의가 달성되자 요동반도를 되찾은 선례를 인용하여 상소문을 올려 할양을 반대하였다. 하지만 통과하지 못했고 륙지로 돌아오라는 명을 받게 되었다. 분노한 대만 민중들은 독립을 결심하고 파란색 깃발을 만들었다 …… 그리고 국내외에 전문을 보냈는데 거기에는 '중국 대륙의 영원한 번속국'이라고 주장이 적혀 있었다."라고 했다.

临危受命、领导台湾抗日的"台湾民主国总统"唐景崧

唐景崧(公元1841-1903年)字维卿，桂林灌阳人，在中法越南之战中有功，逐级荐升台湾巡抚(从二品)。光绪二十一年(公元1895年)清朝政府与日本明治政府签订《马关条约》、割让台湾的消息传出，台湾各界鸣锣罢市，强烈抗议土地被割让，表示"与其生为降俘，不如死为义民"。丘逢甲血书"拒倭守土"，倡议台湾自立为民主之国，推举唐景崧为总统领导军民抗日。于是唐景崧七次电报致清朝政府，表示"台湾属倭，万众不服"，强烈请求拒绝按照条约要求割让台湾。清政府不但不同意请求，反而派遣"割台特使"前往台湾办理交割事宜，并以军机处谕令"署台湾巡抚唐景崧，著即开缺来京陛见，所有文武大小各员著即陆续内渡"，同时严令禁止内地接济台湾抗日军民。当时唐景崧拒不奉命，遂以蓝地黄虎为国旗，"永清"为年号(意为永属大清)，建"台湾民主国"，成为了中国有史以来第一位"总统"。同时电告中外，表示"台湾民主国""遥奉正朔、永作屏藩"，永远都是中国大陆的藩属国(《清史稿》列传二百五十载"割台议起，主事邱逢甲建议自主，台民争赞之。乃建"民国"，设议院，推景崧为总统。和议成，抗疏援赎辽先例，请免割，不报，命内渡。台民愤，乃决自主，制蓝旗……电告中外，有'遥奉正朔、永作屏藩'语")。最后由于满清朝廷拒派援兵，且断绝一切粮饷、弹药接济，领导台湾抗日的斗争终告失败，唐景崧与丘逢甲、刘永福等人不得不陆续返回大陆。至此，日本开始了对中国台湾长达五十年的殖民统治。

今人只知唐景崧从台湾回到桂林后，热衷于戏曲革新、并首创了桂剧，却不了解他用心良苦、创桂剧的真实本意。通过唐景崧对己亥课艺所选学员齐云骥的《同律度量衡论》所加批语，则可洞悉其初衷，其中批道"今有心世道者，辄言变法，但变一法而弊端踵至，则以风俗人心之壤也。故非变风俗人心，则法必不能变"。唐景崧在把对法作战期间的日记整理成《请缨日记》的同时，还另著有《诗畸》、《谜拾》、《寄闲吟馆诗存》、《看棋

亭杂剧》等书。他去世时, 有挽联之一可概其所事, "保越大名垂, 日记一篇, 战绩早教敌胆落 ; 割台遗恨在, 谏书七上, 孤忠惟有帝心知"。

🌥️ 【계림구사】링크 🌥️

위기의 순간 명을 받들어 대만 민중을 이끌고 항일한
'대만민주국 총통' 당경송

당경송(唐景崧, 1841~1903)의 자는 유경(維卿)이고 계림 관양 사람이다. 그는 중국-프랑스-베트남전쟁에서 공을 세워 대만순무(臺灣巡撫, 종 2품)로 승진하였다. 광서 21년(1895) 청나라 조정이 일본 메이지 정부와 『마관조약(馬關條約)』을 체결하고 대만을 할양(割讓)한다는 소식이 전해지자 대만 각계에서는 "포로로 사느니 차라리 의로운 민중이 되어 죽겠다"라고 하면서 파업하고 항의 시위에 나섰다. 구봉갑(丘逢甲)은 "왜군을 물리치고 우리 땅을 지키자"라는 혈서를 쓰고, 대만이 민주국가로 자립할 것을 제의하면서 당경송에게 총통이 되어 군민을 이끌고 항일할 것을 요구했다. 당경송도 청나라 조정에 일곱 번이나 전문을 보내 "대만을 일본에 할양하는 것에 민중은 불복한다"라고 하면서 조약대로 대만을 할양하는 일이 절대 일어나서는 안 된다고 요구했다. 하지만 청 정부는 이 청구에 동의하지 않았을 뿐만 아니라 '대만할양특사(割臺特使)'를 대만에 따로 보내 할양 사항을 처리하게 하였다. 그리고 군기처에서 조서를 내려 "대만순무 당경송은 당장 북경에 복귀하고 폐하를 알현하며, 모든 문무백관은 대륙으로 돌아와야 한다"라고 했다. 동시에 대륙의 민중들이 대만 민중들의 항일을 구제하지 말라고 했다. 하지만 당경송은 명을 거역하고 파란색 바탕에 노란 호랑이를 그려 국기를 만들고 '영청(永淸, 영원히 청나라에 속한다는 뜻)'을 연호로 하여 '대만민주국'을 세운 다음 중국 역사상 첫 '총통'이 되었다. 그리고 국내외에 전문을 보내 '대만민주국'은 영원히 중국 대륙의 번속국(藩屬國)이라고 했다.(『청사고』열전 250권의 기록에 따르면, "일본에 대만을 할양한다는 소식을 들은 주사 구봉갑은 자주독립할 것을 주장하였고 사람들은 이에 찬성하였다. 그리하여 '민국'을 세우고 의원을 설립하였으며 당경송을 총통으로 추천하였다. 협의가 달성되자 요동반도를 되찾은 선례를 인용하여 상소문을 올려 할양을 반대하였다. 하지만 통과하지 못했고 육지로 돌아오라는 명을 받게 되었다. 분노한 대만 민중들은 독립을 결심하고 파란색 깃발을 만들었다. …그리고 국내외에 전문을 보냈는데 거기에는 '중국 대륙의 영원한 번속국'이라고 주장이 적혀 있었다"라고 했다.) 결국 청나라 조정에서 지원군을 보내지 않았고 군량과 무기 공급을 끊은 탓에 대만의 항일투쟁은 실패하고 당경송, 구봉갑과 유영복은 대륙으로 돌아가게 되었다. 그 후 50년 동안 대만은 일본의 식민지 통치를 받았다.

사람들은 당경송이 대만에서 계림에 돌아와 희곡 혁신에 모든 심혈을 기울였고 처음 계극(桂劇)을 창시했다는 사실만 알 뿐, 계극을 창시하게 된 깊은 뜻은 잘 모르고 있다. 기해(己亥)년 과예(課藝)에서 뽑힌 제운기(齊云驥)의 작품 『동률도량형론(同律度量衡論)』을 택하여 평론한 것을 보면 그의 깊은 뜻을 알 수 있다. 그는 평어에 "오늘날 뜻 있는 자들이 변법을 한다고 떠드는데 사람들의 풍습과 생각에는 차이가 있기 때문에 변법을 하는데 많은 폐단이 따르게 된다. 그러므로 사람들의 풍습과 생각이 바뀌지 않는 한 법은 결코 바뀌지 않는다"라고 적었다. 당경송은 프랑스 전쟁 기간에 쓴 일기를 정리하여 『청영일기(請纓日記)』를 펴냈으며, 그 외에도 『시기(詩畸)』, 『미습(謎拾)』, 『기한음관시존(寄閑吟館詩存)』, 『간기정잡극(看棋亭雜劇)』 등 책을 썼다. 그가 타계하자 사람들은 다음과 같은 만련(挽聯)을 지어 그의 공적을 기렸다. "베트남을 지키는 데 큰 공을 세우고 매일 일기를 남겼으며, 전장에서 세운 공은 적의 간담 서늘케 했네. 대만을 잃은 것 때문에 한이 남아, 상소를 일곱 번 올렸으니 그 충정 황제만이 헤아린다네."

三十三. 清代唐景崧《奎光楼记》石刻

为勉励地方人士勤奋读书, 由广西全省绅士捐资兴建于清代光绪十九年(公元1893年)的桂林文庙奎光楼(屋顶主梁上红字所记"大清光绪十九年癸巳仲秋月穀旦闔省绅士公建"), 是两层砖木结构, 青砖青瓦, 座北朝南。竣工后, 光绪二十二年(公元1896年), 从台湾内渡大陆回到桂林不久的唐景崧作《奎光楼记》并笔书刻碑嵌于桂林文庙(今桂林中学)内奎光楼下右墙壁, 后因建筑修葺致裂损, 现存于桂海碑林博物馆。《奎光楼记》石刻长1.17米、高0.56米。

33. 청나라 당경송의 『규광루기』 석각

청나라 광서 19년(1893)에 지역 사람들이 학업에 전념할 수 있도록 독려하기 위해 광서 전역 신사(紳士)들이 돈을 모아 세운 계림 문묘 규광루(지붕의 도리에 붉은 글씨로 '대청 광서 19년 계사')는 2층 구조로 되어 있으며 푸른 벽돌로 쌓고 푸른 기와를 얹었으며 남향으로 지어졌다. 준공된 다음 청나라 광서 22년(1896)에 대만에서 돌아온 지 얼마 안된 당경송이 쓴 『규광루기』를 계림 문묘(지금의 계림중학교) 안에 있는 규광루(奎光樓) 오른쪽 벽에 새겼으나 건물 보수로 파손된 것을 현재 계림의 계해비림박물관(桂海碑林博物館)에 복원해 놓았다. 『규광루기』 석각은 길이가 1.17미터, 폭이 0.56미터에 달한다.

〈그림 34〉 谢光绮《瞻榆池馆图》题记并诗石刻

사광기가 『첨유지관도』를 그리고 시를 짓다

蔡锷在桂林

　　清代光绪三十一年(公元1905年)，清末湖南维新变法运动的重要人物、护国元勋蔡锷应广西巡抚李经羲之聘，任广西新军总参谋兼总教练官，同时兼任随营学堂总理官、兼理测绘学堂总事、陆军小学堂总办。一直以来，蔡锷都与同盟会高层暗中保持着紧密的联系。樊锥是蔡锷的恩师，1907年，时任广西巡抚张鸣岐托蔡锷邀请正在南京某军校任教的樊锥到桂林创办广西法政学堂。但樊锥到桂林后不久，肺病复发，为减少当时炎热天气对老师肺病的不良影响，蔡锷一面将樊锥送到叠彩山风洞旁养病，一面筹钱准备送老师去日本治疗(樊锥于1907年在风洞旁养病期间所作的《和随园主人诗》的跋中提到"舆床养疾风洞"、"持肺洞阴疗")。当时蔡锷在桂林身兼着数职，但忙碌之中，每天都会到老师居所殷勤侍奉，并且总是深夜才离开。

　　由于蔡锷一直是暗中紧密联系同盟会高层，所以在桂林同盟会成员中引起了误会。当时的广西巡抚张鸣岐排挤革命党人，却让蔡锷总揽新军大权，导致桂林同盟会的猜疑。虽然黄兴已明确告知他们，蔡锷是革命人士，并以亲笔信交桂林同盟会负责人转给蔡锷。但蔡锷在接到信后仍未作任何表露，桂林同盟会成员以为蔡锷不再愿意革命，便即以各种理由掀起"驱蔡运动"，最终导致蔡锷不得不离开桂林。在临走之前，蔡锷才坦言告知："你们谁是同盟会成员，我都知道，因为我参加革命比你们早。干革命不可性急，更不可满身是刺，这是我的经验之谈。我在这里的时候可以掩护你们，我离开后，你们行事请务必谨慎"。最后，蔡锷从墙上取下一个炮弹筒，再次告诫桂林同盟会成员说："成大事的人要有修养，不要做炮筒"。这时李经羲已调任云贵总督，他又邀蔡锷前往云南，于是才有了后来打响反对袁世凯复辟第一枪的壮举。

채악이 계림에서

　　청나라 광서 31년(1905)에 청나라 말기 호남성 유신변법운동의 중요한 인물이며 호국(護國) 공신인 채악(蔡鍔)은 광서 순무(巡撫) 이경희(李經義)의 초청을 받아 광서 신군(新軍) 총참모장(總參謀長) 및 총감독관(總監督官)을 맡았으며 동시에 수영학당(隨營學堂) 총리관(總理官), 측회학당(測繪學堂) 총사(總事) 및 육군소학당(陸軍小學堂) 총판(總辦)까지 겸하게 되었다. 채악은 오래전부터 동맹회(同盟會) 고위층과 밀접한 관계를 유지해 왔다. 1907년 광서 순무 장명기(張鳴歧)의 부탁을 받은 채악은 당시 남경 모 사관학교에서 교직에 있던 은사 번추(樊錐)에게 요청하여 광서법정학당(法政學堂)을 설립하도록 하였다. 하지만 계림에 도착한 지 얼마 안 돼서 번추의 폐병이 재발했다. 무더운 날씨를 우려한 채악은 스승을 첩채산 풍동에 보내 요양하게 하는 한편 돈을 모아 일본에 보내서 치료를 받게 하려 했다.(1907년 번추가 풍동 옆에서 요양하면서 지은 시 『화수원 주인시』의 발문에 "풍동에서 요양한다", "폐병에 걸려 동굴에서 요양한다"라고 적혀 있다.) 당시 계림에서 여러 가지 직무를 겸하고 있던 채악은 바쁜 와중에도 매일같이 은사님을 정성껏 돌보다가 밤늦게 집으로 돌아갔다.

　　채악은 동맹회 고위 관계자들과 남몰래 연락해 왔기에 계림 동맹회 회원들로부터 오해를 받아왔다. 또한 당시 광서 순무 장명기는 혁명인들을 배척하였지만 채악에게 신군총람을 맡겼으므로 계림 동맹회의 의심을 사기도 했다. 황흥은 채악이 혁명자라는 사실을 동맹회에 알렸을 뿐만 아니라 책임자를 통해 편지를 써서 채악에게 전하도록 했다. 하지만 편지를 받은 채악이 아무런 태도도 취하지 않자 계림 동맹회 성원들은 그가 혁명을 원치 않는다고 여기고 여러 가지 이유로 '채악을 몰아내는 운동'을 벌였다. 결국 계림을 떠나게 된 채악은 떠나기 전, 동맹회 회원들에게 "당신들 중 누가 동맹회 회원인지 나는 알고 있습니다. 내가 당신들보다 일찍 혁명에 참석했기에 혁명은 성급해도 안 되고 다른 사람에게 쉽게 상처를 줘도 안 된다는 걸 잘 압니다. 이건 저의 경험입니다. 제가 여기에 있는 동안은 당신들을 보호해줄 수 있었지만 제가 떠나면 당신들은 모든 일을 침착하게 처리해야 합니다"라고 말했다. 그리고는 벽에서 탄약통을 내리더니 다시 한번 계림의 동맹회 성원들에게 "큰일을 하는 사람은 탄약통이 되어서는 안 되고 수양이 있어야 합니다"라고 말했다. 당시 이경의는 이미 운남 총독으로 발령을 받게 되었고 다시 채악을 운남으로 초청하였다. 그리하여 원세개의 복벽에 반대하는 운동의 서막이 드디어 열리게 되었다.

三十四. 清代谢光绮《瞻榆池馆图》题记并诗石刻

谢光绮《瞻榆池馆图》题记并诗石刻位于桂林叠彩山风洞北牖洞口, 高0.8米、长1.4米, 内容为清代广西粮道、观察使谢光绮于光绪三十二年(公元1906年)所作的画、题记和诗文。图中展现的是以其在桂林位于太和塘的居所瞻榆池馆(今八角塘处)为中心, 独秀峰、老人山、伏波山、叠彩山、宝积山环绕周边的风景。因叠彩山上的一名僧人非常喜爱这幅图, 于是谢光绮便将图赠送给了他, 刻在洞口。此图完整地表现了当时的风貌, 是我国对岭南私家园林建筑及造园风格等研究中不可多得的资料。

34. 청나라 사광기가 『참우지관도』를 그리고 시를 짓다

사광기(謝光綺)의 「참우지관도」와 시를 새긴 석각은 계림시 첩채산에 있는 풍동 북쪽 동굴 입구에 있으며 높이는 0.8미터이고 폭은 1.4미터에 달한다. 청나라 광서 양도(糧道) 관찰사(觀察使)인 사광기가 광서 32년(1906)에 그린 그림과 제기(題記), 시문(詩文)이 새겨져 있었는데 그림에는 계림 태화당(太和塘) 거처에서 첨유지관(瞻榆池館)을 중심으로 (오늘의 팔각당) 독수봉(獨秀峰), 노인산(老人山), 복파산(伏波山), 첩채산(疊彩山), 보적산(寶積山) 등 주변 경관이 그려져 있다. 첩채산의 한 스님이 그림을 욕심내자 사광기는 선물로 주었고 스님은 그림을 동굴 입구에 새겨 놓았다. 「첨유지관도」는 당시의 풍모를 완벽하게 보여 주었을 뿐만 아니라 중국 영남 지역 사가 원림건축 및 그 풍격을 연구하는 데 중요한 자료가 되었다.

〈그림 35〉《光岩》題名石刻

'광암'에 쓴 석각

青春戎马、晚节黄花--抗战名将、民国代总统、桂林人李宗仁

李宗仁(1891-1969年), 字德邻, 桂林临桂两江镇人。爱国民主人士。新桂系首领。民国时期军事家, 原国民党军陆军一级上将。中华民国国民政府副总统、代总统。1910年加入同盟会, 早年曾参加护国、护法战争。1924年11月由孙中山特任为"广西全省绥靖处督办"。1925年7月联合黄绍竑、白崇禧打败旧桂系陆荣廷、沈鸿英, 击退云南军阀唐继尧部, 统一广西。创建新桂系, 主政广西。积极促成北伐, 任国民革命军第七军军长, 率部驰骋两湖、江西、南京, 直至山海关, 后升任国民革命军第四集团军总司令。抗战爆发, 李宗仁主张"焦土抗战", 就任第五战区司令长官。1938年4月挥师取得台儿庄大捷。1949年11月, 时任国民政府代总统的李宗仁, 赴美国寓居。

李宗仁栖身海外, 心怀中国, 于1955年8月发表《对台湾问题的建议》, 主张国共再度和谈, 中国问题由中国人自己解决。1965年7月20日, 李宗仁偕夫人郭德洁女士冲破重重险阻, 回归祖国, 受到中国共产党和祖国人民的热烈欢迎。毛泽东、周恩来、刘少奇、朱德等党和国家领导人先后接见李宗仁, 给予最高礼遇。

"我在1965年毅然从海外回到祖国所走的这一条路是走对了的, 在这个伟大时代, 我深深地感到能成为中国人民的一份子是一个无比的光荣"(据李宗仁临终前致毛主席、周总理信函)。周恩来评价李宗仁"一生为人民做了三件好事, 一是北伐, 二是台儿庄大捷, 三是晚年归国"。1969年1月30日, 李宗仁因病在北京逝世, 骨灰安放八宝山革命公墓第一室, 周恩来总理参加了骨灰安放仪式。

젊은 시절의 종군, 만년의 절개-항일 전쟁 명장,
중화민국 대리총통이었던 계림 사람 이종인

이종인(李宗仁, 1891~1969)의 자는 덕린(德鄰)이며 계림시 임계현 양강 사람이다. 애국 민주인사이며, 신계계군벌(新桂系軍閥)의 영수이다. 중화민국 시기의 군사가이며, 원 국민당 육군 1급 상장이고, 선후하여 중화민국 국민당 정부 부통령, 대리통령을 맡았다. 1910년 동맹회에 참가하였으며 호국전쟁과 호법전쟁에 참여하였다. 1924년 11월 손중산으로부터 '광서(廣西) 전성(全省) 수정처(綏靖處) 독판(督辦)'으로 임명되었으며 1925년 7월에 황소횡(黃紹竑), 백숭희(白崇禧)와 연합하여 구계계군벌(舊桂系軍閥)인 육영정(陸榮廷), 심홍영(沈鴻英)을 패배시키고 운남군벌(雲南軍閥)인 당계요(唐繼堯)를 물리침으로써 광서를 통일하였다. 그 후 신계계군벌(新桂系軍閥)을 세우고 광서의 정무를 주관하였으며, 북벌이 성사될 수 있도록 적극적인 노력을 기울였고, 국민혁명군 제7군 군장으로 있는 동안 호남과 호북, 강서, 남경을 거쳐 산해관까지 북상하였으며, 후에 국민혁명군 제4집단군 총사령관으로 승진하였다. 항일 전쟁이 발발하자 이종인은 '초토(焦土)작전'을 주장하였고 제5전구(戰區) 사령관이 되어 1938년 4월에 태아장(台兒庄) 전투를 성공적으로 지휘하였다. 1949년 11월, 당시 국민정부 대리총통을 맡고 있던 이종인은 미국으로 건너가 정착하였다. 이종인은 해외에서도 조국을 그리워하였으며, 1955년 8월에 『대만 문제에 대한 견해』를 발표하였다. 그는 국공이 다시 평화 회담할 것을 주장하였으며 중국 문제는 중국인들이 해결해야 한다고 했다. 1965년 7월 20일, 그는 부인 곽덕결(郭德潔)을 대동하여 우여곡절 끝에 조국의 품으로 돌아왔으며, 중국 공산당과 국민의 열렬한 환영을 받았다. 모택동(毛澤東), 주은래(周恩來), 유소기(劉少奇), 주덕(朱德) 등 국가 지도자들이 선후하여 최고의 예우를 갖추어 이종인을 접견하였다. 이종인은 임종 전에 모주석과 주총리에게 드리는 서한에서 "1965년, 제가 결연히 조국으로 돌아온 것은 아주 정확한 선택이었습니다. 이 위대한 시기에 제가 중국인이 될 수 있다는 것은 무한한 영광이라고 생각합니다"라고 했다. 이에 주은래는 "이종인은 평생 인민을 위해 세 가지 좋은 일을 했는데 첫째는 북벌이고, 둘째는 태아장 전투이며, 셋째는 말년의 귀국이다"라고 평가했다. 이종인은 1969년 1월 30일, 북경에서 병환으로 타계하였다. 유골은 팔보산 1호실에 안치되었으며, 주총리가 하관식에 참석하였다.

三十五. 民国《光岩》题名石刻

《光岩》题名石刻位于桂林冠岩地下河出水口南壁洞口上方, 系民国26年(公元1937年)就任抗战第五战区司令长官的李宗仁同年在北上抗日前, 游览冠岩时题写。冠岩是一个大型的地下河溶洞, 地下河流直通漓江。由于岩内大多漆黑无光, 而其南面的顶部有一个洞口, 外面的光线从这里能直接射入洞中, 所以又称作"光岩"。

35. 민국 시기 이종인이 '광암'에 쓴 석각

'광암(光岩)' 석각은 계림 관암(冠岩) 동굴 지하하(地下河) 출구 남벽의 상단에 있는데 민국 26년(1937), 항일 전쟁 시기 제5전구(戰區) 사령관이었던 이종인이 항일을 위해 북상하던 중 관암을 유람하며 쓴 것이다. 관암은 대형 종유동굴(鍾乳洞)로서 지하 하류가 이강으로 흘러든다. 동굴 안은 대부분이 칠흑같이 어둡지만 동굴 꼭대기에 구멍이 있어 바깥의 빛이 직접 비춰들어서 '광암(光岩)'이라고도 한다.

〈그림 36-1〉抗日战士张壮飞题诗石刻

항일투사 장장비 쓴 시를 새긴 석각

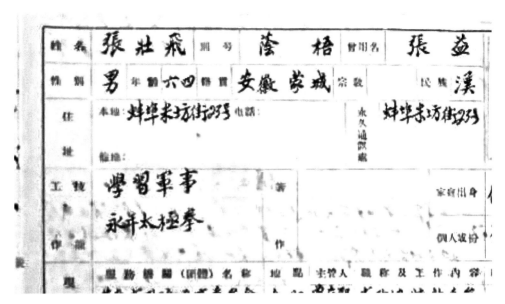

〈그림 36-2〉张壮飞有关资料

장장비 관련 자료

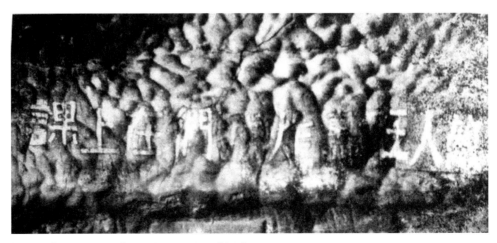

〈그림 36-3〉曾公岩岩壁上的"敌人在轰炸, 我们在上课"宣传标语

증공암 암벽에 새겨진 "적이 폭격하고 있지만 우리는 여전히 수업하고 있다."는 글.

桂林抗战文化城--抗日救亡的史诗

　　从1938年10月广州、武汉沦陷，到1944年9月日本侵略军逼近、桂林大疏散的近六年时间里，大批文化界人士云集，使桂林形成了当时全国范围内重要的文化中心，对全国抗战文化运动做出了积极的贡献、起到了核心主力的作用。这段时期，桂林被称为"抗战文化城"，与重庆、昆明形成三大据点呈鼎足之势支撑着抗战大后方。

　　桂林抗战文化城实际是在中国共产党领导下建立和发展起来的抗日文化运动战斗堡垒，周恩来于1938年12月至1939年5月期间三次来到桂林，通过多次演讲和报告点燃了人民坚持抗战胜利的希望，同时做了大量的组织、宣传发动、统战、文化等工作，主要开展了对桂系的抗日民族统一战线工作、会见进步文化团体和民主人士、在文化队伍里建立党的组织以及在桂林恢复《救亡日报》和指导八路军驻桂林办事处开展工作。在周恩来、叶剑英、李克农等人的积极努力下，作为中国共产党统筹中国南方抗日的一个枢纽，八路军驻桂林办事处与桂系地方实力派和国民党民主人士建立了较好的合作关系，一度营造了相对宽松的政治环境，一大批爱国进步文化人士、著名文人、学者因此纷纷移居桂林。整个抗战期间，桂林成立了包括广西建设研究会、中华全国文艺界抗敌协会桂林分会、文化供应社等多达五十多个抗战文化团体；各类文化活动也十分活跃，开设的书店、书局、出版社有两百余家，出版了包括政治、经济、教育、科学、文学、戏剧、音乐、美术、青年、妇女、少年儿童等内容的杂志与文艺书籍共上千种；巴金的散文《桂林的受难》、《桂林的微雨》、《先死者》，徐悲鸿的国画《漓江春雨》、《鸡鸣不已》等文化艺术精品都在此期间诞生在桂林；文化工作者们"把舞台当作炮台，把剧场作为战场"，通过戏剧等艺术表现形式宣传抗日救亡和爱国主义，取得了良好的效果；为"积极推动反侵略运动以争取国际更有力之援助"，国际反法西斯侵略运动大会中国分会在桂林成立了支会，当时的越南共产党领导人胡志明，日本反战作家鹿地亘夫妇，美国飞虎队、前苏联的空军援助人员，韩国、朝鲜、越南、缅甸以及日本反战同盟等国际反战团体和人士，也纷纷来到桂林参与了反战抗战活动。随着大专院校和科研机构迁移桂林，地质学家李四光、物理学家丁燮林、化学家丁绪贤、天文学家陈遵妫、数学家张镇谦、科普作家高士其等大批自然科学领域的著名学者、专家、教授也云集桂林；梁漱溟、陶行知、曾作忠、林励儒、朱智贤、陈鹤琴，千家驹等人到桂林后开创了桂林教育的新局面。其中陶行知根据桂林的特殊地形地貌提出"岩洞教育"，每个山洞由各团体、学校、文化机关和热心救亡工作的人员负责。这些都为轰轰烈烈地开展抗战文化救亡运动创造了良好的条件，在桂林开展的抗战文化活动一时盛况空前，声振中外。在抗日战争极端艰苦的岁月里，来自全国各地的文化界人士在桂林铸就了文化事业的辉煌，桂林也由此担当了抗日文化救亡运动的重要战场。随着战局的发展，1943年的桂林人口从原先的7万多人已增至30万，加上流动人口实际为50余万。1944年10月，由于日本侵略军逼近，广西政府下达了紧急疏散令，在桂林的50万民众全部撤离桂林。

短短六年间，桂林抗战文化城抗日救亡宣传活动的蓬勃开展，在世界范围内引起了强烈反响，也充分体现了中国共产党在全民族团结抗战中的中流砥柱作用。当时在桂林的广大文化工作者与国际反法西斯战士以及桂林军民一道，在血与火中铸造了一个时代的辉煌，留下了许多可歌可泣的动人故事。桂林抗战文化城不仅在中国的抗日战争史上留下了浓墨重彩的一笔，传承为桂林人永远不灭的文化"灯火"，同时也在中国现代文化和现代文学艺术史上留下了光辉的篇章。

항일 전쟁의 문화도시 계림-항일 투쟁의 서사

1938년 10월 광주와 무한이 연이어 함락되고, 1944년 9월 일본 침략군의 접근 및 계림 대소산(大疏散)이 있기까지 6년 동안 수많은 문화계 인사들이 계림에 모여들면서 계림은 중국 내 중요한 문화중심지가 되었다. 동시에 계림은 중국 항전(抗戰) 문화운동에 적극적인 공헌을 함과 동시에 핵심 역할을 수행하였다. 이 시기에 계림은 '항일 전쟁의 문화도시'로 불리며 중경, 곤명과 함께 항전의 후방을 책임진 3대 거점으로 되었다.중국공산당의 영도 하에 계림은 항일 전쟁의 문화도시로 구축되었으며, 항일 문화운동의 전투적 교두보로 발전되었다. 주은래는 1938년 12월부터 1939년 5월까지 계림을 세 번 다녀갔으며, 여러 차례의 강연과 보고를 통해 사람들에게 항일전쟁 승리의 희망을 안겨주었다. 그는 조직, 선전, 통일전선, 문화 등 방면에서 사업을 전개했는데, 주로 계계군벌(桂系軍閥)에 대한 항일민족통일전선을 수립하고 진보적 문화단체와 민주 인사들을 회견하고, 문화인들을 중심으로 당 조직을 설립하였으며, 계림에서 『구망(救亡)일보』를 다시 회복하고 팔로군 주 계림사무소 사업을 도왔다. 주은래, 엽검영(葉劍英), 이극농(李克農) 등의 적극적인 노력으로 계림의 팔로군 사무소는 중국공산당이 지도한 남방 항일의 중심지로서 계계군벌의 지방 실세 및 국민당 민주 인사들과 양호한 합작관계를 건립하고, 비교적 안정적인 정치 환경을 마련하였다. 이에 힘입어 나라를 사랑하는 수많은 진보적 문화 인사와 문인, 학자들이 분분히 계림에 거주지를 옮겼다. 항일 전쟁 기간, 광서건설연구회, 중화전국 문예계 항적(抗敵)협회 계림분회 및 문화협동조합 등 50여 개의 항일투쟁 문화단체가 계림에 세워졌으며 각종 문화행사도 활발히 진행되었다. 그리고 서점(書店), 서국(書局), 출판사(出版社)가 200여 개나 설립되어 정치, 경제, 교육, 과학, 문학, 연극, 음악, 미술, 청년, 부녀, 청소년 등 내용을 다룬 잡지와 문예서적을 1,000권 이상 출판하였다. 그 외에도 파금(巴金)의 산문「계림의 수난(桂林的受難)」,「계림의 가랑비(桂林的微雨)」,「먼저 죽는 자(先死者)」, 서비홍(徐悲鴻)의 중국화 「이강의 봄비(漓江春雨)」, 「계명불이(鸡鸣不已)」 등은 모두 이 시기 계림에서 탄생한 문학예술 작품이다. 문화계 인사들은 "무대를 포대로 삼고, 극장을 전쟁터로 삼았고" 연극이라는 예술적 표현형식을 통해 항일 구국과 애국주의를 보여줌으로써 좋은 효과를 거두었다. 국제 반파시즘침략운동협회 계림 분회는 "반침략 운동을 적극적으로 추진하여 더욱 강력한 국제적 후원을 얻어내고자" 지회를 설립하였다. 당시 베트남 공산당 지도자 호지명(胡志明), 일본의 반전 작가 와타루(鹿地亘) 부부, 미국의 플라잉 타이거스, 전 소련 공군 구조 대원과 한국, 베트남, 미얀마, 그리고 전쟁을 반대하는 일본 동맹회와 같은 국제단체와 인사들이 계림으로 찾아와서 반침략 행사에 참여하였다. 전문대학과 연구기구들이 계림으로 옮겨오면서 지질학자 이사광(李四光), 물리학자 정섭림(丁燮林), 화학학자 정서현(丁緒賢), 천문학자 진준규(陳遵嬀), 수학자 장진겸(張鎮謙), 과학소설가 고사기(高士其) 등 자연과학 분야의 유명한 학자, 전문가, 교수들도 함께 계림에 모여들었다. 양수명(梁漱溟), 도행지(陶行知), 증작충(曾作忠), 임려유(林勵儒), 주지현(朱智賢), 진학금(陳鶴琴), 천가구(千家駒) 등이 계림에 오면서 계림의 교육은 새로운 국면을 맞이하였다. 이 중에서 도행지는 계림의 특수한 지형 지모에 따라 '암동교육(岩洞教育)'을 제안하였으며 사회단체, 학교, 문화기관과 열정을 가진 구국 인사들이 각 동굴을 책임지게 하였다. 이는 계림의 항전 문화 구국운동을 위해 양호한 환경을 마련해 주었으며, 항전운동의 성황을 이루면서 계림은 세상에 이름을 날리게 되었다. 항일 전쟁이 극히 어려울 때 전국 각지에서 온 문화계 인사들은 계림에서 찬란한 문화를 창조하였다. 이로써 계림은 항일 문화 구국운동의 중심으로 부상하였다. 전세의 변화에 따라 1943년 계림의 인구는 7만여 명에서 30만 명으로 증가하였으며, 유동인구까지 합치면 50여만 명에 이르렀다. 1944년 10월, 일본 침략군이 접근해 오자, 광서 정부는 긴급 대피령을 내렸으며 50여만 명의 계림 시민을 모두 철수시켰다.불과 6년 사이에 계림은 항일전쟁의 문화도시로서 구국 활동을 활발히 전개하였으며, 세계적으로도 강렬한 반향을 일으키게 되었다. 각 민족이 단결하여 항일하는 과정에서 중국공산당은 반석 같은 기둥이었다. 당시 계림의 많은 문인과 세계 반파시즘 인사들은 계림 군민들과 손잡고 포화 속에서 한 시대를 빛냈으며, 감동적인 이야기를 많이 남겼다. 항일 전쟁의 문화도시인 계림은 중국의 항일 전쟁사에 빛나는 한 획을 그었으며, 계림 사람들에게 꺼지지 않는 문화의 '등불'을 남겨주었고, 동시에 중국의 현대문학사와 현대문화예술사에 찬란한 한 페이지를 남겼다.

三十六. 抗日战士张壮飞题诗石刻

抗日战士张壮飞题诗石刻位于七星公园普陀山曾公岩口, 高0.5米、宽0.6米, 石刻主要内容为一句豪迈感人的诗文"男儿卫国沙场死, 马革裹尸骨也香", 另题有"西历一九三九年抗日负伤留桂纪念", 留款为"张壮飞题"、篆"张壮飞印"。张壮飞是安徽蒙城人, 1939年左右, 在江西九江的江南游击队担任支队长期间, 因抗日负伤来到当时的中国南部抗战大后方桂林养伤, 并写下上述诗句后被当地人刻于曾公岩石壁留存。与张壮飞抗战石刻一同留存至今的还有教育家陶行知在日本侵略军对桂林疯狂空袭的情况下, 根据桂林特殊地形地貌, 提出开展"岩洞教育"后, 共产党领导的抗日救亡团体"新安旅行团"写在曾公岩岩壁上的"敌人在轰炸, 我们在上课"等宣传标语。

36. 장장비의 항전 관련 글을 새긴 석각

항일(抗日) 전사 장장비(張壯飛)의 글을 새긴 석각은 칠성(七星)공원 보타산(普陀山) 증공암(曾公岩) 입구에 있으며 높이는 0.5미터, 폭은 0.6미터에 달한다. 석각에는 "나라를 지키기 위해 전쟁터에서 희생한 남아는 시체를 말가죽으로 싸도 뼈에서 좋은 향이 난다"라는 호기롭고 감동적인 시구와 함께 "서력 1939년, 항일하다 부상을 입고 계림에 남게 된 것을 기념하며"라는 글과 '장장비 서', '장장비 인'이라는 내용이 함께 새겨져 있었다. 장장비는 안휘(安徽) 몽성(蒙城) 출신이다. 그는 1939년 즈음 강서(江西)성 구강(九江)의 강남유격대(江南遊擊隊) 지대장(支隊長)을 맡는 동안 항일 전장에서 부상을 입고 당시 중국 남부의 항일 후방인 계림에서 치료를 받게 되었는데, 그때 이 시를 지었고, 현지인들이 후에 증공암(曾公岩) 석벽(石壁)에 새겼다고 한다. 석각에는 또 "적이 폭격하고 있지만 우리는 여전히 수업하고 있다"라는 글이 있는데, 이는 일본이 계림을 공격할 당시 교육자 도행지가 계림의 특이한 지형을 이용해 '암동교육'을 할 것을 제안하자 중국 공산당이 이끄는 항일단체 '신안여행단(新安旅行團)'이 새겨 놓은 것이다.

〈그림 37〉　马相伯夫子画像幷贊石刻

마상백 선생의 초상과 찬미한 글을 새긴 석각

国家之光、人类之瑞--马相伯

马相伯(1840-1939年)，江苏丹阳马家村人，原名志德、字相伯、天主教名若瑟，晚年自号华封老人。他的一生横跨了清代道光、咸丰、同治、光绪、宣统和中华民国六个历史时期，是近代中国著名教育家、政治活动家，同时也是震旦大学、复旦大学以及辅仁大学的创始人。蔡元培、于右任、邵力子、马君武都是他的学生。马相伯主张停止内争、积极抗日，并以近百高龄之躯，为救亡呼号奔走，发表《为日祸告国人书》，呼吁"立息内争，共御外侮"，其手书的"耻莫大于亡国，战虽死亦犹生"，极大地鼓舞了全国人民的抗日决心。张学良、杨虎城在西安事变中扣押蒋介石，兵谏抗日，马相伯对于右任说："只要这小子肯抗日，就放了他"，并亲笔函劝张、杨称："兄弟阋于墙，外御其侮，请释中正，一致抗日"。由于他力促西安事变和平解决，蒋介石回南京后派人当面感谢马相伯时，马相伯当即写下"释放政治犯"五个大字，1937年7月，沈钧儒、邹韬奋、沙千里等"七君子"被释放。七人获释后，前往看望马相伯并在合影照片上题书"唯公马首是瞻"。

1937年11月，上海沦陷，马相伯听从李宗仁、冯玉祥的建议，从南京移居到桂林，在风洞山前住了一年时间。后在于右任安排下，准备移居重庆，但由于战事原因绕道越南，并因病滞留在了越南谅山。1939年4月6日适逢马相伯百岁诞辰，社会各界、各党派都发了贺电，中共中央在延安所发贺电称他为"国家之光，人类之瑞"。然而，病情加重的马相伯身在越南谅山却一直无法回国，因此忧国忧民之情更深，把当时社会各方赠与的寿礼悉数捐作了犒慰抗日受伤将士之用，并撰文道："国无宁日，民不聊生，老朽何为，流离异域，正愧无德无功，每嫌多寿多辱！救国重于祝寿，当团结御侮，愿拼老命和爱国人民一道抗日救亡"。在1939年10月20日得知第一次长沙会战大捷之后，马相伯兴奋异常、夜不能寝。由于病情恶化，于11月4日在越南溘然长逝。噩耗传出，举国哀悼，于右任敬挽："光荣归上帝，生死护中华"；1939年12月17日，桂林社会各界在省政府礼堂(今王城广西师范大学院内)举行了隆重的追悼大会，并委托桂林造币厂铸造了一批"百龄老人马相伯先生遗像纪念章"，分赠参加追悼的人士；毛泽东、朱德、彭德怀等闻讯后联名发唁电："惊悉相伯先生于本月四日遽归道山，老人星暗，薄海同悲。遗憾尚多，倭寇未殄。后死有责，誓复同仇，在天之灵，庶几稍慰"。

☁️【계림구사】링크 ☁️

나라의 희망, 인류의 보석-마상백

마상백(馬相伯, 1840~1939)은 강소성 사람으로, 원명은 지덕(志德)이고, 자는 상백(相伯)이며, 천주교 교명(敎名)은 요셉[若瑟]이고, 만년에는 화봉노인(華封老人)이라 불렸다. 그는 평생을 청나라 도광, 함풍, 동치, 광서, 선통 연간과 중화민국 등 여섯 개 시기를 거쳤으며, 중국 근대의 저명한 교육가, 정치활동가일 뿐만 아니라 진단(震旦)대학교와 복단(复旦)대학교, 보인(輔仁)대학교의 설립자이다. 채원배(蔡元培), 우우임(于右任), 소력자(邵力子), 마군무(馬君武)는 모두 그의 학생이다. 마상백은 내전을 중지하고 적극적으로 항일할 것을 주장하였을 뿐만 아니라, 90여 세의 고령에도 구국운동에 참여하였다. 그는 『위일화고국인서』라는 글을 발표하여 "내전을 중지하고 함께 외적에 대항해야 한다"라고 호소하였다. "망국보다 수치스러운 일 없거늘, 전쟁터에서 죽는다 해도 여한이 없겠다"라는 친필서는 적극적으로 항일하도록 사람들을 격려하였다. 장학량(張學良)과 양호성(陽虎城)이 서안사변(西安事變)을 일으켜 장개석(張介石)을 감금하고 병사들에게 항일할 것을 권하자, 마상백은 우우임에게 "그자가 항일하겠다고 하면 풀어주라"라고 했으며, 장학량과 양호성에게는 "형제의 다툼이 있더라도 외부의 적에 함께 맞서야 하거늘 장개석을 풀어주고 일제히 항일하라"라는 편지를 보냈다. 그의 노력으로 서안사변은 평화롭게 해결되었다. 남경에 돌아간 장개석은 직접 사람을 파견해 마상백에게 감사의 인사를 전하자 마상백은 "정치법을 석방하다(釋放政治犯)"라는 다섯 글자를 써 주었다. 1937년 7월 심균유(沈鈞儒), 추도분(鄒韜奮), 사천리(沙千里) 등 '칠군자(七君子)'는 석방된 후 마상백을 만나 기념사진을 찍고, "마공의 가르침을 따를 것(唯公馬首是瞻)"이라는 글을 남겼다.1937년 7월 상해가 함락되자 마상백은 이종인(李宗仁)과 풍옥상(馮玉祥)의 건의에 따라 남경에서 계림으로 오게 되었으며, 풍동(風洞)의 산 앞에서 1년을 지냈다. 그 후에 우우임의 뜻에 따라 중경에 가려고 했지만 전쟁으로 인해 베트남을 경유하게 되었으며, 그곳에서 병이 도지는 바람에 베트남 랑선(Lạng Sơn)에 남았다. 1939년 4월 6일 마상백의 탄신 100주년 되는 날, 사회 각계와 각 당파들이 축전을 보내왔는데 연안에서 보낸 중앙정부 축전에는 "나라의 희망, 인류의 보석(國家之光, 人類之瑞)"이라고 적혀 있었다. 병세가 가중해지고 조국으로 돌아갈 수 없게 되자 마상백은 나라를 걱정하고 백성을 걱정하면서 생일선물로 받았던 물품들을 모두 부상당한 전사들에게 보내면서 다음과 같은 글을 남겼다. "나라가 태평치 않아 백성들이 편히 못 사는데, 나는 왜 이국 타향에 있어야만 할까. 쌓은 공이 없으니 부끄럽기만 하고, 나이 먹을수록 수치스럽기만 하구나! 나라를 구하는 일이 내 생일보다 중요하니, 같이 단결하여 외적에 대항하고자 하노라. 이 내 몸은 늙었지만 애국자들과 함께 항일하여 나라를 구할 것이다."

1939년 10월 20일 장사회전(長沙會戰)이 승리했다는 소식을 들은 마상백은 흥분한 나머지 밤잠을 이루지 못했고, 그러다가 병세가 악화되어 11월 4일 베트남에서 끝내 세상을 뜨고 말았다. 갑작스러운 비보를 들은 사람들은 모두 슬퍼했으며 우우임은 "영광스럽게 희생되었으니, 살아서도 죽어서도 조국을 지켰다"라는 글을 써서 애도하였다. 1939년 12월 17일 계림의 사회 각계 인사들은 성정부 예당(지금의 정강왕부 광서사범대학 캠퍼스)에서 성대한 추도회를 열었으며 계림 조폐장(造幣場)에 부탁하여 '백세 노인 마상백선생의 유상 기념장'을 만들어 추도회에 참여한 사람들에게 나누어 주었다. 모택동, 주덕, 팽덕회 등은 소식을 듣고 "상백 선생이 4일 별세하셨다는 소식을 듣고 깜짝 놀랐습니다. 온나라가 슬퍼하고 있습니다. 선생님은 왜적을 다 죽이지 못해 유감이 많으셨을 텐데…남아 있는 사람들이 꼭 복수할 것입니다. 부디 하늘에 계신 영혼이 위로 받으시기 바랍니다"라는 조문을 보냈다.

三十七. 马相伯夫子画像并赞石刻

马相伯夫子画像并赞石刻位于桂林叠彩山风洞口, 宽0.9米、高0.7米, 系马相伯的门生林素园于1940年4月纪念已去世的恩师, 为其镌刻的画像并书"马相伯夫子像赞". 称 : "心赤貌慈, 人瑞人师, 形神宛在, 坚弥高弥".

37. 마상백 선생의 초상과 찬미한 글을 새긴 석각

마상백(馬相伯)의 초상과 찬미한 글을 새긴 석각은 계림시 첩채산 풍동 입구에 있으며 너비는 0.9미터, 폭은 0.7미터에 달하며, 마상백의 문하생이 1940년에 세상 뜬 은사를 기념하여 조각한 것이라고 한다. 석각에는 마상백 선생의 초상과 더불어 "성품이 훌륭하고 자애로운 분으로, 덕행이 높아 스승의 위풍이 느껴지며 그 기품이 완연하여 더욱 고상하게 깊이 있게 느껴진다"라는 "마상백부자상찬(馬相伯夫子像贊)"이 새겨져 있다.

〈그림 38〉 陈毅题"愿作桂林人, 不愿作神仙"石刻

"신선이 되느니 차라리 계림에서 살고 싶다." −진의의 시가 새겨진 석각

【桂林旧事】链接

陈毅元帅"愿作桂林人, 不愿作神仙"

　　陈毅元帅一生曾3次到过桂林, 可谓对桂林山水一往情深。第一次是1960年5月陪同周恩来总理出访, 回国时经过桂林; 第二次是1961年1月与罗瑞卿出访缅甸等4国后经过桂林; 第三次是1963年2月陪同柬埔寨西哈努克亲王访问桂林。在桂林期间, 陈毅创作了多篇诗作, 包括《游桂林·歌行》、《游阳朔》等, 其中脍炙人口的诗句"愿作桂林人, 不愿作神仙", 就出自《游桂林·歌行》, 如今这句诗已成为广泛流传的桂林山水赞词。当时陈毅陪同西哈努克游桂林期间, 再次游览了山水美景, 清晨从桂林乘船出发, 黄昏前到达阳朔(陈毅《游阳朔》"朝辞桂林雾蒙蒙, 暮别阳朔满江红")。西哈努克也对奇石幽岩、景象万千的桂林山水风景惊叹不已, 称赞道"曾游世界诸名胜, 无一可与桂林相比肩"。陈毅也有同感, 在其诗作后写道"八十六洞齐开放, 千崖万壑供追攀。但愿世界人士齐来游, 欣赏桂林风景名胜之尖端"。

【계림구사】링크

"신선이 되느니 차라리 계림에서 살고 싶다" - 진의 원수의 글

　　진의(陳毅) 원수(元帥)는 계림을 세 번이나 방문할 정도로 계림 산수에 정이 깊었다. 첫 번째는 1960년 5월 주은래 총리와 함께 외국 방문 후 귀국길에 계림을 경유하였고, 두 번째는 1961년 1월 나서경(羅瑞卿)과 함께 미얀마 등 4개국을 방문하고 귀국길에 계림에 들렀으며, 세 번째는 1963년 2월 캄보디아의 시아누크 친왕과 함께 계림을 방문하였다. 계림에 있는 동안, 「유계림·가행(遊桂林·歌行)」, 「유양삭(遊陽朔)」 등 여러 편의 시를 창작하였다. 그중에서 가장 유명한 것은 「유계림·가행」에 나오는 "신선이 되느니 차라리 계림에서 살고 싶다(愿作桂林人, 不愿作神仙)"이다. 이 구절은 계림 산수를 찬미한 시로 세상에 널리 알려졌다. 진의는 시아누크 친왕과 함께 계림을 유람할 때, 또 한 번 계림 산수의 아름다움에 감탄하였다. 그들은 이른 아침, 계림에서 배를 타고 날이 저물기 전에 양삭에 도착하였다.(진의의 시 「유양삭」의 시구로 "아침에 계림을 떠날 때는 안개가 자욱했는데, 저녁에 양삭에 도착하니 강물이 붉게 물들어 있네.(朝辭桂林霧蒙蒙, 暮別陽朔滿江紅)")

시아누크도 기암괴석과 변화무쌍한 풍경에 경탄을 금치 못하며 "이 세상 많고 많은 명승지를 가 봤지만 계림만한 데가 없다"라고 하자, 진의도 동감을 표하며 "86개의 동굴이 모두 열리니, 천애절벽 등반도 가능하다네. 부디 세상 사람 모두 계림 절경 구경하기 바라네(八十六洞齊開放, 天崖萬壑供追攀. 但願世界人士齊來遊, 欣賞桂林風景名勝之尖端)"라는 글을 남겼다.

三十八. 陈毅题"愿作桂林人, 不愿作神仙"石刻

陈毅题"愿作桂林人, 不愿作神仙"石刻位于桂林叠彩山风洞洞口上方, 高3.2米, 宽1.8米。石刻文字为中国十大元帅之一、时任国务院副总理兼外交部长的陈毅于1963年2月在桂林期间挥毫所作《游桂林·歌行》诗作其中的一句, 后来已成为了经典的桂林山水赞美之诗, 一直被传诵至今。

38. "신선이 되느니 차라리 계림에서 살고 싶다"-진의의 글이 새겨진 석각

진의(陳毅)의 "신선이 되느니 차라리 계림에서 살고 싶다"라는 시구를 새긴 석각은 첩채산 풍동 남쪽 벽에 새겨져 있는데 높이는 3.2미터이고 폭은 1.8미터에 달한다. 석각에는 1963년 2월, 중국의 10대 원수(元帥) 중 한 명이며 당시 외교부 장관이었던 진의가 계림에서 쓴 시 「유계림·가행」의 한 구절이 적혀 있다. 이 시는 계림 산수를 찬미한 유명한 시구로 지금도 널리 읽혀지고 있다.

〈그림 39-1〉郭沫若と題瞿式耜と張同敞詩石刻

곽말약이 첩채산에서 구식사와 장동창을 위해 지은 시

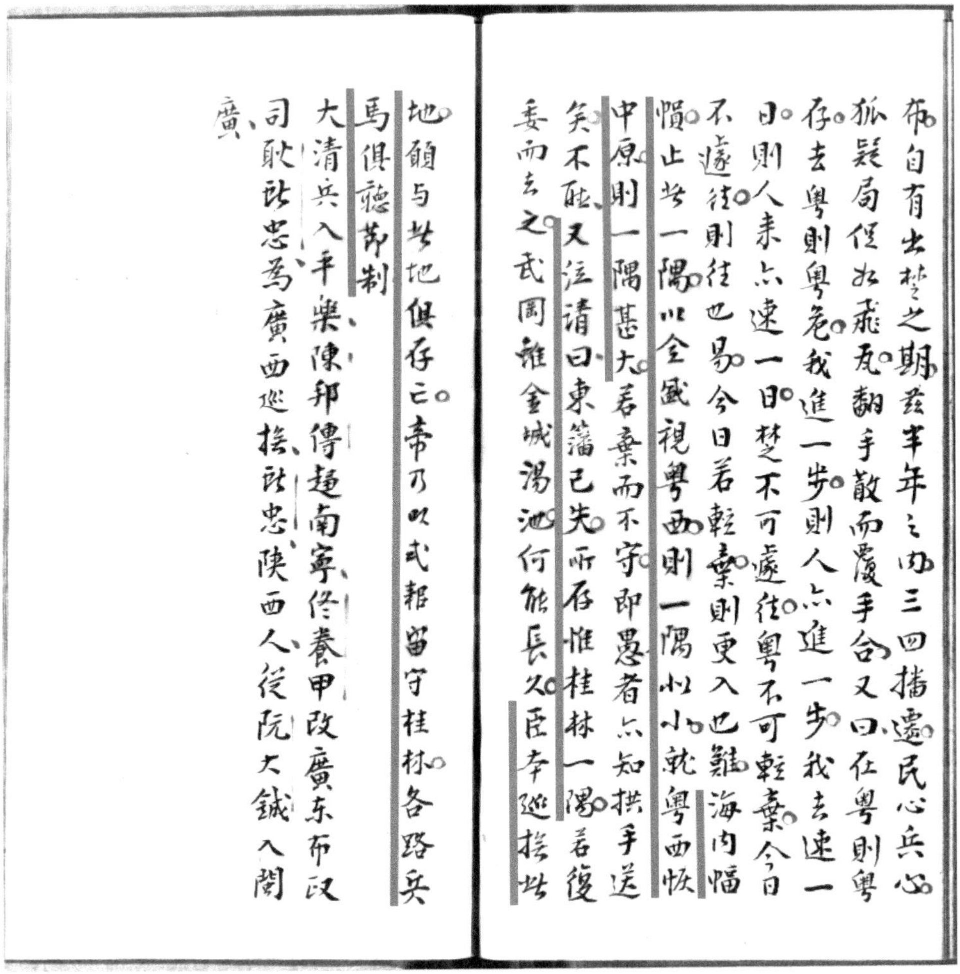
布自有出楚之期茲半年之內三回播遷民心兵心
狐疑局促如飛瓦翻手散而覆手合又曰在粵則粵
存去粵則粵危我進一步則人亦進一步我去速一
日則人來亦速一日楚不可處往粵不可輕棄今日
不遠往則往也易今日若輕棄則更入也難海內幅
員止此一隅以全盛視粵西則一隅似小就粵西恢
中原則一隅甚大若棄而不守即愚者亦知拱手送
矣不然又泣請曰東藩已失所存惟桂林一隅若復
委而去之武岡雖金城湯池何能長久臣奉巡按
地顧與此地俱存亡帝乃以式耜留守桂林各路兵
馬俱聽節制
大清兵入平樂陳邦傳趨南寧佟養甲改廣東布政
司耿獻忠為廣西巡按耿獻忠陝西人從阮大鋮入閩
廣

〈그림 39-2〉 清代『爝火録』卷十七載瞿式耜上疏

청나라 『작화록』 제 17권에 기록된 구식사의 상소문

清代广西巡抚为两位明末抗清忠臣在叠彩山镌立"成仁碑"

　　桂林叠彩山风洞前，树立着一块"成仁碑"，是清代道光二十年(公元1840年)广西巡抚梁章钜为相距近两百年时空的瞿式耜、张同敞两位明末抗清忠臣所立。瞿式耜是明代末年的广西巡抚，在国家危难之时就任文渊阁大学士兼吏、兵二部尚书。明代隆武二年(公元1646年)底，已登基成为永历帝的朱由榔即将从桂林南逃时，瞿式耜请求留守，与桂林共存亡，并企望将桂林打造成当时抗清救国的根据地(清代《烬火录》卷十七载瞿式耜上疏曰："海内幅员，止此一隅。以全盛视粤西，则一隅似小；就粤西恢中原，则一隅甚大'……又泣请曰：'东藩已失，所存惟桂林一隅……臣本巡抚此地，愿与此地俱存亡'。帝乃以式耜留守桂林，各路兵马俱听节制")。在率领城中的南明军队抵抗四年后，清军定南王孔有德于明代永历四年(公元1650年)破城并俘获瞿式耜与张同敞，将二公囚禁于叠彩山。为逼迫瞿、张二公投降，清军在严刑拷打之后，张同敞的手臂被打断、眼睛被打伤，瞿式耜也受伤严重。但瞿、张二公已决意殉国，在狱中唱和《浩气吟》以互相勉励，最终两人被杀害于叠彩山。一百多年后被乾隆皇帝分别追赐"忠宣"和"忠烈"谥号，后人遂将二公在狱中悲壮可歌的多首唱和诗录集成册，以昭后人。据《续琦亭集》记载，张同敞又被桂林老百姓奉为城隍。

청나라를 반대했던 명 말의 두 충신을 위해
청나라 광서순무가 첩채산에 '성인비'를 세우다

계림 첩채산 풍동 앞에 '성인비(成仁碑)'가 세워져 있는데, 이는 청나라 도광 20년 (1840)에 광서순무(廣西巡撫) 양장거(梁章鉅)가 200년이라는 시간과 공간을 뛰어넘어 명나라 말기 청나라에 대항하여 싸운 두 충신 구식사(瞿式耜)와 장동창(張同敞)을 위해 세운 것이다. 구식사는 명나라 말기의 광서순무로, 나라가 위험에 처했을 때 문연각대학 사(文淵閣大學士) 겸 이부(吏部)와 병부(兵部)의 상서를 맡게 되었다. 명나라 융무 2년 (1646) 말에 영력 황제 주유랑(朱由榔)이 계림에서 남쪽으로 도망갈 때 구식사는 계림 과 생사를 같이하고자 남았으며, 계림을 당시 청나라에 저항할 본거지로 삼으려 했다.(청 나라 『작화록(爝火錄)』 제17권에는 다음과 같이 기록되어 있다. "구식사는 상소를 올려 '나라의 영토가 어찌 이곳뿐이랴. 명나라에서 광서는 비록 작은 곳이지만 이곳을 거점으 로 중원의 땅을 회복하는 것은 매우 중요한 일이다.' …그는 눈물을 흘리며 '동번(東藩) 의 각 주군은 이미 함락되고 계림만 남아 있다.…나는 이곳의 순무로 이곳과 생사를 같이 할 것이다'라고 하자 영력제는 그에게 계림을 지키도록 하고 모든 군사를 인솔하게 하였 다.") 구식사와 장동창은 성안의 남명 군대를 거느리고 4년간 저항하다가 명나라 영력 4 년(1650)에 청나라 정남왕(定南王) 공유덕(孔有德)에게 포로로 잡혀 첩채산에 갇혔다. 구 식사와 장동창을 항복시려고 청군은 모진 고문을 들이댔다. 장동창은 팔이 부러지고 눈이 상했으며, 구식사도 큰 상처를 입었다. 하지만 두 사람은 나라를 위해 목숨 바칠 각오를 했으며 옥중에서 『호기음(浩氣吟)』을 부르며 서로를 격려하였다. 결국 두 사람은 첩채산 에서 살해되었다. 100여 년 후 건륭 황제는 그들에게 '충선(忠宣)'과 '충렬(忠烈)'이라는 시호를 추봉하였다. 후세 사람들은 그들이 옥중에서 부른 비장한 창화시를 책으로 정리하 여 세상에 알렸다. 『속기정집(續琦亭集)』의 기록에 따르면 계림 사람들은 장동창을 성황

(城隍)이라고 불렀다.

三十九. 郭沫若叠彩山题瞿式耜与张同敞诗石刻

题瞿式耜与张同敞诗石刻位于叠彩山风洞前成仁碑旁, 是著名的作家、历史学家、考古学家郭沫若于1963年登临桂林叠彩山时, 挥笔分别为明末抗清忠臣瞿式耜、张同敞写就的两首赞诗。

《赞瞿式耜》: 式耜瞿常熟, 忠名满大千。存心在畎亩, 立志复幽燕。

斫敌能致果, 临危自泰然。南冠吟浩气, 堪并文山传。

《赞张同敞》: 的是奇男子, 江陵忠烈张。随师同患难, 与国共存亡。

臂断何曾断? 睛伤并未伤。万人齐仰止, 千古整冠裳。

39. 곽말약이 첩채산에서 구식사와 장동창을 위해 지은 시를 새긴 석각

저명한 작가이며 사학가이고 고고학자인 곽말약이 구식사와 장동창을 위해 지은 시를 새긴 석각은 첩채산 풍동 앞에 있는데 1963년에 곽말약이 계림 첩채산에 올랐을 때, 명말 항청운동의 충신인 구식사와 장동창을 찬미한 시 2수가 새겨져 있다.

「구식사를 노래하다」- 상숙 사람 구식사가 충신임은 세상 사람 다 안다네. 백성을 걱정하고 유연 땅 찾고자 뜻 세웠으며, 적을 섬멸하고 위험 앞에서도 태연하네. 포로가 되어서도 호기를 읊으니 문천상과 비할 수 있다네.

「장동창을 노래하다」- 참으로 대단한 강릉 충열 지사 장동창이로다. 군사와 고난을 함께하고 국가와 생사를 같이한다네. 팔이 부러졌다 한들 어떠하고 눈이 다쳤다 한들 어떠하랴. 만인이 경모하고 천고에 우러러 보노라.

〈그림 40-1〉 仰止亭 "中山长在" 石刻

앙지정에 세워진 '중산장재' 석각

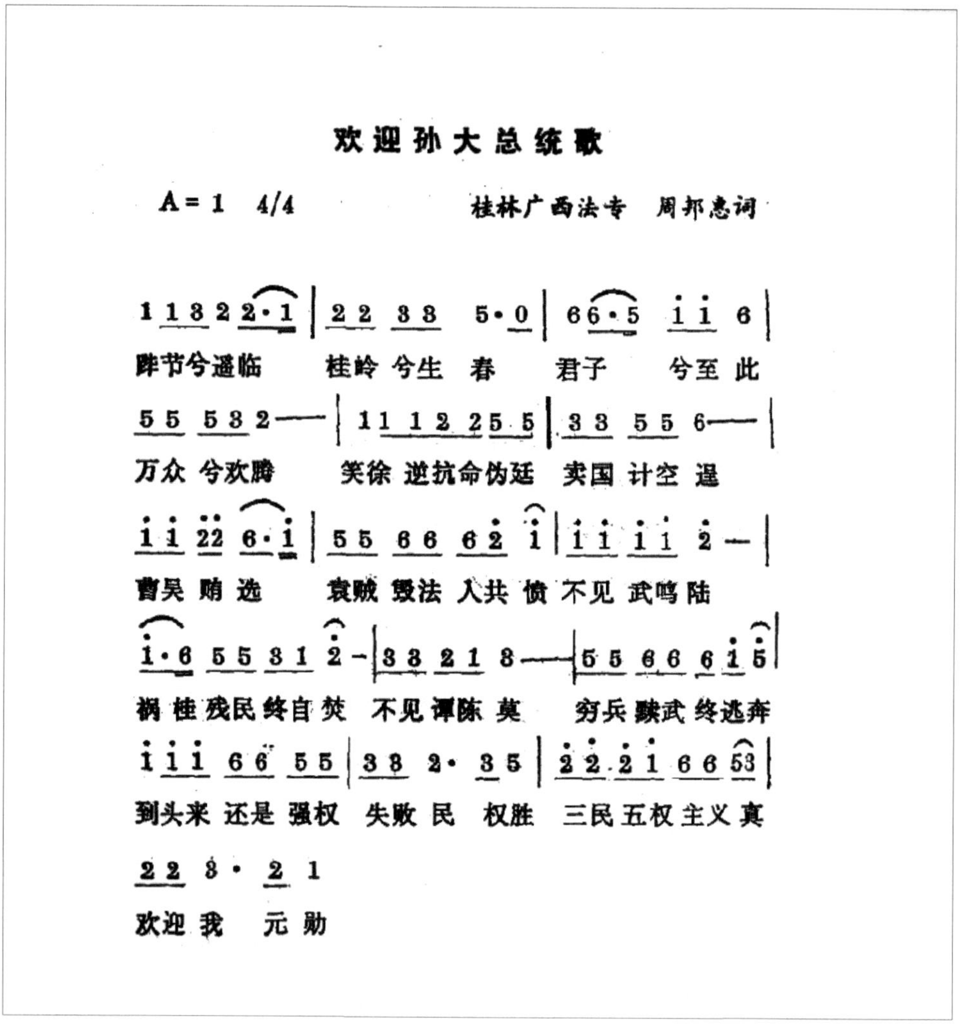

〈그림 40-2〉《欢迎孙大总统歌》(桂林广西法专 周邦惠作词)
『손대통령을 환영하는 노래』(계림 광서 법학전문학교 주방혜 작사)

孙中山驻跸桂林建立北伐大本营

1921年12月4日至1922年4月11日，非常大总统孙中山驻跸桂林逾4月，组织北伐大本营，策动对北洋军阀的战争，以期实现全国统一。12月4日，孙中山抵达桂林，受到盛大欢迎，三万桂林人夹道欢呼，绵延十里。孙中山在桂林王城设北伐大本营和大总统行辕，期间主要革命活动如下：一是12月23日，共产国际代表马林专程前往王城拜访孙中山，这是孙中山与苏俄代表首次正式接触；孙、马二度长谈时，马林建议：改组国民党、创办军官学校、与中国共产党合作，孙中山欣然赞同，当即表示："今后的革命非以俄为师不可"，又于后来改组了中国国民党，实行联俄、联共、扶助农工三大政策和开办黄埔军官学校。二是1922年1月1日，孙中山下令废红黄蓝白黑的"五色旗"，确定以青天白日满地红旗为中华民国国旗，并于当日在北伐大本营(桂林王城)举行中华民国"青天白日满地红"国旗的正式升旗典礼；孙中山就任海陆军大元帅，召开军事会议，议定北伐方略，宣布北伐大本营组织条例，颁发动员令，举行北伐誓师典礼和授旗仪式；孙中山在典礼上激励将士："今日兴师北伐，最为机不可失……今者诸君，将由桂林出发，其所取之途径，即不外成功与成仁二者"；当日集结于桂林、群情振奋，整装待发的粤滇黔赣等北伐大军四万余人组成了七个军(后因陈炯明蓄谋叛变，不得不决定改道北伐，回师讨陈)。三是承诺"广西各大城镇，均宜亲到演说"，于是在桂林做了《实行三民主义及开发阳朔富源方法》、《三民主义是建设新国家之完全方法》、《知难行易》、《欲改造新国家当实行三民主义》、《军人精神教育》等五场演说；演说中阐述三民主义，对其主张之"博爱"、"平等"、"天下为公"、"世界大同"作精辟解释，对桂林近代革命产生了很大的影响。四是在丽泽门外凭吊蒋翊武并立碑纪念，亲题"开国元勋蒋翊武先生就义处"。

跸节兮遥临，桂岭兮生春! 君子兮至此，万众兮欢腾! 桂林，中山长在!

손중산 선생이 계림에 북벌대본영을 설치

1921년 12월 4일부터 1922년 4월 11일까지 당시 비상대통령이었던 손중산은 계림에 4개월 머물며 전국 통일을 위한 북벌대본영을 세우고 북양군벌과의 전쟁을 통해 국가의 통일을 이룩하고자 했다. 12월4일 손중산이 계림에 도착하자 3만 명에 달하는 계림 시민들이 10리가 넘게 길에 늘어서 이들을 열렬히 환영했다. 손중산은 정강왕부 옛터에 북벌대본영과 대통령 사무실을 설치하고 아래와 같이 활동을 전개하였다. 첫째, 12월 23일 국제공산당 대표 마림(馬林)이 손중산을 찾아왔는데, 이는 대통령 손중산과 소련 대표의 첫 번째 공식적인 만남이었다. 두 사람은 긴 시간 동안 이야기를 나누었다. 마림이 국민당을 개편하고 군관학교를 창설하며 중국공산당과 합작할 의사를 밝히자, 손중산은 흔쾌히 찬성하면서 "앞으로 중국 혁명은 무조건 소련을 따라 배울 것"이라 하였다. 그 후 손중산은 중국국민당을 개편하고, 소련과 연합하고 공산당과 연합하며, 농민과 노동자를 지원하는 3대 정책을 실행하고 황포군관학교를 창설했다. 둘째, 1922년 1월 1일 손중산은 홍황람백흑색으로 된 '오색기'를 정식으로 폐지하고, '청천백일만지홍(青天白日滿地紅)기'를 국기로 확정할 것을 명했으며, 당일 북벌대본영(정강왕부 옛터)에서 중화민국 '청천백일만지홍' 국기 게양식을 정식으로 거행했다. 손중산은 해육군 대원수에 취임한 후 군사회의를 소집해서 북벌 협상 방안을 토론하여 결정하였고, 북벌대본영의 조례를 선포하고 동원령을 내렸으며, 북벌 선서 의식 및 국기 수여식을 거행하였다. 그는 장병들에게 "오늘부터 출병하여 북벌할 것이니 이 좋은 기회를 놓쳐서는 안 된다. …오늘 제군들이 이곳에서 출발하게 될 것이며, 앞에는 오직 성공 아니면 순국 두 가지 길밖에 없을 것이다"라고 하였다. 그날 광동, 운남, 귀주, 강서 등지에서 계림에 모여온 북벌군은 4만여 명에 달했으며, 7개 사단으로 구성되었다. 이들은 저마다 격앙된 마음으로 명령이 떨어지기를 기다렸다.(후에 진형명의 변절로 인해 북벌 노선을 변경하게 되었으며, 군사를 거느리고 진형명도 함께 토벌하였다.)

셋째, "광서 각지의 큰 도시에 직접 내려가 연설하는 것"이다. 그 일환으로 우선 계림에서 「삼민주의 및 양삭 부원 개발 방법」, 「삼민주의-새로운 국가를 건설하는 완벽한 방법」, 「아는 것은 힘들고 행하는 것은 쉽다」, 「새로운 국가를 개조하려면 삼민주의를 실행해야 한다」, 「군인정신교양」 등 다섯 회에 달하는 연설을 진행하였다. 연설을 통해 그는 '박애', '평등', '천하위공', '세계대동' 등 삼민주의 주장에 관해 자세하게 설명함으로써 계림의 근대 혁명의 발전에 큰 영향을 미쳤다.

넷째, 여택문(麗澤門) 밖에 장익무(蔣翊武) 기념비를 세우고 친히 '개국공신 장익무 순국지'라는 비문을 적었다. "대통령이 먼 곳에서 찾아 주시니 계림 사람들에게 봄이 왔구나! 군자가 왕림하셨으니 사람들 모두 기쁘게 맞이하네! 계림이여, 손중산 선생은 영원히 이곳에서 우리와 함께하리!"

四十. 廖承志题独秀峰仰止亭"中山长在"石刻

廖仲恺与何香凝之子廖承志所书的"中山长在"石刻立于独秀峰仰止亭内。仰止亭为六角形仿古建筑, 初建于1925年, 抗日战争期间毁于战火, 1981年10月19日由市文物管理委员会按原模式重建。亭联为"小筑正宜邀月到 ; 古人不见仰山高", 是为了纪念孙中山先生督师北伐驻跸桂林独秀峰下而建。每逢孙中山诞辰, 桂林各界群众都会前来瞻仰, 追思中山先生在桂林的往事, 探寻他的足迹。"仰止"二字出自"高山仰止, 景行行止", 表达了桂林人对孙中山先生的无限敬仰之心。

40. 요승지의 독수봉(獨秀峰) 앙지정(仰止亭)의 '중산장재' 석각

요중개(廖仲恺)와 하향응(何香凝)의 아들 요승지(廖承志)가 쓴 '중산장재(中山長在)'

석각은 독수봉 앙지정에 있다. 앙지정은 육각형 모조 건물로서 1925년 항일 전쟁 중에 파괴되었다가, 1981년 10월19일 계림문화관리위원회에서 원래의 모습대로 다시 복원해 놓았다. 손중산의 탄신일이 되면 계림 각계 인사들은 이곳으로 찾아와 선생이 계림에서 이룬 업적을 기리고, 그의 발자취를 더듬는다. '앙지(仰止)'라는 두 글자는 "고산앙지(高山仰止), 경행행지(景行行止)"에서 나온 말로, 손중산 선생을 우러러 보는 계림 사람들의 마음을 잘 체현하고 있다.

跋

……

在桂林，抬头望山、低头看水、身边有树，历史被摩崖定格在山水之间--"看山如观画，游山如读史"。

桂林，遍地都是风景，遍地都是文化。

……

桂林有树。"桂林桂林，桂树成林"。有一颗万年的桂花种子，等候在桂林城中的桂花公社，安静地向经过的人们述说着，桂花与桂树已经伴随着桂林人经历过的沧海桑田往事。

桂林有山。如碧玉簪一般。每一座都拔地而起、形态各异，每一眼都能看到重峦叠嶂、碧玉滴翠，每一峰都危然陡立，峻峭嶙峋。

桂林有水。江作青罗带，蜿蜒绕清幽。舟在水中行，人在画中游。

桂林有石刻。"唐宋题名之渊薮"与桂林山水一样"甲天下"，承载着桂林历史的厚重。

桂林有文化传承--中华民族历来重视历史文化保护传承，与桂林石刻一样沉淀在岁月流光里的，还有发生在桂林这片土地上的旧事。在您手中的这本书里，你能看到一个个鲜活的历代重要历史人物，从桂林石刻和经典古籍当中缓步走出：虞舜、马援、颜延之、李靖、鉴真、李渤、黎桓、狄青、赵构、王正功、妥欢帖木儿、靖江王、孔四贞、孙中山……他们或呐喊、或娓娓道来，讲述着属于他们那个历史时代的桂林旧事。关于他们，我们的这本书总是想多述说一些、再多述说一些。

本书部分文字，曾用于展述在桂林市七星区龙隐路"桂林石刻"特色街区的石刻旁，当时囿于篇幅，更多桂林旧事的细节未能一一列入。在广西师范大学外国语学院何彦诚副院长与李永男博士告知我，将计划译文出版后，我便在原有基础上，认真进行了相应的增补修改。

但愿通过这本书，能够让国内外读者更多地了解桂林历史文化、爱上桂林这个地方；能够对外展示中华优秀传统文化，实现有效文化交流；能够增强我们的文化认同、坚定我们的文化自信。这也是我在本次编著过程中精益求精、日夜兼程的动力。本次编著工作有赖于广西师范大学外国语学院、桂林图书馆的帮助，同时在专业方面还得到了凌世君、林哲、林志捷、秦冬发、王晶、徐旭霞、毛建军、杨曦明等诸位贤达的悉心指导。在此一并致谢！範大学外国語学院や桂林図書館の方々にたいへんお世話になり、同時に専門知識の方では凌世君、林哲、林志捷、秦冬発、王晶、徐旭霞、毛建軍、楊曦明などの方々にご指導をいただいた。ここで厚く御礼申し上げる。

周琥

2023年3月23日

漓江畔蘭玉堂

......

고개 들면 산이 보이고 숙이면 강이 보인다. 곳곳에 나무가 들어선 이곳 구이린에는 암벽마다 역사가 기록되어 있어 "산을 보면 한 폭의 산수화같고, 그 속을 유람하노라면 구이린의 역사가 한 눈에 들어온다."

그야말로 가는 곳 마다 절경이요 곳곳에는 문화가 숨쉰다.

구이린은 초목이 무성하다. "예로부터 계림이라 불렸던 것은 계수나무가 숲을 이루었기 때문이다." 나이가 만 년도 넘어되는 계수나무씨 종자가 구이린 시가지 중심에 위치한 계화공사에 보관되어 있다. 종자는 조용히 자리를 지키며 관객들을 상대로 계수나무꽃과 계수나무가 계림 사람들과 더불어 함께 변천의 역사를 말해준다.

구이린의 산들은 옥비녀같다. 산마다 땅을 차고 일어나 제각기 다른 모습으로 우뚝 솟아있다. 겹겹이 둘러싸인 벽옥같은 산들이 한눈에 들어오는데, 초록빛으로 뒤덮인 산들은 하나같이 가파르고 험준하다.

구이린은 강물에 둘러싸여있다. 푸른 비단띠처럼 구불구불 산골짜기를 흐르는 강 위에서 나룻배 타고 그 속을 노니느라면 어느새 그림 속에 들어선 것만 같다.

구이린은 예로부터 석각으로 유명하다. "당나라와 송나라의 제명이 가장 많은 곳"이기도 한 구이린은 제명 또한 "갑천하"로 불리면서 구이린의 깊은 역사를 한 몸에 담고 있다.

구이린은 문화적 전통이 깊은 도시이다. 중화민족은 예로부터 역사와 문화를 보호하는 전통을 가지고 있다. 따라서 구이린의 석각에도 이러한 역사적 흔적이 고스란히 담겨져 있으며 그 속에는 구이린에서 생긴 옛이야기들이 그대로 남아있다.

이 책을 드는 순간, 독자들은 시대별로 기록된 역사인물들의 숨결을 느낄 수 있을 것이다. 이들은 석각과 옛 경전으로부터 천천히 걸어나와 독자들과 대면하게 될 것이다. 우순(虞舜), 마원(馬援), 안연지(顔延之), 이정(李靖), 감진(監眞), 이발(李渤), 려환(黎桓), 적청(狄靑), 조구(趙構), 왕정공(王正公), 타환첩목아(妥歡帖木兒), 정강왕(靖江王), 공사정(孔四貞), 손중산(孫中山)......이러한 인물들은 함성을 지르거나 이야기를 들려주는 방식을 통해 자신들이 속해 있던 시대의 구이린의 옛모습을 재현하고 있다. 때문에 책을 통해 이들과 관련된 많은 이야기를 독자들에게 들려주고 싶다.

이 책에 수록된 일부 자료들은 구이린시 치싱구 룽인로에 위치한 "계림석각"거리를 조성할 때 전시했었다. 당시에는 편폭의 제한 때문에 많은 이야기들을 수록하지 못해서 아쉬웠다. 후에 광서사범대학교 위국어대학 하언성(何彦誠)부학장과 이영남(李永男)박사가 영어, 일본어, 한국어로 번역하여 대조본을 한국에서 출판할 의향이 있다고 해서 원래 전시용으로 사용했던 자료에 근거하여 이 책의 출판에 필요한 부분에 대해 수정과 보완을 하게 되었다.

이 책을 통해 국내와 해외 독자들이 구이린의 역사와 문화에 대한 이해를 깊이할 뿐만 아니라 구이린에 대한 사랑도 한층 깊어지기 바란다. 뿐만 아니라 중화민족의 우수한 전통을 세상에 알림으로써 효과적인 문화교류가 이루어지기 바라며, 이를 통해 문화의 정체성을 높이고, 문화적 자신감을 가질 수 있는 계기가 되기 바란다. 이 또한 밤낮을 가리지 않고 수없이 많은 수정과정을 거치면서 이 책을 편집하게 된 원동력이기도 하다. 이 책의 편집은 광서사범대학교 외국어대학과 계림시 도서관의 성원이 있었기에 가능했으며 아울러 전문분야에서 도움을 준 능세군(凌世君), 임철(林哲), 임지첩(林志捷), 진동발(陳冬發), 왕정(王晶), 서욱하(徐旭霞), 모건군(毛建軍), 양희명(楊曦明)과 같은 각계 인사들의 관심과 도움이 있었기에 가능했다. 이 자리를 빌어 심심한 사의를 드린다.

주호(周琥)

2023년 3월 23일

이강변에 있는 난옥당(蘭玉堂)에서